新编公共管理学系列教材

Introduction to
Cultural Centers

文化馆概论

李国新　张广钦　王全吉　李秀敏 ◎编著

图书在版编目(CIP)数据

文化馆概论 / 李国新等编著. -- 北京：北京大学出版社, 2024.10. -- (新编公共管理学系列教材). -- ISBN 978-7-301-35669-2

I.G242

中国国家版本馆 CIP 数据核字第 2024FH1480 号

书　　名	文化馆概论 WENHUAGUAN GAILUN
著作责任者	李国新　张广钦　王全吉　李秀敏　编著
责任编辑	韩月明
标准书号	ISBN 978-7-301-35669-2
出版发行	北京大学出版社
地　　址	北京市海淀区成府路 205 号　100871
网　　址	http://www.pup.cn
新浪微博	@北京大学出版社　　@未名社科-北大图书
微信公众号	北京大学出版社　北大出版社社科图书
电子邮箱	编辑部 ss@pup.cn　　总编室 zpup@pup.cn
电　　话	邮购部 010-62752015　　发行部 010-62750672 编辑部 010-62753121
印　刷　者	天津中印联印务有限公司
经　销　者	新华书店
	730 毫米×980 毫米　16 开本　18.5 印张　301 千字 2024 年 10 月第 1 版　2024 年 10 月第 1 次印刷
定　　价	59.00 元

未经许可，不得以任何方式复制或抄袭本书之部分或全部内容。
版权所有，侵权必究
举报电话：010-62752024　电子邮箱：fd@pup.cn
图书如有印装质量问题，请与出版部联系，电话：010-62756370

目 录

第一章 文化馆及其相关概念 / 1
 第一节 文化馆概念的演进 / 1
 第二节 公共文化服务体系中的文化馆 / 9
 第三节 文化馆的相关概念 / 15
 小 结 / 30

第二章 文化馆的社会功能与职业使命 / 32
 第一节 文化馆的社会功能 / 32
 第二节 文化馆的职业使命 / 45
 小 结 / 59

第三章 文化馆的起源、发展与借鉴 / 61
 第一节 民众教育的兴起 / 61
 第二节 解放区的民众教育 / 67
 第三节 1949年以来文化馆的发展 / 71
 第四节 国外"类文化馆" / 85
 小 结 / 95

第四章 中国特色文化馆学 / 98
 第一节 文化馆学的研究基础与现状 / 98
 第二节 构建文化馆学的基本遵循 / 102

第三节　文化馆学内容体系框架　/ 105
小　结　/ 110

第五章　文化馆事业　/ 112

第一节　文化馆的组织体系　/ 112
第二节　文化馆的设施体系　/ 116
第三节　文化馆的服务提供体系　/ 117
第四节　文化馆的法律政策体系　/ 121
第五节　文化馆的经费保障体系　/ 136
小　结　/ 140

第六章　文化馆服务　/ 143

第一节　服务空间与阵地　/ 143
第二节　服务类型与内容　/ 150
第三节　活动策划与组织　/ 162
第四节　数字化服务　/ 166
小　结　/ 176

第七章　文化馆治理　/ 178

第一节　政府主导　/ 179
第二节　社会化发展　/ 192
第三节　文化馆机构治理　/ 202
小　结　/ 212

第八章　文化馆职业　/ 215

第一节　文化馆职业概述　/ 215
第二节　文化馆职业能力　/ 223
第三节　文化馆职业伦理　/ 230
第四节　文化馆行业组织　/ 235
小　结　/ 242

第九章　文化馆标准化　/ 244
　　第一节　文化馆标准　/ 244
　　第二节　文化馆标准化　/ 260
　　第三节　文化馆标准化的未来发展　/ 266
　　小　结　/ 270

附录　文化馆发展大事记（1949—2023 年）　/ 273

后记　/ 287

第一章　文化馆及其相关概念

文化馆作为中国特色鲜明的公共文化服务设施，与新中国一路同行走过了70多年的历程。其名称从最初的人民文化馆演变到文化馆、群众艺术馆，以及与文化馆密切相关的农村俱乐部、文化站、乡镇（街道）综合文化站、基层综合性文化服务中心等，在不同历史时期体现出沿袭和变化。其功能从最初的扫盲识字、时政宣传、读书看报、文娱活动、博物科普、问事代笔、科技卫生知识普及，到今天发展成为法定公共文化设施、国家公共文化服务体系的重要力量、推动全民艺术普及的主力军，体现了服务经济社会发展的与时俱进的特点。梳理与阐释文化馆及其相关概念的起源、演进和内涵，是正确理解和认识文化馆的前提，也是文化馆基础理论研究需要首先面对的问题。

第一节　文化馆概念的演进

一般认为，我国的文化馆发端于清末民初"开启民智、改良风俗"背景下出现的通俗教育馆、民众教育馆、社会教育馆。20世纪40年代，苏联民众俱乐部性质的"дом культуры"被我国学者译为"文化馆"[①]。1946年，苏联颁布《国立区文化馆条例》[②]，传入我国后产生了较大影响。1949年中华人民共和国成立后，学习苏联"在各区中心建立设备完善的文化馆，借以对劳动者进行政治教育工作、科

---

① 文化部群众文化事业管理局《文化馆工作概论》编著组.文化馆工作概论[M].延吉：延边人民出版社，1985：7.

② 国立区文化馆条例（1946年5月20日俄罗斯苏维埃社会主义共和国部长会议所属文化教育委员会批准）[G]//中央文化部社会文化事业管理局.文化馆工作参考资料（1），1949或1950：1-6.

学知识普及工作与文化教育工作"①的经验,"有的地方利用了原来的民众教育馆而加以改组,有的地方则是完全新建"②,在全国范围内快速布局了"人民文化馆"组织体系,最初由中央人民政府教育部主管。1952年,人民文化馆转由中央人民政府文化部主管,改称"文化馆"。70多年来,文化馆的功能任务随经济社会发展有所变化,人们对文化馆的认识和理解也随时代变化而不断演进。大致说来,1949年至今,文化馆概念的演进主要经历了四个阶段。

一、20世纪50年代前期

新中国成立伊始,最早对人民文化馆做出的界定出自专家学者:"人民文化馆是开展劳动人民教育的一种组织形式,也是劳动人民文教活动的中心。"③这里所说的文化馆所开展的"教育",是指"以实施识字教育作为主要任务的"社会教育;这里所说的"文教活动的中心",是指文化馆是开展识字教育、时政宣传、文娱活动、社会服务(开设"人民问事处""书信代笔处"等)的阵地。④ 1950年,当时的平原省人民政府文教厅编订印行的《文化馆手册》指出,"文化馆是在当地政府文教科直接领导下,城市社会教育的具体组织者和执行者,是进行城市群众性的思想、政治、文化、教育和文娱活动的组织领导中心"⑤。到1952年底,全国县(含)以上人民文化馆已经发展到2400多所。⑥

1953年,中央人民政府文化部发布《关于整顿和加强文化馆、站工作的指示》,这是对当时文化馆工作产生重要影响的政策文件,其中指出,"文化馆、站是政府为开展群众文化工作,活跃群众文化生活而设立的事业机构",规定文化馆的工作任务为四个方面:一是时事政策宣传,二是组织和辅导群众的各种文化学习、配合扫盲工作,三是组织和辅导群众业余艺术活动(包括各种文化娱乐),四是普及与群众日常生活和工农业生产有关的科学、技术和卫生知识。⑦ 这就是后

---

① 关于改善区文化馆工作的办法(1946年12月31日俄罗斯苏维埃社会主义共和国部长会议决议第844号)[G]//中央文化部社会文化事业管理局.文化馆工作参考资料(1).北京:文化部社会文化事业管理局,1952:7-13.
② 孟式均.在成长中的人民文化馆[M]//教育资料丛刊社.在成长中的人民文化馆.北京:人民教育出版社,1951:1-8.
③ 茅仲英.目前全国人民文化馆的基本情况[M]//工农教育丛书编委会.怎样办好人民文化馆.北京:生活·读书·新知三联书店,1950:1-9.
④ 同上.
⑤ 文化馆的任务与工作[J].文物参考资料,1950(7):21-24.
⑥ 沈雁冰.三年来的文化艺术工作[N].人民日报,1952-09-27(2).
⑦ 中央人民政府文化部.关于整顿和加强文化馆、站工作的指示[G]//文化馆工作参考资料(7).中央文化部社会文化事业管理局.北京:文化部社会文化事业管理局,1954:1-6.

来人们常说的文化馆最早的"四大任务"。

分析以上表述可以看到,新中国成立之初,文化馆的主要特点有以下几个方面。一是作为一种组织形式,从一开始就被纳入政府体制,政府是文化馆的设置者、管理者,文化馆是政府主导的社会教育、群众文化工作的组织者、执行者、提供者;二是文化馆的主要职能是面向"劳动人民"开展社会教育,具体工作内容包括上述四个方面。从主要职能上看,新中国初期的文化馆延续了晚清以来民众教育馆、社会教育馆"开启民智、改良风俗"的传统,是一个面向普通老百姓的"综合性"特色鲜明的社会教育机构,业务范围包括但不限于群众文化艺术。

二、20世纪50年代中期

20世纪50年代中期,我国生产资料私有制的社会主义改造基本完成,建立起社会主义经济制度。经济社会的深刻变化,给文化馆事业发展带来了新的挑战。

首先是文化馆"以扫盲为中心的文化学习"职能走向弱化。伴随着扫盲成为全局性工作,各级党委政府对扫盲工作的重视程度空前强化。1952年以后,各级政府纷纷成立"扫盲委员会""扫盲办公室"等专门机构负责扫盲工作。在这种新形势下,文化馆继续开展以扫盲为中心的文化学习,"和扫盲委员会的各级组织在扫盲工作上发生重复",也影响文化馆其他工作的开展。业界人士认为,"文化馆在识字教育上应该是协助扫盲委员会进行工作","既与扫盲委员会结合,又和扫盲委员会有明确的分工"。[①] 这种变化说明,伴随着扫盲工作重要性的提升,文化馆不再是扫盲的中心阵地,扫盲也不再是文化馆的主要任务。

其次是文化馆科学普及的职能走向弱化。1953年以来,伴随着我国工业建设的大规模开展,各地普遍建立了科普协会一类的社会组织。尽管科学普及同样是一项需要全社会参与的事业,但有了专门从事科学普及工作的科普协会后,文化馆在这方面的作用势必走向弱化。当时文化馆界就有人认为,"科普工作有科普协会做,文化馆可以不搞这项工作"[②]。

最后是文化馆开展阅读服务和博物服务的职能在走向弱化。大规模的工业建设、农业生产现代化,以及大规模扫盲工作的开展,激发了人民群众读书看报、了解科学知识的需求,依靠、附设在文化馆内的书报阅读服务、博物科普服务的

---

① 王化南.把文化馆、站的工作向前推进一步,为大规模的经济建设服务——在东北区第一届文化馆、站工作会议上的报告[R]//东北行政委员会文化局.文化馆站工作参考资料,1953:8-13.
② 苏少英.文化馆要搞科普工作[J].文化馆工作,1957(3):26.

需求满足面临着挑战。特别是1956年12月新中国第一个科技发展规划《1956—1967年科学技术发展远景规划》（简称"十二年科技规划"）经党中央、国务院批准实施后，全国上下掀起了"向科学进军"的热潮。在此背景下，文化领域也进一步开启了如何服务、支持科技发展和科学普及的思考与实践。以公共图书馆为例，1956年7月文化部社会文化事业局在向全国图书馆工作会议提出的报告中提到，图书馆事业有两项基本任务：一是向广大人民群众广泛流通图书，传播马克思列宁主义，进行文化教育工作，二是向科学研究工作者提供图书资料，促进科学的迅速发展。报告认为过去的图书馆工作只强调了教育大众，提高人民思想、政治和文化水平，而没有清楚地指出提供研究资料的重要性及其应有的地位。因此，报告提出，目前必须动员和组织图书馆的力量，又多又快又好又省地进行为科学研究服务的工作。[①]"向科学进军"导致原本具有"综合性"特色的文化馆组织结构变化进一步加快：支持科学研究、科学普及功能较强的书刊阅览、文物博物、科学卫生知识传播等工作任务纷纷从文化馆剥离而走向独立。如1949年全国独立建制的公共图书馆只有55所，到1956年底增加到96所[②]，增长了75%，到1957年底达到384所，较上一年猛增3倍。独立建制的博物馆1949年在全国仅有21所，到1957年底达到80所，也增长近3倍。[③] 1956年2月，文化部和共青团中央联合发布了《关于配合农村合作化运动高潮开展农村文化工作的指示》，提出"着手以现有的县文化馆图书室为基础，筹建县图书馆"，要求当时专区所在地的县在1956年全部建起独立的图书馆。[④] 以浙江省为例，到1956年6月，就有27个县建立了独立的图书馆。[⑤] 原本文化馆中的"图书组""博物组"从文化馆剥离走向独立，意味着文化馆的阅读服务、博物科普服务功能弱化。

实践中的变化引发了理论上的思考。20世纪50年代中期，文化馆领域围绕文化馆的任务、文化馆的专门化发展、文化馆的理论建设三大问题展开热烈讨论，反映了业界对文化馆的理解和认识的变化。

1953年，中央人民政府文化部发布《关于整顿和加强文化馆、站工作的指示》，明确文化馆承担"四项任务"。20世纪50年代中期，业界出现了针对"四项

---

① 文化部社会文化事业管理局.明确图书馆的方针和任务为大力配合向科学进军而奋斗[A]//国家图书馆研究院.我国图书馆事业发展政策文件选编(1949—2012).北京：国家图书馆出版社，2014：22-29.
② 同上.
③ 《文化馆工作》记者.文化馆的工作条件是在逐渐改善[J].文化馆工作，1957(7)：11-12.
④ 中华人民共和国文化部、中国新民主主义青年团中央委员会.关于配合农村合作化运动高潮开展农村文化工作的指示[N].人民日报，1956-02-22(3).
⑤ 陈源蒸、张树华、毕世栋.中国图书馆百年纪事[M].北京：国家图书馆出版社，2004：140-142.

任务"的不同声音,主要观点是认为"四项任务有些过时",应做适当修改。修改的方向应是"进一步明确四项任务的重点":一是"加强时事政策的宣传,特别是马列主义的宣传";二是"加强对业余艺术活动的辅导"①,即"只做宣传鼓动工作和群众文艺活动二项"②。1957年2月,由文化部社会文化事业管理局主办的《文化馆工作》期刊开展了"文化馆任务问题"的专题讨论,编辑部在开篇导语中点出了讨论的意义:"在讨论文化馆的任务时,会牵涉到文化馆的性质和工作方法、与有关部门如何配合协作等问题,也可能会牵涉到群众文化工作的性质、文化馆在群众文化事业中的地位与作用等理论性问题"③,显示这一讨论触及了对文化馆性质、功能的理解和认识。

与有关文化馆任务的讨论相呼应,文化馆领域还出现了重视培养"文化馆专家"的研究和呼声。1956年8月,《文化馆工作》首期首篇重磅文章就是时任文化部社会文化事业管理局副局长李英敏撰写的《要学习,要提高,要成为专家》。文中强调,文化馆"应成为当地群众文化活动和辅导工作的中心","我们需要指导人民群众艺术活动的美术家、戏剧家、舞蹈家、音乐家,我们需要提高人民群众文化水平科学水平的幻灯、展览、图书、科学普及等专家,我们也需要组织和辅导群众业余文化团体的专家"。④ 1956年底,《文化馆工作》开辟专栏,组织了一次"如何成为文化馆专家问题笔谈会",业界人士围绕怎样成为"文化馆专家""文化馆需要什么样的专家"等问题发表了看法。关于"文化馆专家"的讨论,实际上是面对"向科学进军"带来的文化馆组织结构、工作任务变化等问题,从强调"文化馆是一门学问""文化馆需要专家"切入,顺应和推动文化馆工作由"综合性"向"专门化"方向转型。

关于文化馆任务和"文化馆专家"的讨论,涉及文化馆的性质、功能、发展方向、人才培养、人才结构等深层次问题,由此催生了新中国文化馆领域第一次有关文化馆理论建设的研究和讨论。"文化馆需要理论建设",在当时成为业界共识。"认真地把文化馆理论有系统地建立起来,是文化馆事业存在、发展的关键""理论建设对文化馆来说,犹如人体需要血液"⑤等说法,体现了当时对文化馆理论建设的迫切呼唤和认识高度。开展关于文化馆任务的讨论,"有助于群众文

---

① 柴凤翀.文化馆的四项任务要适当修改(工作建议)[J].文化馆工作,1956(5):15-16.
② 《文化馆工作》编辑部.展开文化馆任务问题的讨论[J].文化馆工作,1957(2):6-7.
③ 同上.
④ 李英敏.要学习,要提高,要成为专家[J].文化馆工作,1956(1):3-6.
⑤ 功普.文化馆需要理论建设[J].文化馆工作,1957(5):23-24.

基本理论的建立"①,这是当年推动这一讨论的一大动因。在关于"文化馆专家"的讨论中,文化馆缺乏专业人才培养阵地,"没有一本有系统的文化馆理论和实际的书,很少有切合实际需要的业务参考书"等理论建设层面的问题被提了出来;"先办社会文化中学""再办社会文化学院或文化馆专修科""选送一些有经验有深造前途的干部到苏联和人民民主国家留学""编写和翻译有关文化馆的学习材料"②,"长远规划系统教材"③,"组织一个专门研究机构从事研究、整理和翻译有关文化馆工作的论著"等加强理论建设的举措也被提了出来。④ 对文化馆任务、"文化馆专家"等具体问题的研讨,强调理论建设,体现出从研究、讨论具体问题到总结、提炼普遍规律的升华,顺应的是当时业界迫切想解决的问题:文化馆是一门学问、文化馆怎样成为一门学问,以及由此派生的文化馆需要专家、怎样成为文化馆专家;基本走向与当时文化馆工作重点的变化与发展所显示出来的转型趋势是吻合的。

总的来说,20世纪50年代中期,经济社会和文化事业的新发展、新变化,导致我国文化馆工作出现了与20世纪50年代初"四大任务"的一些不相适应。在实践层面,以扫盲为中心的文化学习、科学和生活知识普及、书刊阅读和博物服务等功能走向弱化,被称为文化馆"独行生意"的组织和辅导群众业余文艺活动得到突出和强化。⑤ 1957年5月,文化部召开"城市文化馆工作座谈会",时任文化部副部长张致祥在会议总结中说到文化馆的任务:一是宣传工作,二是组织和辅导群众业余艺术活动,三是普及科学技术知识。⑥ 相比20世纪50年代初的"四大任务",可以看到变化。与工作实践的变化相呼应,理论研讨拉开序幕,涉及的问题围绕工作实践的转型展开,探讨文化馆性质、功能的变化。这一时期,出现了将所有文化馆改称"群众艺术馆"的建议⑦,还出现了将文化馆改称"文化艺术馆"的建议⑧,1955—1956年,一个与文化馆既有联系又有区别的新的文化事业单位——"群众艺术馆"诞生。所有这些,都反映了文化馆发展理念、思想的

---

① 《文化馆工作》编辑部.展开文化馆任务问题的讨论[J].文化馆工作,1957(2):6-7.
② 李英敏.要学习,要提高,要成为专家[J].文化馆工作,1956(1):3-6.
③ 孚林.努力学习,不断提高,就能成为专家[J].文化馆工作,1956(4):8-9.
④ 功普.文化馆需要理论建设[J].文化馆工作,1957(5):23-24.
⑤ 肖曙潭.关于文化馆工作任务的我见[J].文化馆工作,1957(2):12.
⑥ 《文化馆工作》记者.第一个全国性文化馆工作专业会议——城市文化馆工作座谈会记[J].文化馆工作,1957(4):2-7.
⑦ 罗佼夫.建议将文化馆改为群众艺术馆[J].文化馆工作,1957(3):27.
⑧ 广东省文化馆长讨论文化馆任务问题[J].文化馆工作,1957(5):28-30.

变化。以今天的眼光追溯,文化馆以"全民艺术普及"为核心职能的思想,与20世纪50年代中期文化馆发生的变化一脉相承。

1957年夏,一场突如其来的"反右派"斗争席卷全国,贯彻落实"百花齐放,百家争鸣"方针带来的文化馆领域理论与实践丰富多彩、生动活泼的局面戛然而止。

三、20世纪八九十年代

"文化大革命"十年,文化领域首当其冲成为重灾区,包括文化馆在内的文化百花园一片凋零,遭遇史无前例的浩劫。① "文化大革命"结束后,文化馆开始恢复发展。1981年7月,文化部出台《文化馆工作试行条例》,这是"文化大革命"结束后国家文化主管部门出台的第一个指导文化馆发展的政策性文件,其中对文化馆的界定是"文化馆是政府为了向广大人民群众进行宣传教育,组织、辅导群众开展文化活动而建立的综合性群众文化事业机构,是当地群众文化艺术活动的中心"。这一表述的关键词是"政府建立""文化事业机构""综合性""群众文化艺术活动的中心",承袭了20世纪50年代中期以后对文化馆的理解和认识:不排除"综合性",但突出"群众文化艺术活动的中心"。

伴随着改革开放的推进,文化馆从理念到实践经历了由商品经济到市场经济大潮的冲击。1992年5月,文化部印发《群众艺术馆、文化馆管理办法》,其中对于文化馆的界定蕴含了新的时代特征:

> 文化馆是国家设立的全民所有制文化事业机构。
> 文化馆是开展社会宣传教育、普及科学文化知识、组织辅导群众文化艺术(娱乐)活动的综合性文化事业单位和活动场所。

所谓时代特征,一是强调"全民所有制",这是此前界定文化馆时未曾有过的表述。之所以强调"全民所有制",在于改革开放以来我国出现了大量的集体所有制、个人所有制组织形态。文化馆由政府设置,文化馆的设施、资源、产品等属于全体人民所有,文化馆服务全民共享,这是强调"全民所有制"的原因所在,折射出改革开放以来出现的多种所有制并存的社会现实。二是"娱乐"的概念重新出现。20世纪50年代前期文化馆的职能表述中有"组织和辅导群众业余艺术活动(包括各种文化娱乐)"的说法,20世纪50年代中期以后,"娱乐"的字眼消失,

---

① 蔡武.走向发展 走向繁荣——新中国成立60年文化建设与发展[EB/OL].(2012-04-13)[2022-01-05].http://www.gov.cn/test/2012-04/11/content_2110564.htm.

直到20世纪90年代再次出现,表明"寓教于乐""愉悦身心"的理念重新回归文化馆服务。不过,改革开放以后的"娱乐"和20世纪50年代前期的"文化娱乐"相比,内涵和外延均有所不同。

四、21世纪以来

进入21世纪以后,公共文化服务的理念、思想进入学术研究的视野并催生了构建公共文化服务体系的伟大实践,文化馆被纳入重要的公共文化服务设施。从这时起,人们开始把文化馆和公共文化服务联系起来,对文化馆的界定中出现了公共文化的要素。

2005年12月,中共中央、国务院印发《关于推进社会主义新农村建设的若干意见》,其中提出"构建农村公共文化服务体系",任务包括"加强县文化馆、图书馆和乡镇文化站、村文化室等公共文化设施建设"。2005年6月,内蒙古自治区人民政府颁布《内蒙古自治区群众艺术馆文化馆工作管理办法》,其中对文化馆的界定是,"旗县级以上人民政府投资举办,向社会提供公共文化产品和公共文化服务,具有宣传教育、普及知识、传承文化、文艺审美和休闲娱乐等功能的公益性机构"[①]。2009年8月,浙江省人民政府出台《浙江省文化馆管理办法》,其所称文化馆"是指政府设立、向公众开放,组织开展、指导、辅导、研究群众文化艺术活动,并提供公共文化产品和公共文化服务的公益性文化事业机构"。2010年8月,住房和城乡建设部、国家发展和改革委员会批准发布由文化部主编的《文化馆建设标准》(建标136-2010),在该文件的"条文说明"中指出,"文化馆(群众艺术馆)是各级人民政府为保障公民基本文化权益设立的公益性文化事业机构,是国家公共文化设施的组成部分,是我国特有的公共文化艺术活动场所"[②]。

新世纪以来出现的有关文化馆的研究性著述和论文中,对文化馆的界定式表达同样普遍包含公共文化要素,有代表性者如下:

> 文化馆是各级人民政府设立的公益性文化事业机构,是国家公共文化设施的组成部分,是公民进行文化艺术活动的重要场所。[③]
> 文化馆是由国家和地方政府设立、支持与资助的公益性文化机构,它向

---

① 内蒙古自治区人民政府关于印发自治区群众艺术馆文化馆管理办法的通知[J].内蒙古政报,2005(8):23-24.
② 中华人民共和国文化部.文化馆建设标准[S].北京:中国计划出版社,2010:17.
③ 郭佳.文化馆的职能探索[M].银川:阳光出版社,2014:3.

社会所有成员平等开放,以开展社会公众教育、普及文化艺术、传承优秀活态文化、组织群众文化活动为主要工作内容,为全体公民提供各类公共文化资源和公共文化服务。①

文化馆是指由政府设立、面向社会公众开放的,以全民艺术普及、优秀传统文化传承为核心功能的公益性公共文化机构。②

这一时期对文化馆的理解和认识,不论是政策文件还是专家阐述,与此前相比最突出的变化是嵌入了公共文化要素,体现了文化馆被纳入公共文化服务体系的时代特征。

自1949年以来,不同时期对文化馆的理解和认识并不完全相同。大致说来,基本的发展演变线索是,由"综合性"特色鲜明的社会教育机构到组织、指导、开展群众文化艺术活动的机构,再到以全民艺术普及为核心任务的公共文化服务机构。文化馆作为公益性文化事业单位的属性一直没有变化,但其功能职责、任务重心随时代变化而有所不同,这是文化馆服务于经济社会发展总体战略的必然结果。

第二节 公共文化服务体系中的文化馆

从党的十八大开始,中国特色社会主义进入新时代。党的十九大提出了"两步走"实现第二个百年奋斗目标,把我国建成富强民主文明和谐美丽的社会主义现代化强国。当前,我国正处于迈向2035年基本实现社会主义现代化的历史征程中。建成文化强国是基本实现社会主义现代化的重要任务之一。文化强国的主要标志是,国民素质和社会文明程度达到新高度,国家文化软实力显著增强,公共文化服务实现高质量的均等化、普惠化,现代文化产业体系健全、业态丰富、竞争力强,成为国家经济支柱产业。建设高质量的均等化、普惠化的现代公共文化服务体系,是建成文化强国的基础工程,这是因为发展文化事业是满足人民精神文化需求、保障人民文化权益的基本途径;着力提升公共文化服务水平,才能让人民享有更加充实、更为丰富、更高质量的精神文化生活。③ 把文化馆事业纳入公共文化服务体系建设总体战略,成为"五位一体"总体布局的重要内容,这是

---

① 戴珩,林红.现代型文化馆构想与实践[M].南京:南京师范大学出版社,2014:3.
② 刘海丽.文化馆总分馆制研究[M].武汉:武汉大学出版社,2018:6.
③ 习近平.在教育文化卫生体育领域专家代表座谈会上的讲话(2020年9月22日)[EB/OL].(2020-09-22)[2024-04-30]http://www.gov.cn/xinwen/2020/09/22/content_5546157.htm.

基本实现社会主义现代化、建设社会主义文化强国进程中文化馆事业发展的新动力。

一、新时期文化馆的主要特点

在建设文化强国、完善公共文化服务体系的背景下,怎样理解和认识文化馆?对这一问题,需要在分析新的历史发展阶段文化馆主要特点的基础上,提炼出文化馆的核心要素,进而形成与时俱进的表达。

(一) 文化馆是公共文化服务机构

这是文化馆有法律依据和时代特色的性质功能定位。《中华人民共和国公共文化服务保障法》(下文简称《公共文化服务保障法》)所界定的公共文化设施共有16种,文化馆是其中之一。公共文化设施,就是提供公共文化服务的组织机构;公共文化服务,就是体现公益性、基本性、均等性、便利性的文化服务。以往文化馆界定中常见的事业单位、文化事业单位、公益性事业单位、公益性文化事业单位、全民所有制单位等表述,都可以用具有法律依据、时代特色的公共文化服务机构替代。正因为文化馆是公共文化服务机构,文化馆事业才是公共文化服务体系的组成部分,文化馆服务才遵循公共文化服务的原则,有关文化馆的人财物等保障才由各级政府承担主体责任。所以,公共文化服务机构是今天认识和理解文化馆的逻辑起点,是界定文化馆的中心词。

《公共文化服务保障法》在立法过程中重点关注了人们对文化馆属性认识的不同。由全国人大主持编写的权威性法律解读《中华人民共和国公共文化服务保障法解读》中有过介绍:有人认为文化馆服务是公益性的,属于公共文化设施;也有人认为文化馆是经营性的,应当企业化;还有人认为文化馆是半公益性半经营性的。立法者认为,认识上的分歧会造成发展方向的迷失,因此对文化馆的公共文化服务属性做出了正本清源的认定。① 文化馆首先应该旗帜鲜明地树立公共文化服务机构的形象。

(二) 文化馆的核心功能是全民艺术普及和优秀传统文化传承

既然文化馆是公共文化服务机构,那么公共文化服务的主要范围和内容是

---

① 柳斌杰,雒树刚,袁曙宏.中华人民共和国公共文化服务保障法解读[M].北京:中国法制出版社,2017:63.

什么？《公共文化服务保障法》的规定是，开展全民阅读、全民普法、全民健身、全民科普和艺术普及、优秀传统文化传承活动，一般简称"六个全民"。对照文化馆的主要业务活动看，显然，对应的主要是全民艺术普及和优秀传统文化传承。优秀传统文化传承是一项涉及多领域、多方面、多形式的任务，文化馆主要是以全民艺术普及的方式传承优秀传统文化。所以，优秀传统文化传承在文化馆服务中，依然可以纳入全民艺术普及的范畴。

核心功能是一个职业集团存在于社会系统中必要性、重要性、合理性、合法性、不可替代性的根基，是一个组织机构核心服务能力和核心竞争力的体现。没有核心服务能力，说明存在的合理性、必要性不足；泛化核心服务能力，说明职业竞争力不强，可替代性高。20世纪50年代中期以来，文化馆由综合性向聚焦群众文化艺术活动转型，有内在逻辑的合理性。文化建设的目的，是提高国民素质、促进人的全面发展、提升社会文明程度、增强人民精神力量和国家文化软实力。全民艺术素养的提升，是实现文化建设目的的内在要求。如果社会发展只需要提升小众人群的艺术素养，完全可以单纯依靠市场化方式去解决，但面向全体人民的艺术素养普及，旨在促进人的全面发展的艺术素养培育，与增强全体人民精神力量相联系的真善美水平提升，一定需要公共产品和服务，这就和以提升全民知识水平为目标的基础教育一定是义务教育的原理一样。由此看来，时代发展到今天，离开了全民艺术普及和通过艺术普及传承优秀传统文化，文化馆就没有立身之本、容身之地，就失去了存在于社会系统中的必要性、合理性。所以，文化馆必须依照《公共文化服务保障法》的规定，把核心功能聚焦于全民艺术普及和优秀传统文化传承。

（三）文化馆主要以社会教育的方式实现核心功能

面向全体社会公众，以灵活多样的方式传播文化、科学、知识的活动统称为社会教育。社会教育是现代终身教育体系的重要组成部分。在我国，文化馆脱胎于综合性的民众教育、社会教育机构，原本就具有开展社会教育的基因，早期就定位于综合性的社会教育机构。社会教育，意味着服务对象是全体社会公众，服务方式是多样化的，服务周期是全生命时段，服务目的是促进人的全面发展。今天，各级文化馆主要通过开展群众性文化艺术活动，举办讲座、培训、展览展示，指导群众性业余文化艺术团队，组织文化志愿服务和统筹协调全社会文化艺术活动等方式，完成全民艺术普及的使命和职责。简单地说，文化馆主要以社会教育的方式实现全民艺术普及的使命和职能，文化馆从业人员是以全民艺术普及为主要任务的社会教育工作者。

（四）文化馆向全体社会公众开放

现代社会之所以设置了文化馆、公共图书馆、博物馆等公共文化设施，目的是保障每一个人都有实现基本文化权益、参与终身教育、寻求全面发展的机会和条件，这也是体现社会公平正义的基石。从国际范围看，联合国《经济、社会和文化权利国际公约》所说的"文化权利"，就包括人人有权参加文化生活、人人有权享受科学进步及其应用所产生的利益，也相应地包括国家及地方政府为保障上述权利的充分实现应采取必要步骤的责任和义务。① 国际图书馆协会与机构联合会（国际图联）、联合国教科文组织联合发布的《公共图书馆宣言（2022）》强调，公共图书馆"不分年龄、种族、性别、宗教、国籍、语言、社会地位和任何其他特征，向所有人提供平等的服务"②。在我国，中国图书馆学会《图书服务宣言（2023）》宣告，"图书馆遵循平等服务原则，不分年龄、性别、职业、民族、居住地、个人能力和其他特征，向全体公民提供普遍均等的服务""图书馆提供多元、包容、便利的服务，为未成年人、老年人、残疾人等利用图书馆有困难的人群提供特殊的资源和服务"③。我国的公共文化服务以保障公民基本文化权益、满足公民基本文化需求为目标，坚持公益性、基本性、均等性、便利性的原则，《公共文化服务保障法》明确规定了公共文化设施向公众"免费或者优惠"开放，这是包括文化馆在内的公共文化设施履行职业使命、实现社会功能的内在要求，是公共文化设施区别于学校教育、其他社会文化教育设施最显著的特征之一。

以上四大特点，体现了文化馆发展到今天，适应文化强国建设和完善公共文化服务体系需要的主要特色，构成了当今理解和认识文化馆的核心要素，形成了文化馆和其他公共文化设施的主要区别。用最简单的表述界定什么是文化馆，实际上就是对文化馆本质特征、核心要素的提炼和概括，因此，基于以上对文化馆的理解和认识，可以形成新时期对文化馆的界定：

文化馆是向社会公众开放、主要承担全民艺术普及功能、开展社会教育的公共文化服务机构。

---

① 经济、社会和文化权利国际公约（联合国大会1966年12月16日通过）[C]//葛明珍.《经济、社会和文化权利国际公约》及其实施.北京：中国社会科学出版社,2003：183-194.
② 国际图联/联合国教科文组织.公共图书馆宣言2022[J].《中国图书馆学报》编辑部,译.吴建中,审校.中国图书馆学报,2022(6)：126-128.
③ 中国图书馆学会.图书馆服务宣言（2023）[EB/OL].[2024-04-30].https://www.lsc.org.cn/cns/contents/1676363 541657/1703426584604184576.html.

二、新时期关于文化馆界定的不同看法

伴随着我国公共文化服务体系建设的不断推进和深化,关于一些与文化馆界定相关的问题,不论是理论研究领域还是实践领域,都存在不同的看法。

(一)关于文化馆的设置主体

长期以来,我国对文化馆的界定虽然众说纷纭、不尽统一,但文化馆由"政府设置""政府举办"这一条则一以贯之,强调文化馆的设置主体是各级政府。21世纪大力推动公共文化服务体系建设以来,情况有所变化。公共文化服务体系建设的一个基本原则是政府主导、社会力量参与,《公共文化服务保障法》有鼓励和支持社会力量通过兴办实体、提供设施等方式参与提供公共文化服务的规定,现代公共文化服务体系建设的目标,是构筑政府、市场、社会共同参与的格局。《中华人民共和国公共图书馆法》(以下简称《公共图书馆法》)对公共图书馆的界定,取消了长期以来在政策性文件和地方立法中常见的"政府设置"的限定,《博物馆条例》明确规定博物馆包括国有博物馆和非国有博物馆。在这种背景下,对文化馆的界定中是否坚持将设置主体限定为各级政府,即目前阶段文化馆的设置主体是否可以或者应该多元化,出现了不同的看法。

一部分人赞成将文化馆的设置主体限定在各级政府,认为这样做有利于明确和强化各级政府的责任,符合我国文化馆建设和管理的现行政策与实际情况,有利于提高文化馆服务的质量、提升文化馆的社会形象,也继承和巩固了我国文化馆管理体制的传统与优势。有学者指出,国外的一些相关理念和规定值得借鉴。如日本的公民馆与我国的文化馆性质、功能类似。日本的《社会教育法》规定,公民馆由"市町村"政府或者是"以设置公民馆为目的的社团法人、财团法人"设置,对设置主体有限定。在日本,任何团体和个人都可以设置的,不能称为公民馆,只能称为"公民馆的类似设施"[1],即"准公民馆""类公民馆"。这说明即便在日本,公民馆的设置主体也有一定的限制。

另有一部分人认为,中国的改革开放和市场经济发展到今天,依然将文化馆的设置主体限定在各级政府,不符合公共文化服务"政府主导、社会力量参与"的原则,没有顺应在开放发展新理念指引下文化馆设置主体多元化的发展趋势,限

---

[1] 社会教育法(昭和二十四年法律第二百七号,令和元年法律第十一号による改正)[EB/OL].[2024-04-30].https://elaws.e-gov.go.jp/document?lawid=324AC0000000207.

制了虽然目前数量不多但已经出现的社会力量设置的文化馆生存发展的前景，不利于文化馆服务形成政府、社会、市场共同参与的格局。有专家提出，2018年施行的《公共图书馆法》对公共图书馆的界定，就取消了对公共图书馆设置主体只能是政府的限定，表明已经认可社会力量可以成为公共图书馆的设置主体，已经展现了理念的变化和发展的趋势，值得文化馆借鉴。①

（二）关于文化馆服务的"免费"或者"优惠"

《公共文化服务保障法》第二十九条规定，"公益性文化事业单位应当……向公众提供免费或者优惠的文艺演出、陈列展览、电影放映、广播电视节目收听收看、阅读服务、艺术培训等"；第三十一条规定，"公共文化设施应当……向公众免费或者优惠开放"。自从2011年实行"三馆一站"免费开放政策以来，文化馆"免费开放"已经深入人心，目前的不同看法集中在"优惠"服务提供上。所谓"优惠"，2011年免费开放政策文件中的解释是，基本公共文化服务以外的公益性服务，要与市场价格有所区分，降低收费标准，按照成本价格为群众提供服务。②"十四五"以来新近的政策文件中的解释是，按照保本微利、优质优价、节约资源、公平负担的原则，引导非基本公共服务供给主体提供与当地城乡居民收入水平相适应的普惠性非基本公共服务，实现付费可享有、价格可承受、质量有保障、安全有监管。③

20世纪八九十年代，我国的公共文化机构普遍经历了"以文养文、以文补文"的曲折，相对来说，文化馆在这条路上走得比公共图书馆、博物馆等更远。21世纪推进公共文化服务体系建设以来，文化馆经过艰苦努力重回公益免费服务轨道。出于对开展优惠收费服务可能导致公共财政保障缩水、重蹈"以文养文"覆辙的担心，为数不少的业界人士主张把"免费开放"写入对文化馆的界定，明确文化馆服务就是"免费服务"，认为这样做有利于固化文化馆的公益属性，有利于

---

① 北京大学国家现代公共文化研究中心.《文化馆管理办法》涉及的基本制度和重要问题研究[R].北京大学国家现代公共文化研究中心,2021:9-10.

② 文化部,财政部.关于推进全国美术馆、公共图书馆、文化馆(站)免费开放工作的意见(文财务发[2011]5号)[EB/OL].(2011-02-10)[2021-03-10].http://www.gov.cn/zwgk/2011-02/14/content_1803021.htm.

③ 国家发展改革委员会等21部门."十四五"公共服务规划[EB/OL].(2022-01-10)[2024-04-30].http://www.gov.cn/zhengce/zhengceku/2022-01/10/5667482/files/301fe13cf8d54434804a83c6156ac789.pdf.

强化政府的保障责任,有利于文化馆专注提升服务质量,有利于文化馆的持续稳定健康发展。有专家指出,《公共图书馆法》对公共图书馆的界定,就写入了"免费开放",文化馆可以直接援引。

然而,也有不少业界人士对将"免费开放"写入文化馆的界定持反对态度。他们认为,《公共文化服务保障法》是公共文化领域的最高法律,是所有具体政策的准则,既然法律规定了公共文化设施"免费"或者"优惠"提供服务,文化馆在实践中理应全面贯彻落实。同时,伴随着人民对美好生活的新期待日益增强,对文化馆服务提出了多样化、多层次、多方面的需求,这类需求基本服务难以满足,市场自发供给又不足,需要政府通过支持公益性文化机构或市场主体,增加服务供给、提升服务质量,推动非基本公共文化服务普惠性发展。所以,不论是从满足人民群众更高层次文化需求的角度看,还是从新时期维护社会公平正义的角度看,抑或从完善社会力量参与激励机制的角度看,文化馆都应在"优惠"服务上探索实践、寻求突破,逐步建立起个性化、定制化、高层次、服务适当的"受益者负担"机制。因此,不宜把文化馆服务完全限定在"免费"上,也不应把普惠性非基本公共文化服务的优惠收费简单理解为新的"以文养文、以文补文"。同时,各级政府也不应以文化馆提供优惠收费服务为由,减少经费投入,在基本公共文化服务的保障上"推责任""甩包袱"。

在"免费开放"和"优惠收费"的不同看法之外,还有对"免费"和"收费"的界限、优惠收费的实现方式等问题的讨论。从理论上说,基本公共文化服务免费提供,普惠性非基本公共文化服务可以优惠收费。但怎样因地制宜地确定基本服务和非基本服务的范围界限,怎样实现基本服务和非基本服务的动态调整,在实践中面临诸多难题。还有,"优惠收费"怎样体现"优惠"?怎样防止过度的逐利行为?优惠收费的定价原则、方法、程序怎样体现科学规范、公开透明?诸如此类的问题在理论上有不同看法,在实践中也有不同的探索。

第三节　文化馆的相关概念

1949年以来,在文化馆演进发展的同时,还出现了一些与文化馆关系密切的群众文化设施,主要包括群众艺术馆、文化站、乡镇(街道)综合文化站、基层综合性文化服务中心、农村俱乐部等。厘清这些设施和文化馆在性质、功能、布局等方面的异同,对准确理解和认识文化馆有重要意义。

一、群众艺术馆

群众艺术馆是和文化馆相关度最高,纠缠也最多的一个概念。

群众艺术馆简称群艺馆,最早出现于1955年。当年,文化部分别在北京和浙江试点建立了群艺馆。在试点的基础上,文化部先是倡导全国各省、自治区、直辖市"积极筹办群众艺术馆,加强对群众业余文化艺术活动的业务辅导"①,继而又于1956年8月印发《关于群众艺术馆的任务和工作的通知》,要求各省、市、自治区普遍设立群艺馆。按照最初的设计,群艺馆的职能是负责在业务上研究和指导群众业余艺术活动,主要工作任务涉及四个方面:一是搜集、整理民间艺术遗产和辅导群众业余艺术创作;二是编辑并推荐适合群众业余艺术活动需要的演唱材料和业务学习资料;三是协助文化艺术干部学校,有计划地培养文化馆、站和文化宫(俱乐部)的艺术干部;四是组织专业艺术工作者,有计划地对群众业余艺术组织进行业务辅导。② 1956年10月,在全国省级群艺馆普遍建立的基础上,又成立了中央群众艺术馆,作为文化部艺术事业管理局所属的事业单位。依据群艺馆的职能和工作任务,中央群艺馆对自身工作任务作出了具体化表述:一是研究指导各省、市群众艺术馆的业务工作,研究指导全国范围内群众艺术团体的重要上演节目,总结推广有典型意义的演出经验;二是编辑出版适合全国群众文艺活动需要的、水平较高的演唱材料和业务学习材料;三是搜集、整理有代表性的民间艺术和较优秀的群众创作作品;四是举办较高级的艺术讲习班和训练班,提高地方群众艺术馆业务干部的业务水平。③ 1957年3月,文化部艺术事业管理局在北京召开全国群众艺术馆工作座谈会,进一步明确了群众艺术馆的性质是"艺术事业机构",主要职能是"对群众业余艺术活动进行业务研究和指导",主要任务是"丰富群众艺术活动的内容,提高质量"。④ 至此,我国搭建起了一个布设在中央和省级层面的群众艺术馆体系。

最初设计的群艺馆和文化馆有所区别。群艺馆的职能是研究和指导群众业余艺术活动,主要工作方式是对各地实践经验进行总结、提炼和推广,编写出版群众演唱材料和群众文化艺术业务辅导材料,培训文化馆(站)的业务人员,组织

---

① 文化部,中国新民主主义青年团中央委员会.关于配合农村合作化运动高潮开展农村文化工作的指示(1956-02-18)[N].人民日报,1956-02-22(3).
② 彭泽明.中国文化馆(站)发展之路[M].重庆:重庆出版社,2012:26-27.
③ 文化部张致祥副部长的报告(摘要)[J].文化馆工作,1957(1):33-34.
④ 丰富和提高群众艺术活动,全国群众艺术馆工作座谈会在京举行[N].人民日报,1957-03-27(7).

协调专业艺术院团、专业文艺工作者以及社会各方面的力量参与群众文化艺术活动。群艺馆扮演的是"文化馆的后盾""文化馆的文化馆"的角色,其自身不是面向社会公众的文化艺术活动阵地,不开展面向社会公众的群众文化艺术活动,不是一个群众性文化艺术的服务机构,当时的说法叫作群艺馆不是"大文化馆""大俱乐部",也不是"以馆代政"的群众文化工作行政管理机构。① 在机构布局上,群艺馆最初只在中央和省级层面设置。1957年初,全国已有26个省、自治区、直辖市建立了群艺馆。② 在地市层面,按照1956年时的政策要求,少数已设立的可以保留,尚未设立的不再新增。③ 1957年初,全国有地市级群艺馆6个。④ 从群艺馆的主管部门看,中央群艺馆是文化部艺术事业管理局所属的事业机构,省级群艺馆是省级文化行政部门所属的事业机构,具体管理工作由艺术处室负责,与文化馆当时由文化行政部门中社会文化事业管理部门主管不同。行政主管部门的不同,也显示了群艺馆与文化馆的区别。

设立群艺馆,在当时被称为"我国社会主义文化建设事业上一个重大的措施,是我国劳动人民文化生活中的一件大事"⑤。这一举措问题导向鲜明,针对的是当时文化馆从业人员业务水平普遍偏低、专业能力普遍不足、无法适应人民群众日益增长的文化艺术需求的短板,以及群众艺术与专业艺术隔绝、全社会参与群众文化艺术不足等问题;同时这一举措也顺应了当时文化馆发展的趋势,在文化馆由综合性向专门化转型的背景下,彰显了文化馆聚焦群众文化艺术活动的强烈信号,开启了群众文化理论研究、经验升华的工作局面。但是,以今天的眼光看,群艺馆这一组织机构的设计有先天不足。首先,群艺馆的职能定位是专事群众艺术活动的研究和指导,自身并不组织开展群众艺术活动,导致其远离了群众艺术实践,随着时间的推移,对群众艺术实践的指导能力会逐渐衰减。其次,群艺馆不具备群众文化艺术活动阵地功能,不开展面向社会公众的文化艺术活动,并不像国家博物馆、国家图书馆、国家美术馆那样自身就是专业服务的最高殿堂,导致其难以形成行业发展引领力、公众认知度和社会影响力。最后,群艺馆既不是"大文化馆",又不是群众文化行政部门,也不同于专门的研究机构,在社会系统和群众文化服务体系中的地位和作用"悬空"。

---

① 彭泽明.中国文化馆(站)发展之路[M].重庆:重庆出版社,2012:26-27.
② 丰富和提高群众艺术活动,全国群众艺术馆工作座谈会在京举行[N].人民日报,1957-03-29(7).
③ 彭泽明.中国文化馆(站)发展之路[M].重庆:重庆出版社,2012:26-27.
④ 丰富和提高群众艺术活动,全国群众艺术馆工作座谈会在京举行[N].人民日报,1957-03-29(7).
⑤ 文化部张致祥副部长的报告(摘要)[J].文化馆工作,1957(1):33-34.

1957年夏季开始的"反右派"斗争严重波及了中央群艺馆,导致成立仅一年多的中央群艺馆被撤销。但从全国看,20世纪50年代中后期到20世纪60年代中期,群艺馆在持续发展,全国有50多个地市级城市先后建立了群艺馆。"文化大革命"前,我国一直在努力构建省地两级群艺馆体系,全国群众文化艺术组织体系建设的目标是,省地设立群艺馆,县级(包括市辖区)设立文化馆,乡镇(街道)设立文化站。

从20世纪50年代中期到90年代末,强调群艺馆和文化馆的区别一直是主流思路和做法。"文化大革命"结束不久,文化部于1980年7月印发《关于加强群众文化工作的几点意见》,其中特别强调,群艺馆和文化馆的性质与业务范围有区别,"群艺馆是在业务方面从事研究和指导群众业余艺术活动的事业机构,而文化馆除开展、辅导业余艺术活动外,还有组织书刊借阅、科普讲座、举办展览、墙报、幻灯等各种群众文化娱乐活动的任务"。该文件针对当时仍有少数地方的省、地级群众艺术事业机构名为文化馆的现象,建议"一律改称群众艺术馆为宜"。此后,1981年文化部出台《文化馆工作试行条例》,规定"县、市(包括中央直辖市属区及省辖市属区)级设立文化馆""业务上受上级群众艺术馆的指导和辅导"。县市级文化馆的"上级"业务指导单位,就是省地两级设置的群众艺术馆。1992年文化部出台《群众艺术馆、文化馆管理办法》,规定"省、自治区、直辖市,计划单列市,地(州、盟),地级市设立群众艺术馆""县、旗、县级市、市辖区设立文化馆""群众艺术馆与文化馆是业务指导关系",说得更为明确、具体。出自国家文化行政主管部门的明确意见,对固化群艺馆和文化馆的区别产生了重要影响。

然而,在实践层面,改革开放以来,各地群艺馆和文化馆性质、功能上的区别逐渐消弭。1982年"文化馆"被写进宪法,并没有并列群艺馆,已经显现出了群艺馆名称的式微。大约从20世纪80年代中期开始,越来越多的群艺馆在实际工作中事实上扮演了"大文化馆"的角色,与此相伴随,强调群艺馆和文化馆功能相同而非相异的声音逐渐强劲起来,群艺馆和文化馆越来越走向合流。1985年5月,文化部印发《关于群众艺术馆当前工作的几点意见》,其中谈及群艺馆的主要工作任务时提出,"地(市)级馆在开展辅导工作的同时要充分利用现有设施搞好馆办活动,活动的内容除艺术方面外,也应包括普及文化知识、科学技能及娱乐性活动等。省馆也可根据条件酌情开展馆办活动"[①]。提出群艺馆要"搞好馆办

---

① 彭泽明.中国文化馆(站)发展之路[M].重庆:重庆出版社,2012:59.

活动",表明实际上已经改变了"群艺馆不是大文化馆"的思路。1992年文化部出台《群众艺术馆、文化馆管理办法》,虽然仍在强调群艺馆和文化馆的区别,但也第一次在政府部门规章中出现了群艺馆"也是群众进行文化艺术活动的场所"的表述,说明长期延续的群艺馆不开展面向公众的文化艺术活动、不是面向公众的文化艺术活动阵地的思路和做法从实践到政策都发生了改变。1997年9月,上海市人民政府出台《上海市公共文化馆管理办法》,规定文化馆"包括市文化馆、区(县)文化馆和街道(乡、镇)文化馆(站)",这里的"市文化馆"显然是指上海市群众艺术馆,以一个"公共文化馆"的特殊称谓规避了群艺馆和文化馆名称的区别。2003年国务院颁布的《公共文化体育设施条例》、2017年施行的《公共文化服务保障法》,在界定公共文化设施时都是只列举了文化馆,未列举群艺馆。2008年出台的《文化馆建设用地指标》在正文中说,"文化馆按其行政管理级别分为省(自治区、直辖市)级文化馆、市(地、州、盟)级文化馆和县(旗、市、区)级文化馆三个级别",在条文说明中说"本指标所称文化馆包括群众艺术馆和文化馆"①,2009年颁布的《浙江省文化馆管理办法》、2010年出台的《文化馆建设标准》等,表述方式则是"文化馆(群众艺术馆)",显然已经把群艺馆看作文化馆的别称。进入新世纪以来,已有不少省、地(市)的群艺馆改称文化馆,群艺馆和文化馆属于性质、功能相同的公共文化机构的理念成为主流认识。

从1955年群艺馆出现到今天,群艺馆和文化馆经历了由强调"相异"到走向"相同"的变化。在今天,群艺馆和文化馆"实同而名异"的现象依然存在,截至2021年底,全国仍在使用"群众艺术馆"名称的省级机构有9个,副省级和地市级机构有120个左右②,在同层级文化馆中占比分别为28%和34%左右。业界有专家早就说过,"文化馆、群众艺术馆的称谓问题,给社会、业外人士造成分辨困难,给文化馆事业发展造成了歧义"③。近年来,各地群艺馆改称文化馆的越来越多,这是顺应时代发展的"正名"举措,有利于彰显文化馆设立的宪法依据,有利于发挥文化馆在公共文化服务体系中的整体作用,有利于树立我国文化馆的整体形象,有利于提高文化馆的社会认知度和社会影响力。

二、文化站

1949年新中国成立后,文化馆和文化站的部署与建设同步进行。1950年3

---

① 文化部.文化馆建设用地指标[M].北京:中国计划出版社,2008.
② 李秀敏.文化馆基础理论体系研究[D].北京大学,2022:84.
③ 谈祖应.中国文化馆学概论[M].海口:海南出版社,2008:235.

月,当时的东北区颁布了《东北区文化网的组织工作纲要试行条例》,其中设计的"文化网"组织系统为:城市设立文化馆,大城市每一区设立一个,小城市每一市设立一个;工厂设立文化俱乐部;农村每一行政村设立一个文化站,每一区设立一个文化总站。① 东北地区开其端绪后,各地纷纷借鉴、效仿。如 1950 年 8 月,当时的广西省人民政府发布《广西省建立人民文化馆文化站暂行办法》,规定市、县所辖之区、乡、镇设立人民文化总站,街、村设立人民文化站,区、乡、镇文化总站以与中心小学校结合,街村文化站以与街村小学结合为原则。② 新中国成立之初的文化站被称为"开展农村群众文化教育的据点",主要任务是组织和推动识字教育、进行卫生宣传教育、农闲时间组织和领导农民进行文娱活动、推行时事教育、开展移风易俗宣传教育。③ 文化站的基本体制是,由当地人民政府设置,行政上受当地人民政府领导,运行经费由县级教育事业经费解决,业务上接受上级文化总站或文化馆指导,一般与当地小学校结合设立,工作人员多数为兼职。据统计,经过短时间的发展,到 1950 年底,全国已建立起文化站 3000 多个④,到 1953 年底,则快速增加到 4560 多个⑤。

  文化站数量的快速增加带来了一系列新问题,如性质任务不够明确、工作缺乏重心、服务对象不够聚焦、服务内容和方式针对性不强、政府文化行政部门对文化站领导不力等。针对这些问题,1953 年 12 月,中央人民政府文化部印发《关于整顿和加强文化馆、站工作的指示》(以下简称《指示》)。对文化站而言,所谓"整顿",是明确要求"各地一律不再发展文化站,而应集中力量对已有的文化站进行认真的整顿和改进,对某些徒具形式的文化站,并应酌予裁并";所谓"加强",是进一步明确文化站的性质、任务、工作重点和服务方式。《指示》强调文化站和文化馆一样,是政府为开展群众文化工作、活跃群众文化生活而设立的事业机构;明确文化站的主要工作任务是进行时政宣传、开展文化学习、组织和辅导群众业余艺术活动、普及科学技术和卫生知识;强调文化站必须特别注意适应农业生产季节性的特点开展工作,一切活动都必须根据群众需要和自愿的原则,采

---

① 东北区文化网的组织工作纲要试行条例[M]//工农教育丛刊编委会.怎样办好人民文化馆.北京:生活·读书·新知三联书店,1950:11-14.
② 广西省建立人民文化馆文化站暂行办法[M]//教育资料丛刊社.在成长中的人民文化馆.北京:人民教育出版社,1951:148-152.
③ 东北区文化网的组织工作纲要试行条例[M]//工农教育丛刊编委会.怎样办好人民文化馆.北京:生活·读书·新知三联书店,1950:11-14.
④ 梁泽楚.文化馆事业蒸蒸日上[J].文化馆工作,1957(7):5-10.
⑤ 全国文化馆、站事业四年来有很大发展[N].人民日报,1954-01-24(3).

取群众喜闻乐见的形式;指出加强和改善各级人民政府对文化站的领导,是改进文化站工作的重要关键。① 这一政策文件对明确文化站的性质功能、遏制文化站盲目扩张发挥了重要作用。

20世纪50年代中期到"文化大革命"结束,文化站的发展经历了曲折。1957年以来,文化站迎来了新一波扩张。1958年,仅江苏一省就有2047个民办文化站。② 接着是经济调整时期文化站的萎缩。1965年,全国文化站减少到2100多个③,不及1953年时的一半。"文化大革命"十年,文化站畸形发展,数量有所增加,功能严重异化。1978年,全国有文化站3264个。④

"文化大革命"结束后,文化站建设被作为加强群众文化工作的重要内容提了出来。1980年,全国三分之二的人民公社尚无文化站,文化部当年印发《关于加强群众文化工作的几点意见》,提出的目标是"争取在1985年以前分期分批地建立起来",并且提出了文化站建设的几项重要政策:一是采取有力措施,巩固健全一些"有名无实"的文化站;二是明确文化站人员要经过考核选拔,加强培训,落实"按大集体待遇";三是文化站举办的某些活动,"可以酌量收费";四是边防地区、偏远山区、重要口岸或大集镇,建立国办文化站。

1982年11月召开的全国人大五届五次会议审议通过了国家第六个五年计划,其中提出"县县有文化馆图书馆,乡乡有文化站"的奋斗目标。1984年3月,国务院办公厅转发文化部《关于当前农村文化站问题的请示》,开启了我国文化站规范建设、转型发展的新阶段。这一政策文件的主要历史贡献有三。一是界定了文化站的性质:文化站是乡(镇)政府领导的群众文化事业机构,业务上接受上级文化部门的指导。这一界定的重要意义,在于明确了文化站是乡镇政府设置的文化事业机构,从根本上改变了此前文化站大多为"社办"或"社办公助"的体制。二是明确了文化站的任务:组织和举办群众文化艺术、文娱体育活动;辅导农村群众文化活动;协助行政部门对农村群众文化事业、民间艺人和文化个体户等进行管理,概括地说是活动阵地、文艺辅导、协助管理三大任务。三是明确了文化站要配备专职人员,专职人员纳入事业编制。

---

① 中央人民政府文化部.关于整顿和加强文化馆、站工作的指示[C]//中央文化部社会文化事业管理局.文化馆工作参考资料(7).1954:1-6.
② 依靠群众 因地制宜 勤俭办馆站 江苏有两千多个民办文化馆站[N].人民日报,1958-05-24(7).
③ 梁泽楚.群众文化史(当代部分)[M].北京:新华出版社,1989:98-99.
④ 国务院办公厅转发文化部关于当前农村文化站问题的请示的通知[EB/OL].(1984-03-28).北大法宝.https://www.pkulaw.com/chl/472a25eb346a9039bdfb.html?keyword=%E6%96%87%E5%8C%96%E7%AB%99.

20世纪80年代初,我国农村开始了"政社分开"、设乡建镇改革,与此相伴随,"公社文化站"的称谓退出历史舞台,取而代之的是乡镇文化站、街道文化站。

国务院批转文化部《关于当前农村文化站问题的请示》,有力促进了我国新时期文化站的规范发展。在总结提炼、健全完善各地实践经验的基础上,1992年5月,文化部出台《文化站管理办法》,这是我国第一个规范文化站发展的高层次政府部门规章,奠定了我国新时期文化站建设和发展的基本格局。关于文化站的性质功能,该办法规定:文化站是国家最基层的文化事业机构,是乡镇人民政府、城市街道办事处设立的全民所有制文化事业单位,同时又是当地群众进行各种文化娱乐活动的场所。这一规定的核心要素,一是明确了"文化事业单位"的性质定位;二是明确了文化站的设置主体是乡镇人民政府或城市街道办事处;三是明确了文化站既要提供基本文化艺术服务,又要提供群众文化娱乐场所。该办法第一次较为系统地提出了新时期文化站的主要任务,简称"七大任务":

(1)运用各种文化艺术手段,进行时事政策、建设两个文明、国内外形势以及爱国主义、集体主义和社会主义等方面的社会宣传教育。

(2)组织开展丰富多彩的、群众喜闻乐见的文娱体育活动及电影、录像放映等活动。

(3)开办书刊阅览,开展群众读书活动,举办各类文化艺术讲习班(讲座),辅导和培训群众文艺骨干。

(4)普及科学文化知识,传递经济信息,为群众求知致富、促进当地经济建设服务。

(5)搜集、整理民族民间文化艺术遗产,做好文物的宣传保护工作。指导村和城镇居委会文化室(俱乐部)工作。

(6)受当地政府及文化主管部门的委托管理好当地文化市场。

(7)充分利用和发挥自身优势,积极开展以文补文和多种经营活动,正确处理社会效益与经济效益的关系,其收入主要用于补充事业经费之不足。

"七大任务"体现的特点,一是突出文化站的文化艺术功能,如时政宣传强调运用各种文化艺术手段,举办讲座强调文化艺术内容,文娱活动特别提到当时风靡城乡的录像放映;二是明确了文化站代行对乡镇、街道文化市场的行政管理职能;三是强调文化站传递经济信息,服务当地经济建设;四是鼓励文化站"积极开展以文养文和多种经营活动",反映了改革开放初期政府对文化站生存和发展保障力度的不足。

三、乡镇(街道)综合文化站

1996年10月,党的十四届六中全会通过《中共中央关于加强社会主义精神文明建设若干重要问题的决议》,其中有关加强城乡文化事业基本建设的部署中提出,"大中城市应重点建设好图书馆、博物馆,有条件的还应建设科技馆。县、乡应主要建设综合性的文化馆、文化站"。这是高层次政策文件中第一次明确地将"综合性"与"文化站"联系在一起加以表述,"综合文化站"的称谓呼之欲出。

2005年11月,中共中央办公厅、国务院办公厅印发《关于进一步加强农村文化建设的意见》,明确把设在乡镇一级的文化站称为"综合文化站",并且首次阐述了新时期乡镇综合文化站"综合性"的内涵:"集图书阅读、广播影视、宣传教育、文艺演出、科技推广、科普培训、体育和青少年校外活动等于一体。"此后,"综合文化站"的称谓取代了此前的"文化站",因综合文化站设在乡镇、街道层级,故有"乡镇(街道)综合文化站"之称。2006年3月发布的国家"十一五"规划纲要中,"乡镇综合文化站建设"被列入"公共文化建设重点工程",要求到"十一五"末"基本实现全国乡镇均建有综合文化站"。2006年9月发布的《国家"十一五"时期文化发展规划纲要》进一步细化了"乡镇综合文化站建设"工程的内容,明确"十一五"时期"在欠发达地区新建、改扩建2.5万个左右综合文化站,配备必要的设备,完成对农村危旧公共文化设施的改造,基本实现全国乡镇均建有综合文化站"①。

2009年,文化部颁布《乡镇综合文化站管理办法》,其中对乡镇综合文化站的性质界定为:"由县级或乡镇人民政府设立的公益性文化机构",基本职能为"社会服务、指导基层和协助管理农村文化市场",具体包括开展书报刊借阅、时政法制科普教育、文艺演出活动、数字文化信息服务、公共文化资源配送和流动服务、体育健身和青少年校外活动等,具体工作任务规定为八项:

(1) 举办各类展览、讲座,普及科学文化知识,传递经济信息;

(2) 组织开展丰富多彩的、群众喜闻乐见的文体活动和广播、电影放映活动,指导村文化室(文化大院、俱乐部等)和农民自办文化组织建设,辅导和培训群众文艺骨干;

---

① 国家"十一五"时期文化发展规划纲要[M].北京:人民出版社,2006:22.

（3）协助县级文化馆、图书馆等文化单位配送公共文化资源,开展流动文化服务;

（4）在县级图书馆的指导下,开办图书室,开展群众读书读报活动,提供图书报刊借阅服务;

（5）建成全国文化信息资源共享工程基层服务点,开展数字文化信息服务;

（6）在县级文化行政部门的指导下,搜集、整理非物质文化遗产,开展非物质文化遗产的普查、展示、宣传活动,指导传承人开展传习活动;

（7）协助县级文化行政部门开展文物的宣传保护工作;

（8）受县级文化行政部门的委托,协助做好农村文化市场管理及监督工作。

《乡镇综合文化站管理办法》明确了乡镇综合文化站是政府设立的"公益性文化机构"的属性,规定了乡镇综合文化站的三大基本职能、八项工作任务,对新时期乡镇综合文化站的建设和发展产生了重要影响。自此以后,乡镇综合文化站成为法律法规、政策性文件中的规范称谓。如2012年由文化部主编、住房和城乡建设部、国家发展和改革委员会批准的《乡镇综合文化站建设标准》(建标160-2012)正式颁布,2016年文化部、新闻出版广电总局、体育总局、国家发展改革委、财政部印发的《关于推进县级文化馆图书馆总分馆制建设的指导意见》,以及2018年施行的《中华人民共和国公共图书馆法》(以下简称《公共图书馆法》),都规定乡镇(街道)综合文化站是县域总分馆体系中的分馆。2021年文化和旅游部、国家发展改革委、财政部印发的《关于推动公共文化服务高质量发展的意见》、文化和旅游部印发的《"十四五"公共文化服务体系建设规划》等政策性文件,都在频繁使用乡镇(街道)综合文化站的概念。

四、基层综合性文化服务中心

2013年,党的十八届三中全会通过《中共中央关于全面深化改革若干重大问题的决定》,其中关于推进文化体制机制创新、构建现代公共文化服务体系的部署中提出了一项新任务:"整合基层宣传文化、党员教育、科学普及、体育健身等设施,建设综合性文化服务中心。"由此出现了一个与乡镇(街道)综合文化站密切相关的新概念:基层综合性文化服务中心。

什么是基层综合性文化服务中心? 2019年国务院办公厅印发《关于推进基层综合性文化服务中心建设的指导意见》,其中指出:"到2020年,全国范围的乡镇(街道)和村(社区)普遍建成集宣传文化、党员教育、科学普及、普法教育、体育健身等功能于一体,资源充足、设备齐全、服务规范、保障有力、群众满意度较高的基层综合性公共文化设施和场所。"依据这一表述,所谓"基层",是指乡镇(街道)和村(社区)两个层级;所谓"综合性",是指主要集"五大功能"于一身;所谓"文化服务",是说"五大功能"从广义上看都属于公共文化服务。简单地说,基层综合性文化服务中心就是建在乡镇(街道)和村(社区)两个层级的综合性公共文化服务设施。

  早在新中国成立之初,我国就开始了在农村基层布局文化设施网络。1950年东北区颁布的《东北区文化网的组织工作纲要试行条例》规定,农村每一行政村设立一个文化站,每一区设立一个文化总站。[①] "六五"时期提出"乡乡有文化站"的奋斗目标。2005 年进一步提出"实现县有文化馆、图书馆,乡镇有综合文化站,行政村有文化活动室"的目标。[②] 所以,基层综合性文化服务中心并不是要在乡镇(街道)和村(社区)两级另起炉灶新建一批文化设施,并不是硬件设施的"大拆大建",而是主要采取盘活存量、调整置换、集中利用等方式进行建设:乡镇(街道)综合性文化设施"重在完善和补缺,对个别尚未建成的进行集中建设";村(社区)综合性文化服务中心,"主要依托村(社区)党组织活动场所、城乡社区综合服务设施、文化活动室、闲置中小学校、新建住宅小区公共服务配套设施以及其他城乡综合公共服务设施,在明确产权归属、保证服务接续的基础上进行集合建设"[③]。也就是说,作为基层综合性文化服务中心的设施,主要依托乡镇(街道)综合文化站和村(社区)文化室等既有设施。

  基层综合性文化服务中心的突出特点,是强调通过统筹整合各级各类面向基层的公共文化资源,为城乡群众提供基本公共文化服务,同时因地制宜配合做好其他公共服务。建设的重点任务,是形成一套符合实际、运行良好的管理体制和运行机制,建立一支扎根基层、专兼职结合、综合素质高的基层文化队伍,从而改变面向基层的公共文化资源和服务条块分割、重复建设、多头管理等现象,解决基层公共文化设施功能不健全、管理不规范、服务效能低、总量不足与资源浪费现象并存等突出问题,使基层综合性文化服务中心真正成为我国文化建设的

[①] 东北区文化网的组织工作纲要试行条例[G]//工农教育丛刊编委会.怎样办好人民文化馆[M].北京:生活·读书·新知三联书店,1950:11-14.
[②] 中共中央办公厅国务院办公厅关于进一步加强农村文化建设的意见(中办发〔2005〕27号)[EB/OL].[2024-04-30].http://www.gov.cn/gongbao/content/2006/content_161057.htm.
[③] 国务院办公厅关于推进基层综合性文化服务中心建设的指导意见(国办发〔2015〕74号)[EB/OL].(2015-10-20)[2024-04-30].http://www.gov.cn/zhengce/content/2015/10/20/content_10250.htm.

重要阵地和提供公共服务的综合平台，成为党和政府联系群众的桥梁和纽带，成为基层党组织凝聚、服务群众的重要载体。从本质上说，基层综合性文化服务中心建设是新时期农村基层公共文化服务体制机制的改革，因此，它被列为"十三五"时期公共文化领域重点改革任务之一。

2014年，文化部部署开展基层综合性公共文化服务中心建设试点，选定上海市松江区、江苏省镇江市、浙江省、安徽省、福建省厦门市、河南省济源市、广东省中山市、广西壮族自治区来宾市、四川省成都市、西藏自治区山南地区等10个地区进行试点。① 在典型引路的基础上全面推进，到2020年，全国乡镇（街道）综合性文化服务中心已经基本实现全覆盖，行政村、社区综合性文化服务中心建成57万多个，覆盖率达到96%②，涌现出了浙江农村"文化礼堂"、安徽农民"文化乐园"、广东中山"社区文化服务中心"、甘肃"乡村舞台"等一批基层综合性文化服务中心建设的示范典型。

五、农村俱乐部

农村俱乐部是20世纪五六十年代我国农村数量最多、影响最大的农民文化活动组织。新中国成立后，为了迅速以社会主义思想占领农村文化阵地，继承我党在中央苏区、抗日敌后根据地和解放区建立农村俱乐部进行政治教育、开展文化宣传的传统，同时也学习苏联广泛建立农村俱乐部的经验，我国开始大力推进建立农村俱乐部。如早在1949年，当时的太行行署就发出指示，认为过去的"冬学"及"民校"形式，已不能适应形势的要求，而农村俱乐部则是比较适合的形式，因此要求"老区、半老区，甚至新区都要争取一切可能"，组织农村俱乐部，加强社会教育工作。③ 1951年，中央人民政府文化部在工作计划要点中提出要求，"有条件的村镇设立村俱乐部"④。到1952年初，全国农村俱乐部（含农村图书馆室）已发展到2万多个。⑤ 在农业合作化运动高潮中，农村俱乐部成为"农村生产合

---

① 文化部办公厅关于公布国家公共文化服务标准化试点地区等名单的通知[EB/OL].https://mct.gov.cn/whzx/bnsj/ggwhs/201410/t20141017_764460.htm.
② 北京大学国家现代公共文化研究中心.公共文化领域重点改革任务落实情况调研报告[R].2020.1.
③ 太行行署指示各地组织农村俱乐部统一领导社会教育[N].人民日报,1949-04-01(2).
④ 徐志伟."十七年"时期的农村俱乐部与农村文艺活动的组织化[J].文艺理论与批评,2018(5):102-116.
⑤ 沈雁冰.三年来的文化艺术工作[N].人民日报,1952-09-27(2).

作社的重要组成部分",大力发展以农村合作社为基础的农村俱乐部,被作为"开展农村文化工作的中心环节"①,农村俱乐部建设高歌猛进。1956年2月,文化部和团中央联合发布《关于配合农村合作化运动高潮开展农村文化工作的指示》,要求"各地应争取在两年内分批分期地建成一个遍布各乡各村的俱乐部网",同时提出,"选择条件比较好和工作比较好的俱乐部培养成为当地的中心俱乐部,以便对附近的俱乐部和其他群众文化活动组织进行辅导和示范",更进一步要求"现在各地的文化站也应该逐步地转变为群众自办的中心俱乐部"。② 在各级政府的大力推动下,到1956年,全国农村俱乐部已经发展到32万个。③

面对农村俱乐部的快速扩张,1956年前后也出现过质疑的声音。如1956年5月,《人民日报》发表评论员文章《建立农村俱乐部不能贪多求快》,批评了当时已经出现的农村俱乐部建设"贪多图快、不问效果、铺张浪费、滥用民力的现象",呼吁要"量力而行,讲究实效",并提出应"更好地发挥农村中原有文化工具力量"的发展思路。④ 1956年9月,文化部社会文化事业管理局主办的期刊《文化馆工作》发表李英敏的文章《关于农村俱乐部的情况和存在问题》,对全国农村俱乐部的发展现状做出了一个总体判断,认为全国30多万个农村俱乐部,能够结合生产开展经常性活动的占25%,不能很好地结合生产、活动不经常的占50%,完全是空架子、空招牌的占25%。针对农村俱乐部存在的问题,文章提出"应采取积极的稳步的发展方针",发展速度可以放慢一点,对条件较差的农业社,"不忙于搭架子",对已建立起来的农村俱乐部,应"积极领导,具体帮助",防止"边建边垮"。⑤ 然而,1957年夏季开始的"反右派"斗争和紧接着的"大跃进"运动,都推动农村俱乐部的数量持续快速增长。据截至1960年的统计,仅湖南一省的农村俱乐部数量就达到6.5万个。伴随着三年困难时期国民经济的调整,很多作为"大跃进"产物的农村俱乐部又都"名存实亡"。1963年农村开展社会主义教育运动,农村俱乐部再度活跃,但这时农村文化室已经兴起,农村俱乐部不再一

---

① 大力发展农村俱乐部[N].人民日报,1956-02-09(1).
② 文化部,中国新民主主义青年团中央委员会.关于配合农村合作化运动高潮开展农村文化工作的指示[N].人民日报,1956-02-22(3).
③ 全国省、市、自治区文化局(厅)长会议着重讨论农村文化工作问题[J].文化馆工作,1957(1):7-9.
④ 本报评论员.建立农村俱乐部不能贪多求快[N].人民日报,1956-05-13(3).
⑤ 李英敏.关于农村俱乐部的情况和存在问题[J].文化馆工作,1956(2):1-20.

家独大,此时进入了农村俱乐部和农村文化室并存的阶段。① 1964年,《人民日报》还做过"各地农村建立大批俱乐部"的报道,称根据山西、吉林、湖南三省和辽宁、福建、广东、湖北七十三县的不完全统计,已经建立的农村俱乐部达26 000多个②,说明农村俱乐部建设仍在持续。20世纪80年代初,伴随着人民公社制度的解体,农村俱乐部这一农村文化组织形态彻底退出历史舞台,取而代之的是乡镇综合文化站、村文化室体制。

农村俱乐部在我国存续了30多年,活跃近20年,对农村文化建设和发展产生了重要影响,展现出了一些与今天人们熟知的村文化室、农民业余文艺团队等不同的特点。

农村俱乐部是农民群众业余自愿建立的文化组织。1954年中央人民政府文化部发布的《关于整顿和加强文化馆、站的指示》中明确了农村俱乐部的性质定位:农村俱乐部是农民依据自愿原则建立的业余性的群众文化组织。③ 农业合作化以后,虽然农村俱乐部成为农业合作社的组成部分,但从本质上说,它依然是农民群众自愿形成的文化组织,而不是国家设立的文化机构,这是它与当时县以下业已存在的文化站的本质区别。这一性质定位,决定了农村俱乐部的管理方式是农民自我管理。一般的做法是成立俱乐部委员会,选举或者协调产生委员会的委员、主任和副主任等,负责俱乐部的日常活动和管理。"自愿建立"的性质还决定了俱乐部的经费来源是农民自筹和农业合作社公益金补助。俱乐部的活动方式坚持业余、自愿、小型、多样的原则,特别强调与党和政府的中心工作以及当地的生产实践相结合。

农村俱乐部虽然是农民群众自愿建立的文化组织,但它开辟了中国农村农民文化活动组织化的新局面,改变了千百年来农村文化活动主要依靠家族、宗族、师徒、民间团体的"游民式"现象,形成了新中国党和政府思想武装、文化传播、组织动员农民的基层第一线阵地,中国农村的农民文化艺术活动由此开始走上了规范化、组织化的道路。

农村俱乐部文化活动的内容和方式具有高度的综合性。结合党的中心工作

---

① 徐志伟."十七年"时期的农村俱乐部与农村文艺活动的组织化[J].文艺理论与批评,2018(5):102-116.
② 各地农村建立大批俱乐部[N].人民日报,1964-03-12(2).
③ 中央人民政府文化部关于整顿和加强文化馆、站工作的指示[G]//中央文化部社会文化事业管理局.文化馆工作参考资料(7).1954:1-6.

和当时当地的生产工作来宣传和解释党和政府的政策、法令,组织群众学习政治、时事,协助政府扫除文盲,传播和交流农业生产技术、科学知识和日常卫生知识,开展群众业余文艺、体育活动,是农村俱乐部的主要任务。组织读报、听广播、看电影、演幻灯、图书阅览、图片展览、报告演讲、文化学习、唱歌、演戏、跳舞等是农村俱乐部的主要活动方式。湖南省农村俱乐部的一个组织体系图堪称体现当时农村俱乐部"综合性"的缩影,如图1-1所示。

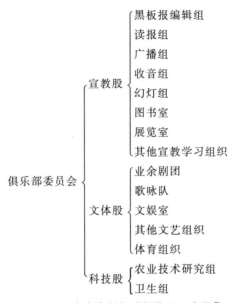

图1-1 湖南省农村俱乐部体系示意图①

农村俱乐部动员、整合了农村的一切文化资源,利用了一切传统的、现代的方法手段,搭建起了一个农村文化活动的新平台,成为党和政府对农民进行社会主义思想教育的重要基地,也是农民群众进行广泛的文化活动的综合性的组织形式。②

文化馆承担辅导农村俱乐部的任务。1954年中央人民政府发布的《关于整顿和加强文化馆、站工作的指示》,规定了文化馆的"四大任务",其中之一就是"组织和辅导群众业余艺术活动",同时提出明确要求:"辅导农村俱乐部工作是

---

① 肖笛.五十年代湖南省基层美术组织的活动——以农村俱乐部为中心[J].美术学报,2013(1):64-69.
② 文化部,中国新民主主义青年团中央委员会.关于配合农村合作化运动高潮开展农村文化工作的指示[N].人民日报,1956-02-22(3).

文化馆、站的任务之一。"①1956年文化部和团中央印发的《关于配合农村合作化运动高潮做好农村文化工作的指示》提出了更为明确、具体的要求：文化馆要集中地或分片地轮流训练业余文艺活动骨干，为农村培养文化活动人才；要求文化馆一般情况下应该有一半以上或者三分之二以上的人力经常深入农村去开展和辅导群众的业余文化活动；要求文化馆以本身的工作为农村俱乐部做出示范，并且组织俱乐部的积极分子到馆内参观学习；等等。②当时文化馆对农村俱乐部进行辅导的主要方式有四种：一是帮助农村俱乐部制订活动计划并协助其实现；二是开办训练班，培养文艺骨干；三是供应文娱活动材料；四是举行汇演，总结交流经验。③文化馆对农村俱乐部强有力的辅导，对提高农村文化活动的质量发挥了重要作用。但是，在农村合作化高潮以及"大跃进"农村俱乐部冒进的过程中，文化馆对农村俱乐部的辅导工作也出现过偏差现象，如大部分县级文化馆为了加强辅导工作而停止了自身的阵地活动，有的地方把文化馆的辅导变成了行政领导，不少文化馆业务干部自身业务能力不足，业务辅导变成了"只管方针任务，不管业务"等。④

小　结

文化馆这一概念最早源于20世纪40年代解放区对俄文的翻译。1949年新中国成立后称为人民文化馆，1952年改称文化馆。自1949年以来，不同时期对文化馆的理解和认识并不完全相同。基本的发展演变线索，是由"综合性"特色鲜明的社会教育机构到组织、指导、开展群众文化艺术活动的机构，再到以全民艺术普及为核心任务的公共文化服务机构。今天，文化馆作为公共文化服务体系的重要组成部分，是向社会公众开放、主要承担全民艺术普及功能、开展社会教育的公共文化服务机构。群众艺术馆最早出现于1955年，它和文化馆经历了由强调"相异"到走向"相同"的变化。文化站是1949年后和文化馆同时部署成

---

① 中央人民政府文化部关于整顿和加强文化馆、站工作的指示[G]//中央文化部社会文化事业管理局.文化馆工作参考资料(7).1954:1-6.
② 文化部,中国新民主主义青年团中央委员会.关于配合农村合作化运动高潮开展农村文化工作的指示[N].人民日报,1956-02-22(3).
③ 徐志伟."十七年"时期的农村俱乐部与农村文艺活动的组织化[J].文艺理论与批评,2018(5):102-116.
④ 李英敏.关于农村俱乐部的情况和存在问题[J].文化馆工作,1956(2):1-20.

立的基层文化机构。乡镇(街道)综合文化站是20世纪90年代后期出现的概念,强调功能的综合性。基层综合性文化服务中心是2010年后出现的概念,是指建在乡镇(街道)和村(社区)两个层级的综合性公共文化服务设施。农村俱乐部是20世纪五六十年代我国农村数量最多、影响最大的农民文化活动组织。以上一些概念与理解和认识文化馆的发展、演变密切相关。

扩展阅读

1. 谈祖应.中国文化馆学概论[M].海口:海南出版社,2008.
2. 文化部群众文化事业管理局《文化馆工作概论》编著组.文化馆工作概论[M].延吉:延边人民出版社,1985.
3. 文化部社会文化事业管理局.文化馆工作,1956(1)-1957(8)[J].北京:文化部社会文化事业管理局.
4. 中央文化部社会文化事业管理局.文化馆工作参考资料(1-7)[G].1953-1954.

主要概念

人民文化馆　　　　　文化馆　　　　　　群众艺术馆　　　　　文化站
乡镇(街道)综合文化站　　　　　　　基层综合性文化服务中心
农村俱乐部　　　　　公共文化服务　　　社会教育　　　　　　全民艺术普及

思考题

1. 1949年以来,文化馆的功能定位发生了怎样的演进变化?
2. 群众艺术馆和文化馆的功能定位、主要任务为什么由强调"相异"逐步走向"趋同"?
3. 文化馆、文化站、乡镇(街道)综合文化站、基层综合性文化服务中心、农村俱乐部等不同时期出现的不同概念的内涵的同异是什么?"文化馆(站)系统"这一表述的历史渊源、内在逻辑和时代特色是什么?
4. 作为公共文化服务体系组成部分的文化馆有哪些突出的特点?
5. 对于当今界定文化馆时出现的一些争论,你有什么看法?

第二章 文化馆的社会功能与职业使命

社会功能是指在整个社会系统中各个组成部分所具有的能力、功效和作用。职业使命是指一个专门职业集团为之奋斗的职业发展愿景。文化馆作为社会系统的组成部分之一,文化馆员作为专门职业集团的一分子,明确自身所承担的社会功能和职业使命,是建立职业责任感、使命感、自豪感所必需,从理论上阐释清楚文化馆的社会功能和职业使命,是认识和理解文化馆工作的重要意义和价值、构筑中国特色文化馆学所必需。

第一节 文化馆的社会功能

文化馆的社会功能,从根本上说是要回答现代社会系统中为什么要有文化馆的问题,或者说是文化馆在经济社会发展中发挥什么作用的问题。关于现代社会系统中必须设置文化馆一类文化教育机构的基本理论阐释,结合国际共识和中国特色,可以从三个角度展开:一是文化馆促进人的全面发展,二是文化馆保障人的文化权利,三是文化馆传播普及社会主义核心价值观。

一、文化馆促进人的全面发展

社会发展的终极目标是人的全面发展,这是现代社会发展的一个基本理念,是现代社会之所以成为"现代"的最基本的标志,是现代社会与奴隶社会、封建社会、殖民地半殖民地社会等社会形态最显著的区别。社会发展是为了人的全面发展,因此社会发展的主宰力量是人民,社会运行的治理体系实行"主权在民"原则,也就是我们常说的"人民当家作主",推动社会发展贯彻"以人民为中心"的思想。目前,全世界绝大多数国家都在本国宪法中确立了"主权在民"的原则。

人的全面发展,既有赖于物质方面的基础条件,也需要精神方面的获得与滋养。按照马克思主义的基本原理,物质决定精神,精神对物质具有能动的反作用,社会文明是物质文明成果和精神文明成果的总和。中国传统文化中所说的"仓廪实而知礼节,衣食足而知荣辱""逸居而无教,则近于禽兽",以及"君子谋道不谋食""不义而富且贵,于我如浮云",同样阐释了物质和精神相互依存、相互作用的关系。中国式现代化首先是全体人民共同富裕的现代化,共同富裕是物质生活和精神生活都富裕,就是在建设社会主义现代化强国进程中促进人的全面发展的时代行动,所以说扎实推动共同富裕和促进人的全面发展是高度统一的。

社会发展是为了人的全面发展,推动社会发展的治理体系是"人民当家作主",因此培育全体人民具有正确的价值观和道德观、基本的科学文化素养,让人民具有正确的"当家作主"行使"主权"的能力,就成为现代社会有序运行、持续健康发展的前提。为了让全体人民具有基本的文化素质,现代社会普遍建立了义务教育制度,通过兴办学校开启民智。仅有此还不够,正确的行动能力还需要让人民充分占有信息从而形成正确的分析判断能力,需要有基本的科学和艺术素养从而形成理性、包容、健康的人格,而且这种需要是与生相伴、不断提高的,于是现代社会普遍建立了适应人民终身学习需要的社会教育制度,通过设置图书馆、博物馆、科技馆、文化馆等机构来培育人民的信息素养、科学素养和艺术素养等,全面提升人的综合素质。从这个角度看,社会系统中之所以需要设置文化馆、图书馆、博物馆这类机构,目的在于通过社会教育的方式培育和提升人的综合素质,而人的综合素质之所以需要培育和提升,根本原因在于"人民当家作主"的现代社会,人民必须有正确的价值观、道德观和判断力、行动力,才能保证社会的有序运行、持续健康发展。因此,文化馆之于现代社会系统,是一种对全体人民进行社会教育的制度安排;文化馆在现代社会系统中的不可或缺,是因为人的全面发展离不开艺术素质和审美水平的养成和提升,是因为人们审美水平的提升关系着人们区分辨别真善美与假恶丑的能力。

现代社会系统中设置文化馆的原理如图 2-1 所示。

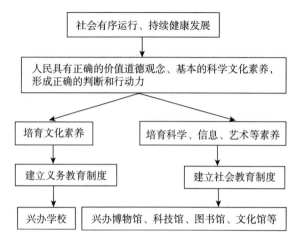

图 2-1　现代社会系统中设置文化馆的原理示意图

国际图联/联合国教科文组织联合发布的《公共图书馆宣言(2022)》开宗明义地阐述了现代社会系统中为什么需要设置公共图书馆:"社会和个人的自由、繁荣与发展是人类的基本价值。只有当充分知情的公民有能力行使其民主权利并在社会中发挥积极作用时,这些价值才能得以实现。有效参与和民主发展有赖于良好的教育及对知识、思想、文化和信息自由且不受限制地获取。公共图书馆作为各地获取知识的门径,为个人和社会群体的终身学习、独立决策和文化发展提供了基本的条件。"①这一阐述虽然直接针对的是公共图书馆,但对和公共图书馆具有相同性质的文化馆来说也具有启发性。实际上,所有以促进人的全面发展为目标的社会教育机构,在社会系统中安身立命、不可或缺的理论基础都是一致的。认识和理解了文化馆促进人的全面发展,进而为社会的有序运行、持续健康发展奠定基础的性质,就不难理解为什么文化馆是社会教育机构而不是专业艺术组织,就不难理解为什么设置文化馆是一种社会制度安排而不是随机设置或裁撤的机构,就不难理解为什么文化馆服务需要公共财政支持而不能靠市场机制维持。在现代社会系统中,包括文化馆在内的所有以全体人民为服务对象、以提高人的综合素质进而促进人的全面发展为目标的事业,受益者是全体人民、整个社会,因此,其提供服务的成本需要全体社会成员承担,实现方式就是由全体纳税人的税金形成的公共财政支持。

---

① 国际图联/联合国教科文组织.公共图书馆宣言2022[J].《中国图书馆学报》编辑部,译.吴建中,审校.中国图书馆学报,2022(6):126-128.

二、文化馆保障人的文化权利

民权理论被称为支撑现代社会政体的理论基础。在西方,19世纪资产阶级革命最伟大的成果之一,就是破除了"一个人对另一个人没有合法权利,完全受另一人支配"的"无权制度",建立了"主权在民"的政治制度和社会制度。[①] 在我国,孙中山先生领导的辛亥革命废除帝制,提出的"三民主义"纲领,就以"民权主义"为核心。中国共产党的百年奋斗历程,就是一部为实现"人民当家作主"不懈奋斗的历史。人民主权、"人民当家作主"不是抽象的口号,政治权利、经济权利和文化权利,就是现代社会公民所拥有的最基本、最重要的具体权利,是基本人权的核心内容。

1966年12月,第21届联合国大会通过了《经济、社会和文化权利国际公约》,这是世界上第一个将经济权利、社会权利和文化权利提升到与公民权利和政治权利同等地位的国际法文件,它"突破了西方国家传统的人权观念,特别是突破了将人权仅仅理解为公民权利和政治权利的传统人权架构,丰富了人权的经济、社会和文化方面的内容",对于新的人权理论架构,如"生存权、发展权等集体人权概念的形成、发展和完善具有重要的推动作用"。[②] 我国于1997年10月27日签署了该公约。2001年2月28日,第九届全国人民代表大会常务委员会第20次会议批准该公约在我国生效,至此,该公约成为在我国现行有效的国际公约。

《经济、社会和文化权利国际公约》第十五条是有关公民文化权利的规定,具体如下:

一、本公约缔约各国承认人人有权:

(甲)参加文化生活;

(乙)享受科学进步及其应用所产生的利益;

(丙)对其本人的任何科学、文学或艺术作品所产生的精神上和物质上的利益,享受被保护之权利。

二、本公约缔约各国为充分实现这一权利而采取的步骤应包括为保存、发展和传播科学和文化所必需的步骤。

---

① 霍布豪斯.自由主义[M].朱曾汶,译.北京:商务印书馆,1996:8.
② 葛明珍.《经济、社会和文化权利国际公约》及其实施[M].北京:中国社会科学出版社,2003:3-5.

三、本公约缔约各国承担尊重进行科学研究和创造性活动所不可缺少的自由。

四、本公约缔约各国认识到鼓励和发展科学与文化方面的国际接触和合作的好处。①

《经济、社会和文化权利国际公约》所阐述的公民文化权利涉及三方面内容：一是参加文化生活的权利，二是分享科学进步、文化发展成果的权利，三是自身科学文化创造所产生的知识产权受保护的权利。为保证公民经济、社会和文化权利的实现，公约规定了"国家义务"，即国家责任，主要包括：最大能力采取措施义务、非歧视性基础上的权利保障义务、保障男女平等享有权利的义务、合理限制或克减权利的义务。② 具体到保障公民文化权利的国家义务，公约有针对性地将其提炼为三项：一是国家为保护、发展和传播科学和文化采取必要步骤的义务，二是国家为科学研究和文化创造营造自由环境的义务，三是国家鼓励和发展科学与文化的国际交流合作的义务。

我国宪法对繁荣发展社会主义文化、逐步改善人民的文化生活有多方面的规定。如规定国家发展为人民服务、为社会主义服务的文学艺术事业、新闻广播电视事业、出版发行事业、图书馆博物馆文化馆和其他文化事业，开展群众性的文化活动（第二十二条）；规定公民有进行科学研究、文学艺术创作和其他文化活动的自由，国家对于从事教育、科学、技术、文学、艺术和其他文化事业的公民的有益于人民的创造性工作，给予鼓励和帮助（第四十七条）。长期以来，"文化权利"的概念并未进入我国的法律和政策语言系统。2002年，党的十六大报告在部署全面建设小康社会的目标任务时提出：人民的政治、经济和文化权益得到切实尊重和保障。"文化权益"的概念第一次出现在党和政府的权威性政策文件中。

在我国，表达"文化权利"的意思一般使用"文化权益"的概念。然而，"文化权益"和"文化权利"的内涵、外延是否相同，在学术研究层面有不同看法。一般认为，"文化权益"和"文化权利"两个概念并无实质性区别，以"权益"替代"权利"，"突出了'公益'而弱化了'自利'"③，"文化权益"可以看作体现中国特色话语体系的表达。在《经济、社会和文化权利国际公约》批准生效、全面建设小康社

---

① 刘武萍.世界人权约法总览[M].成都：四川人民出版社，1990：964-971.
② 葛明珍.《经济、社会和文化权利国际公约》及其实施[M].北京：中国社会科学出版社，2003：10.
③ 吴理财.文化权利概念及其论争[J].中共天津市委党校学报，2015(1)：53-61.

会要求社会主义民主法制更加完善的背景下,我国明确提出了保障人民文化权益的命题,文化权益被提到了和政治权益、经济权益同等重要的地位,这是我国健全完善人民权利的重要突破。自此开始,保障人民文化权益和发展公益性文化事业、构建公共文化服务体系紧密地联系在了一起。

2006年9月,我国第一个文化发展中长期规划《国家"十一五"时期文化发展规划纲要》发布,提出以实现和保障公民基本文化权益、满足广大人民群众基本文化需求为目标,形成实用、便捷、高效的公共文化服务网络。[①] 2006年10月,党的十六届六中全会通过《中共中央关于构建社会主义和谐社会若干重大问题的决定》,要求坚持把发展公益性文化事业作为保障人民文化权益的主要途径。2007年6月,中共中央政治局召开会议,专题研究加强公共文化服务体系建设,提出构建覆盖全社会的公共文化服务体系,切实保障人民群众看电视、听广播、读书看报、进行公共文化鉴赏、参加大众文化活动等基本文化权益,第一次明确了当时经济社会发展条件下体现人民群众基本文化权益的主要内容,此即后来所说的基本公共文化服务"六大任务"。2011年10月,党的十七届六中全会通过《中共中央关于深化文化体制改革 推动社会主义文化大发展大繁荣若干重大问题的决定》,进一步提出加强公共文化服务是实现人民基本文化权益的主要途径,重申看电视、听广播、读书看报、进行公共文化鉴赏、参与公共文化活动等"六大任务"是人民群众基本文化权益的主要内容。2013年11月,党的十八届三中全会通过《中共中央关于全面深化改革若干重大问题的决定》,部署构建现代公共文化服务体系,提出促进基本公共文化服务标准化、均等化的思想。其中,均等化是公共文化服务的目标,标准化是实现目标的手段、方式和路径。为全面落实公共文化服务以标准化促进均等化的思想,2015年,中共中央办公厅、国务院办公厅印发《关于加快构建现代公共文化服务体系的意见》,提出了围绕保障群众基本文化权益建立基本公共文化服务标准体系的构想:明确国家基本公共文化服务的内容、种类、数量和水平,确立国家基本公共文化服务指导标准;各地要根据国家指导标准,制定与当地经济社会发展水平相适应、具有地域特色的地方实施标准,逐步形成既有基本共性又有特色个性、上下衔接的标准指标体系。同时印发了我国文化发展史上第一个《国家基本公共文化服务指导标准(2015—2020年)》,提出3大类14项22条具体标准,明确了基本公共文化服务"六大任

[①] 国家"十一五"时期文化发展规划纲要[M].北京:人民出版社,2006:17.

务"的内容、种类、数量和水平,如表2-1所示。该意见及指导标准在我国公共文化发展史上具有划时代意义,它描绘了我国现代公共文化服务体系的基本内容和发展目标,构筑了我国基本公共文化服务标准体系的框架,实现了人民基本文化权益的具体化、目录化、指标化,标志着以标准化促进均等化的公共文化服务发展思想得以落地。

表2-1 国家基本公共文化服务指导标准(2015—2020年)

一、服务项目与内容

项目	内容	标准
基本服务项目	读书看报	1. 公共图书馆(室)、文化馆(站)和村(社区)(村指行政村,下同)综合文化服务中心(含农家书屋)等配备图书、报刊和电子书刊,并免费提供借阅服务 2. 在城镇主要街道、公共场所、居民小区等人流密集地点设置阅报栏或电子阅报屏,提供时政、"三农"、科普、文化、生活等方面的信息服务
	收听广播	3. 为全民提供突发事件应急广播服务 4. 通过直播卫星提供不少于17套广播节目,通过无线模拟提供不少于6套广播节目,通过数字音频提供不少于15套广播节目
	观看电视	5. 通过直播卫星提供25套电视节目,通过地面数字电视提供不少于15套电视节目,未完成无线数字化转换的地区,提供不少于5套电视节目
	观赏电影	6. 为农村群众提供数字电影放映服务,其中每年国产新片(院线上映不超过2年)比例不少于1/3 7. 为中小学生每学期提供2部爱国主义教育影片
	送地方戏	8. 根据群众实际需求,采取政府采购等方式,为农村乡镇每年送戏曲等文艺演出
基本服务项目	设施开放	9. 公共图书馆、文化馆(站)、公共博物馆(非文物建筑及遗址类)、公共美术馆等公共文化设施免费开放,基本服务项目健全 10. 未成年人、老年人、现役军人、残疾人和低收入人群参观文物建筑及遗址类博物馆实行门票减免,文化遗产日免费参观
	文体活动	11. 城乡居民依托村(社区)综合文化服务中心、文体广场、公园、健身路径等公共设施就近方便参加各类文体活动 12. 各级文化馆(站)等开展文化艺术知识普及和培训,培养群众健康向上的文艺爱好

（续表）

项目	内容	标准
硬件设施	文化设施	13. 县级以上（含县级，下同）在辖区内设立公共图书馆、文化馆，乡镇（街道）设置综合文化站，按照国家颁布的建设标准等进行规划建设 14. 公共博物馆、公共美术馆依据国家有关标准进行规划建设 15. 结合基层公共服务综合设施建设，整合闲置中小学校等资源，在村（社区）统筹建设综合文化服务中心，因地制宜配置文体器材
	广电设施	16. 县级以上设立广播电视播出机构和广播电视发射（监测）台，按照广播电视工程建设标准等进行建设
	体育设施	17. 县级以上设立公共体育场；乡镇（街道）和村（社区）配置群众体育活动器材设备，或纳入基层综合文化设施整合设置
	流动设施	18. 根据基层实际，为每个县配备用于图书借阅、文艺演出、电影放映等服务的流动文化车，开展流动文化服务
	辅助设施	19. 各级公共文化设施为残疾人配备无障碍设施，有条件的配备安全检查设备
人员配备	人员编制	20. 县级以上公共文化机构按照职能和当地人力资源社会保障、编办等部门核准的编制数配齐工作人员 21. 乡镇综合文化站每站配备有编制人员1至2人，规模较大的乡镇适当增加；村（社区）公共服务中心设有由政府购买的公益文化岗位
	业务培训	22. 县级以上公共文化机构从业人员每年参加脱产培训时间不少于15天，乡镇（街道）和村（社区）文化专兼职人员每年参加集中培训时间不少于5天

二、标准实施

（一）本标准是国家颁布的指导性标准，各省、自治区、直辖市和新疆生产建设兵团要根据国家指导标准，结合当地群众需求、政府财政能力和文化特色，制定适合本地区的实施标准，建立国家指导标准与地方实施标准相衔接的标准体系。

（二）国家基本公共文化服务指导标准从2015年起开始实施，各相关部门根据职能职责和任务分工，制定具体实施方案；各地根据国家指导标准以及本地制定的实施标准，明确具体的落实措施、工作步骤和时间安排，确保标准实施工作科学、规范、有序开展。标准以县为基本单位推进落实。

(续表)

（三）县级以上各级政府按照标准科学测算所需经费,将基本公共文化服务保障资金纳入财政预算,落实保障当地常住人口享有基本公共文化服务所需资金。中央和省级财政通过转移支付对老少边穷地区基本公共文化服务保障资金予以补助,同时,对绩效评价结果优良的地区予以奖励。县级以上各级政府安排资金,面向社会力量购买公共文化服务。

（四）文化部、各省级文化行政部门会同有关部门建立对标准实施情况的动态监测机制和绩效评价机制,加强督促检查。积极引入社会第三方开展公众满意度测评,对公众满意度较差的要进行通报批评,对好的做法和经验及时总结、推广。

2017年3月,《公共文化服务保障法》正式施行,该法将《关于加快构建现代公共文化服务体系的意见》中提出的建立既有基本共性又有特色个性、上下衔接的基本公共文化服务标准指标体系的构想法律化,建立了基本公共文化服务标准制度(第五条、第二十八条)。法律还明确了我国公共文化服务的主要内容范围:开展全民阅读、全民普法、全民健身、全民科普和艺术普及、优秀传统文化传承活动(第二十七条),一般简单概括为"六个全民"。该法规定了公益性文化单位的服务项目和服务内容:文艺演出、陈列展览、电影放映、广播电视节目收听收看、阅读服务、艺术培训等,并为公众开展文化活动提供支持和帮助(第二十九条)。《公共文化服务保障法》把我国一些长期实行的方针政策通过法律的形式固定下来,使人民群众依法享受公共文化设施、得到公共文化产品、参与公共文化活动[1],人民基本文化权益保障进入了法制化轨道。

为顺应时代潮流,适应我国社会主要矛盾变化,2019年10月,党的十九届四中全会通过《中共中央关于坚持和完善中国特色社会主义制度、推进国家治理体系和治理能力现代化若干重大问题的决定》。其中,坚持和完善繁荣发展社会主义先进文化制度的重点任务之一,是健全人民文化权益保障制度。该决定指出了健全人民文化权益保障制度的主要内容:完善文化产品创作生产传播的引导激励机制,完善城乡公共文化服务体系,优化城乡文化资源配置,推动基层文化惠民工程扩大覆盖面、增强实效性,健全支持开展群众性文化活动机制,鼓励社会力量参与公共文化服务体系建设。到新中国成立一百年时,全面实现国家治理体系和治理能力现代化,健全和完善人民文化权益保障制度有了明确的方向目标和重点任务。

---

[1] 柳斌杰.文化领域的根本大法[M]//柳斌杰,雒树刚,袁曙宏.中华人民共和国公共文化服务保障法解读.北京:中国法制出版社,2017:1-8.

2021年，在中国社会发展进入新时代、"十四五"开局之年，瞄准健全人民文化权益保障制度远景目标，立足推动公共文化服务高质量发展的实际，按照"尽力而为、量力而行""内容无缺项、人群全覆盖、标准不攀高、财力有保障、服务可持续"的原则，我国制定并发布新时期具有"兜底保障"性质的《国家基本公共服务标准（2021年版）》，其中纳入"公共文化服务"保障的内容涉及7个方面，另有一项"残疾人文体服务"纳入"扶残助残"，也属于公共文化服务范畴，形成了新时期保障人民基本文化权益"7+1"共八个方面的保障标准。2023年又出台《国家基本公共服务标准（2023年版）》，公共文化服务标准延续了2021年版的内容。如表2-2所示。

表2-2 国家基本公共服务标准2021年版和2023年版中的公共文化服务标准

九、文体服务保障

21. 公共文化服务

(72) 公共文化设施免费开放

服务对象：城乡居民。

服务内容：公共图书馆、文化馆（站）、公共博物馆（非文物建筑及遗址类）、公共美术馆等公共文化设施免费开放，基本服务项目健全。

服务标准：公共文化设施的开放时间，不得少于所在的省、自治区、直辖市规定的最低时限。国家法定节假日和学校寒暑假期间，应当适当延长开放时间。公共文化设施应按规定组织开展公共文化活动。

支出责任：中央财政和地方财政共同承担支出责任。

牵头负责单位：文化和旅游部、国家文物局。

(73) 送戏曲下乡

服务对象：农村居民。

服务内容：为农村乡镇每年送戏曲等文艺演出。

服务标准：按照《关于戏曲进乡村的实施方案》规定执行。

支出责任：中央财政和地方财政共同承担支出责任。

牵头负责单位：文化和旅游部、教育部、中央宣传部。

(74) 收听广播

服务对象：城乡居民。

服务内容：提供广播节目和突发事件应急广播服务。

服务标准：通过地面无线方式提供不少于15套广播节目；在直播卫星公共服务覆盖地区，通过直播卫星提供不少于17套广播节目。

支出责任：中央财政和地方财政共同承担支出责任。

（续表）

牵头负责单位：广电总局。（2023年版：广电总局、中央宣传部。）

(75)观看电视

服务对象：城乡居民。

服务内容：提供电视节目服务。

服务标准：通过地面无线方式提供不少于15套电视节目；在直播卫星公共服务覆盖地区，通过直播卫星提供不少于25套电视节目。

支出责任：中央财政和地方财政共同承担支出责任。

牵头负责单位：广电总局。（2023年版：广电总局、中央宣传部。）

(76)观赏电影

服务对象：中小学生、农村居民。

服务内容：为中小学生观看优秀影片提供保障服务。为农村群众提供数字电影放映服务。

服务标准：保障每名中小学生每学期至少观看2次优秀影片。每年国产新片（院线上映不超过2年）比例不少于1/3。

支出责任：中央财政和地方财政共同承担支出责任。

牵头负责单位：教育部、中央宣传部。

(77)读书看报

服务对象：城乡居民。

服务内容：公共图书馆（室）、文化馆（站）、行政村（社区）综合文化服务中心、农家书屋等配备图书、报刊和电子书刊，并免费提供借阅服务；在城镇主要街道、公共场所、居民小区等人流密集地点设置公共阅报栏（屏），提供时政、"三农"、科普、文化、生活等方面的信息。（2023年版：提供时政、"三农"、科普、文化、生活等方面的信息服务。）

服务标准：按照文化和旅游部、中央宣传部等有关部门相关规定执行。

支出责任：中央财政和地方财政共同承担支出责任。

牵头负责单位：文化和旅游部、中央宣传部。

(78)少数民族文化服务

服务对象：主要少数民族地区居民。

服务内容：通过有线、无线、卫星等方式提供民族语言广播电视节目；提供民族语言文字出版的、价格适宜的常用书报刊、电子音像制品和数字出版产品；提供少数民族特色的艺术作品，开展少数民族文化活动。（2023年版：通过有线、无线、卫星等方式提供民族语言广播电视节目；提供民族语言文字出版的、价格适宜的常用书报刊、电子音像制品和数字出版产品；以铸牢中华民族共同体意识为主线，以民族团结进步为主题，提供优秀文艺作品，开展群众性文化活动，推动各民族文化交往交流交融。）

服务标准：按照广电总局、文化和旅游部、中央宣传部等有关部门相关规定执行。

（续表）

支出责任：中央财政和地方财政共同承担支出责任。
牵头负责单位：广电总局、文化和旅游部、中央宣传部。

七、弱有所扶

19 扶残助残服务

（66）残疾人文化体育服务

服务对象：残疾人。

服务内容：在电视台提供有字幕或手语的节目，在公共图书馆提供盲文和有声读物等阅读服务；为基层残疾人体育活动场所和残疾人综合服务设施配置适宜的器材器械，完善公共文化体育设施无障碍条件。

服务标准：省市级电视台按照《国家通用手语常用词表》开设手语节目或加配字幕；各级公共图书馆建立盲人阅览区域，公共图书馆与残疾人体育活动场所按照《公共图书馆建设标准》《无障碍设计规范》等执行。（2023 年版：公共图书馆与残疾人体育活动场所按照《公共图书馆建设标准》《无障碍设计规范》《建筑与市政工程无障碍通用规范》等执行。）

支出责任：地方人民政府负责，中央财政适当补助。

牵头负责单位：中国残联、文化和旅游部、广电总局、中央宣传部、体育总局。

通过比较《国家基本公共文化指导标准（2015—2020 年）》和《国家基本公共服务标准》2021 年版与 2023 年版中有关公共文化服务的部分，既可以看到保障人民基本文化权益具体内容的延续性，也可以看到发展变化。最大的变化是服务对象、服务内容、服务标准的进一步明确，特别是在标准中明确了支出责任和牵头负责单位，体现了政府履行保障人民群众基本文化权益的责任进一步走向具体化、明晰化。

公共文化服务的国家标准，只规定了各级政府保障责任的主要方面，所提出的标准在全国范围内具有"兜底线"的性质。文化具有鲜明的多样性、地域性特色，文化享有具有鲜明的选择性特色，我国的经济社会发展存在地域、城乡的不平衡，因此，按照《公共文化服务保障法》建立的基本公共文化服务标准制度，省、地、县各级政府应结合实际制定当地的基本公共文化服务实施标准/服务目录，"已有国家统一标准的基本公共服务项目，各地区要按照不低于国家标准执行，对于暂无国家统一标准的服务项目，各地要按照国家有关要求和本地区实际情况明确相关标准,纳入本地区具体实施标准"①,从而形成既有基本共性又有特色个性、上下衔接的基本公共文化服务标准体系。地方性实施标准/服务目录以国家标准为基础,主要从三个方面加以细化、完善:一是实现当地基本公共文化服务项目的具体化,二是实现当地基本公共文化服务项目的特色化,三是实现当地基本公共文化服务项目标准的指标化。

综上所述,21世纪初以来,我国大力推进公共文化服务体系建设,公共文化服务成为保障人民文化权益的基本途径,公共文化服务的内容范围由政策规范走向法律化,公共文化服务的主要任务通过动态调整、上下衔接的标准体系不断走向明确、具体。文化馆是我国公共文化服务体系的重要组成部分,《公共文化服务保障法》所规定的公共文化服务中的全民艺术普及任务主要由文化馆承担,完成优秀传统文化传承任务文化馆是重要力量,其他像全民阅读、全民普法、全民科普、全民健身等内容,文化馆也有具有自身特色的参与方式,法律所规定的公益性文化事业单位应当提供的文艺演出、艺术培训、群众文化活动支持和帮助等服务项目,文化馆是实施主体。因此可以说,公共文化服务体系建设是履行保障人民文化权利"国家义务"、政府责任的中国方案和中国实践,文化馆是为完整保障人民文化权利的具有中国特色的制度安排。

三、文化馆传播普及社会主义核心价值观

时代发展到今天,我国行进在推进中国特色社会主义伟大事业、实现中华民族伟大复兴中国梦的历史征途上。实现伟大事业、伟大梦想,需要有维系全体人民团结奋斗的精神纽带,以引领社会思潮、凝聚社会共识、筑牢共同思想基础、形成强大思想武装。社会主义核心价值观在国家层面凝聚出的富强、民主、文明、和谐的价值目标,在社会层面凝聚出的自由、平等、公正、法治的价值取向,在公民个人层面凝聚出的爱国、敬业、诚信、友善的价值准则,是社会主义核心价值体系的内核,体现了社会主义核心价值体系的根本性质和基本特征,反映了社会主义核心价值体系的丰富内涵和实践要求,是社会主义核心价值体系的高度凝练和集中表达,是全体人民构筑理想信念、价值观念、道德理念的行动指南。培育

---

① 国家发展改革委等21部门.关于印发《国家基本公共服务标准(2021年版)》的通知(发改社会〔2021〕443号)[EB/OL].(2021-04-20)[2024-04-30].http://www.gov.cn/zhengce/zhengceku/2021-04/20/content_5600894.htm.

和践行社会主义核心价值观,是推进中国特色社会主义伟大事业、实现中华民族伟大复兴中国梦的战略任务,是全社会的共同任务,也是文化建设特别是公共文化服务体系建设的时代任务。这是因为公共文化服务体系建设是国家文化软实力建设的基础,而社会主义核心价值观是文化软实力的灵魂。道路自信、理论自信、制度自信,归根结底源于文化自信;文化软实力的建立和发展,从根本上说取决于社会主义核心价值观的生命力、凝聚力和感召力。社会主义核心价值观和文化软实力之间的内在联系,既说明了社会主义核心价值观对文化性质和方向的决定性作用,又体现了文化软实力对社会和谐稳定、国家长治久安的基础性作用。

2013年12月,中共中央办公厅印发《关于培育和践行社会主义核心价值观的意见》,为公共文化服务传播和普及、培育和践行社会主义核心价值观指明了方向。首先,培育和践行社会主义核心价值观,加强分类指导、坚持改进创新,运用群众喜闻乐见的方式,搭建群众便于参与的平台,开辟群众乐于参与的渠道,以具有贴近性、对象化、接地气、有特色的方式方法增强工作的吸引力和感染力。公共文化服务的特点就在于零门槛、广参与、便捷化、群众喜闻乐见,是传播普及、培育践行社会主义核心价值观的重要阵地。其次,公共文化产品和服务应成为弘扬社会主义核心价值观的生动载体。一切文化产品、文化服务和文化活动,都要弘扬社会主义核心价值观,传递积极人生追求、高尚思想境界和健康生活情趣,用思想性艺术性观赏性相统一的优秀作品,弘扬真善美,贬斥假恶丑。对公共文化服务来说,完善服务体系,提供均等优质的文化产品,开展丰富多彩的文化服务,丰富群众精神文化生活,是弘扬社会主义核心价值观的主要方式。最后,发挥重要节庆活动传播社会主流价值的独特作用。群众性、地域性、民俗性节庆活动,代表着民族文化的精神标识,蕴含着民族文化的精神基因,挖掘重要节庆的文化内涵,实现创造性转化、创新性发展,做出通俗易懂的时代表达,对涵育文明、传播社会主流价值具有独特作用。公共文化服务特别是文化馆服务在群众性节庆活动中往往承担组织、指导、实施的任务,在利用重要节庆活动弘扬社会主义核心价值观上具有独特优势。

第二节 文化馆的职业使命

职业使命是职业集团实现社会功能的职业化战略目标的表达。社会发展的终极目标是人的全面发展,因此,从促进社会发展的宏观层次看,相关行业、机构所承担的社会功能具有一致性。但是,不同的公共文化机构履行社会责任、实现社会功能的路径与方式并不完全一样,由此决定了不同类型的公共文化机构可以共同存在于社会系统之中。文化馆这一社会机构群体以何种独特的战略性、专业化的职业目标实现社会功能?这就是文化馆的职业使命问题。

一、全民艺术普及:文化馆职业使命的时代表达

文化馆的职业使命,是文化馆这一社会机构群体为履行自身所承担的社会功能而应有的职业化战略目标。机构群体、社会功能、职业化战略目标,是理解职业使命的关键词。

职业使命具有三大特点。首先,职业使命具有集团性,它表达的是整个行业(职业集团)实现社会功能的职业实践目标,并不是某一个体机构的发展目标。个体机构的发展目标需要围绕职业集团的使命而展开,但个体机构的发展目标一般都小于或窄于整个职业集团的使命。其次,职业使命具有战略性。职业使命描述的是整个职业集团的奋斗目标、宏观愿景,而不是具体的政策措施或者工作方法,也就是说,使命是目的而不是手段①,是宏观战略而不是实现路径。最后,职业使命具有时代性。职业集团的职业使命不是一成不变的,它随着时代的发展变化而不断调整完善,围绕着核心职业能力延伸递变、丰富完善。没有核心职业能力和特色,就不成其为专门职业集团,不成其为专门行业领域。

自文化馆在我国出现以来,职业使命的表达经历了三个阶段的变化。20世纪50年代初期,文化馆的职业使命聚焦于以扫盲为中心的社会教育。组织和辅导各种文化学习和各类业余文化艺术活动、普及与日常生活生产相关的科学技术知识和卫生知识等,都是实现使命的路径和方式。这一时期的文化馆,"综合性"是其鲜明的职业特色。20世纪50年代中期以后,文化馆的职业使命逐渐向繁荣群众文化艺术聚焦,"群众文化""群众文化工作"就是这一时期形成的概括,组织、指导、开展群众文化艺术活动是实现使命的主要路径和方式。宽泛的"综合性"特色淡化了,聚焦于群众文化艺术的"专门性"更加凸显。2015年,中共中央办公厅、国务院办公厅印发《关于加快构建现代公共文化服务体系的意见》,提出"积极开展全民艺术普及",全民艺术普及的概念第一次出现在党和政府的重要政策性文件中,和全民阅读、全民健身、全民科普、群众性法治文化一起,成为"活跃群众文化生活"的主要内容。2017年施行的《公共文化服务保障

---

① 于良芝,许晓霞,张广钦.公共图书馆基本原理[M].北京:北京师范大学出版社,2012:60.

法》将政策要求上升为法律规定,全民艺术普及和全民阅读、全民普法、全民健身、全民科普、优秀传统文化传承一起,成为公共文化服务的法定内容。在构建现代公共文化服务体系的背景下,文化馆的职业使命开始聚焦于全民艺术普及,由此引申出了文化馆在公共文化服务体系总体格局中的战略目标:开展全民艺术普及,将文化馆打造成为城乡居民的终身美育学校。①

全民艺术普及的职业使命表达,彰显了文化馆职业能力的特点。艺术普及,涉及艺术知识普及、艺术欣赏普及、艺术技能普及、艺术活动普及、艺术评价普及等多方面的内容,总而言之是围绕着"大艺术"而展开,它要求文化馆的从业人员具有专业艺术素养,具有组织、指导群众性艺术活动的能力,从而形成文化馆职业集团独特的职业能力。20世纪50年代中期以来,原本包括在文化馆工作范畴内的"电影、专业剧团、广播、图书、文物、科普等任务已经先后被各个专业机构分离出去,而社会群众性艺术工作则不断得到加强、丰富和完善"②,说明群众性文化艺术工作是文化馆职业能力独特性和不可替代性的体现。正是这种独特的职业能力,可以把文化馆和公共图书馆、博物馆等社会功能相同的公共文化机构区分开来,也可以和专业艺术团体、专业艺术院校区分开来,体现出文化馆在促进人的全面发展、保障人的文化权利上的不可或缺性和不可替代性,也为文化馆在社会系统中存在的合理性、合法性奠定了基础。

全民艺术普及的职业使命表达,揭示了文化馆服务的时代特色。伴随着经济社会发展和人民生活水平的提高,人的全面发展、综合素质的提升对艺术修养、休闲娱乐的需求越来越旺盛。在今天,提高人民群众的艺术修养、审美水平,已经成为提升社会文明程度的重要内容③,文化馆的工作必须由小众走向全民,由"团队"走向普及。"全民"和"普及"两个关键词,揭示了文化馆工作的时代要求和时代特色。普及不是不要提高,而是强调文化馆服务所说的提高,是着眼于普及层面的提高,是全体人民艺术素养和审美水平的提高。"全民"和"普及",把文化馆与专业艺术团体区分开来,从另外一个角度确立了文化馆在促进人的全面发展、保障人的文化权利上的不可或缺性和不可替代性。

---

① 文化和旅游部."十四五"公共文化服务体系建设规划[EB/OL].(2021-06-03)[2024-04-30]. http://www.gov.cn/zhengce/zhengceku/2021-06/23/5620456/files/d8b05fe78e7442b8b5ee94133417b984.pdf.
② 陈启初.文化馆学论稿[M].北京:国际文化出版公司,2001:35-36.
③ 文化和旅游部."十四五"文化和旅游发展规划[EB/OL].(2021-06-03)[2024-04-30].http:// www.gov.cn/zhengce/zhengceku/2021-06/03/5615106/files/2520519f03024eb2b21461a2f7c2613c.pdf.

二、文化馆的主要职能

职业使命是职业化的战略目标。战略目标的实现,必须依托具体的实现路径和方法,必须凝聚成职业实践的具体任务,这就是职业集团的主要职能。文化馆的主要职能,就是文化馆职业使命的实现路径和主要任务。

自文化馆在我国出现以来,不同时期的学术研究成果、政策文件中对文化馆的主要职能有过多种表述,体现了文化馆主要职能的与时俱进。如表2-3所示。

表2-3 政策文件和学术研究成果中对文化馆主要职能的表述

年份	政策文件/学术研究成果	文化馆主要职能表述
1950	《目前全国人民文化馆的基本情况》(茅仲英)	①业余教育;②宣传工作;③文娱活动;④社会服务
1951	《在成长中的人民文化馆》(孟式均)	①识字教育;②时事宣传;③文化娱乐;④普及科学知识及社会服务
1953	中央人民政府文化部《关于整顿和加强文化馆、站工作的指示》	①向广大人民群众进行时事政策的宣传,教育群众为实现国家的总路线而奋斗;②组织和辅导群众的各种文化学习,并配合扫除文盲工作;③组织和辅导群众业余艺术活动(包括各种文化娱乐);④普及与群众日常生活和工农业生产有关的科学、技术知识和卫生知识
1957	《略论文化馆的工作任务》(任竞臻)	①向群众进行思想政治教育,宣传时事政策法令,宣传共产主义道德,宣传爱国主义与国际主义,宣传社会主义劳动竞赛,教育群众为建设社会主义而奋斗;②向群众进行科学教育,普及与群众日常生活和工农业生产有关的科学、技术、卫生知识和历史文化知识;③帮助群众建立各种文化组织,对群众俱乐部与其他单项文化艺术活动组织进行组织活动方法的指导与专门业务知识的辅导;④组织与辅导群众文艺创作,宣传推广与发掘整理民间艺术;⑤配合与协助群众各种文化学习

（续表）

年份	政策文件/学术研究成果	文化馆主要职能表述
	文化部副部长张致祥在全国城市文化馆工作座谈会上的讲话	①宣传工作，向广大人民群众进行时事政治宣传；②组织和辅导群众业余艺术活动，包括各种文化娱乐活动；③普及和提高群众科学文化知识水平，特别注意与群众日常生活和生产有关的文化、科学、技术知识和卫生知识
1981	文化部《文化馆工作试行条例》	①通过各种群众文化艺术活动，向广大人民进行爱国主义、社会主义思想教育和共产主义理想、道德教育；②宣传马列主义、毛泽东思想，宣传党的路线、方针、政策和国家的法令，宣传国内外形势和社会主义建设的成就；③普及科学、技术和文化、卫生知识；④组织辅导群众业余文艺创作和业余文化艺术、娱乐活动；⑤搜集整理当地民族、民间的文学、艺术遗产
1985	《文化馆工作概论》（本书编写组）	①宣传教育；②丰富群众文化生活；③辅导文化站和各种基层业余文化组织；④繁荣群众业余文化艺术活动和搜集整理民族、民间文艺遗产
1988	《文化馆学》（吉林省群众文化学会）	①向人民群众进行宣传教育；②组织与辅导群众的文化艺术活动；③开展群众文化娱乐活动；④开展文化科学普及活动；⑤繁荣群众业余文艺创作和搜集、整理民族、民间的文艺遗产
1992	文化部《群众艺术馆、文化馆管理办法》	①运用各种文化艺术手段，进行时事政策、两个文明建设、国内外形势，以及爱国主义、集体主义和社会主义等方面的宣传教育；②组织开展文艺演出、文化科技知识讲座和展览、影视录像发行放映、图书报刊、游艺等群众性文化艺术（娱乐）活动；③辅导、培训群众文化系统在职干部及业余文艺骨干；④组织、辅导和研究群众文艺创作，开展群众性文艺创作活动；⑤开展以文补文和多种经营活动；⑥组织、开展群众文化理论研究和调查研究；⑦搜集、整理、保护民族民间文化艺术遗产；⑧开展对外群文化艺术交流活动
2008	《中国文化馆学概论》（谈祖应）	①传播先进文化；②普及社会美育；③培训群众艺术骨干；④保护非物质文化遗产

(续表)

年份	政策文件/学术研究成果	文化馆主要职能表述
2009	《浙江省文化馆管理办法》	①组织开展群众文化艺术创作、表演和展览等活动;②收集、整理、研究民族民间艺术,合理开发、利用民族民间艺术资源;③组织开展群众文化艺术调查研究,编撰群众文化艺术书刊、资料,建立、健全群众文化艺术信息网络;④组织开展群众文化艺术交流;⑤组织开展群众文化艺术培训和群众文化艺术队伍、骨干的辅导,为基层文化机构提供文化艺术配送服务
2010	《文化馆建设标准》(建标136-2010)条文说明	①组织群众性文化艺术活动;②开展文化艺术知识技能培训;③组织业余文艺作品创作;④辅导基层文化工作骨干和社会文艺团队;⑤指导下一级文化馆(站)开展基层文化工作;⑥对民族民间文化暨非物质文化遗产研究保护;⑦开展群众文化理论研究和对外民间文化交流
2012	《文化馆(站)业务培训指导纲要》(于群、冯守仁)	①组织群众文化活动;②普及文化艺术知识;③辅导基层文化骨干;④开展社会教育培训
2013	《文化馆(站)服务与管理》(王全吉)	①组织开展群众性文化艺术活动;②承担文化下乡、社会教育培训等公益性文化服务;③组织配送和传输公共文化资源;④辅导、培训基层群众文化队伍;⑤组织、辅导和研究群众文艺创作;⑥开展群众文化政策理论研究;⑦开展非物质文化遗产保护相关工作;⑧开展群众文化数字资源建设和服务;⑨指导老年文化、老年教育、少儿文化工作;⑩开展与国外的文化交流

资料来源:工农教育丛刊编委会.怎样办好人民文化馆.北京:生活·读书·新知三联书店,1950:2-6;教育资料丛刊社.在成长中的人民文化馆.北京:人民教育出版社,1951:2-8;中央文化部社会文化事业管理局.文化馆工作参考资料.1954:1-6;任竟臻.略论文化馆的工作任务.文化馆工作,1957(2):8-11;文化部群众文化事业管理局《文化馆工作概论》编著组.文化馆工作概论.延边:延边人民出版社,1985:39-47;吉林省群众文化学会编.文化馆学.长春:吉林大学出版社,1988:59-64;谈祖应.中国文化馆学概论.海口:海南出版社,2008:293-296;于群,冯守仁.文化馆(站)业务培训指导纲要.北京:北京师范大学出版社,2012:178;王全吉.文化馆(站)服务与管理.北京:北京师范大学出版社,2013:17-18.

第二章　文化馆的社会功能与职业使命

2005年以来,我国大力推进公共文化服务体系建设,文化馆成为公共文化服务体系的重要组成部分。在新的发展背景与环境中,文化馆应在继承传统、发扬优势的基础上,对标全民艺术普及的职业使命,对主要职能做出与时俱进的调整。在新的历史发展阶段,文化馆的主要职能体现在以下八个方面:

(1) 宣传党和政府的方针政策;
(2) 组织开展群众文化艺术活动;
(3) 组织实施群众文化艺术培训与辅导;
(4) 提供文化艺术作品鉴赏与学习服务;
(5) 组织开展群众文艺创作和作品推广;
(6) 保护传承民族民间文化艺术;
(7) 组织开展群众文化调查研究;
(8) 组织开展国内外群众文化交流。

以上主要职能,有的属于文化馆的长期稳定职能,体现了文化馆职能的延续性,也有的属于适应时代发展而增加或强化的职能,体现了文化馆职能的与时俱进。

(一) 宣传党和政府的方针政策

正如表2-3所示,我国的文化馆从出现伊始就有一个鲜明的特点,即宣传党和政府的方针、路线、政策是其重要的职责。不同历史时期的具体表述不完全一样,但贯穿的基本理念、主导思想是一致的,文化馆存在于社会系统中的一个最重要的职能,就是以文化艺术的方式和手段,向人民群众宣传党和政府的方针、路线、政策。当前,这一重要职能的时代任务,就是传播普及社会主义核心价值观。

采用人民群众喜闻乐见的文化艺术方式,是文化馆传播普及社会主义核心价值观的独特优势。2013年,中共中央办公厅印发《关于培育和践行社会主义核心价值观的意见》,提出了培育和践行社会主义核心价值观的基本原则,强调要加强分类指导,找准与人们思想的共鸣点、与群众利益的交汇点,做到贴近性、对象化、接地气;坚持改进创新,善于运用群众喜闻乐见的方式,搭建群众便于参与的平台,开辟群众乐于参与的渠道,积极推进理念创新、手段创新和基层工作创新,增强工作的吸引力感染力;强调要开展多姿多彩的文化活动,如优秀文化产品展演展映展播活动,利用民族传统节日开展优秀传统文化教育普及活动,围绕重要节庆日举办庄严庄重、内涵丰富的群众性庆祝和纪念活动;等等。文化馆的主要服务方式是开展各类群众性文化艺术活动,零门槛、广参与、接地气是鲜明特点,让丰富多彩的群众文化活动成为传播普及社会主义核心价值观的生动载体,让人民群众在喜闻乐见的文化艺术活动中潜移默化地接受社会主义核心价值观,是文化馆的独特优势。

加强网上传播阵地建设,推动中华优秀传统文化和当代文化精品网络化传播,是文化馆传播普及社会主义核心价值观的时代要求。现代信息技术的发展,彻底改变了文化馆的服务方式和手段。今天的文化馆服务,已经进入线上线下相结合的新阶段。文化馆应重点打造出一批体现社会主义核心价值观、适应移动互联传播的数字化文化艺术作品,用先进文化、主流声音占领网上阵地,依托互联网和数字服务扩大覆盖面、增强实效性。

打造实践基地,强化协同共建,是文化馆传播普及社会主义核心价值观的重要途径。涵养社会主义核心价值观的实践活动,主要包括文明创建、道德实践、美育实践、文化志愿服务、青少年社会实践等,是整个社会治理的重要内容。文化馆既可以成为涵养社会主义核心价值观的美育实践基地,又可以和社会各方面合作,协同营造人人践行社会主义核心价值观的实践环境。

(二) 组织开展群众文化艺术活动

群众文化艺术活动,是人民群众日常生活中文化艺术享有的重要载体,是文化馆最基本、最常见、最重要的一种服务方式。从1949年到今天,文化馆主要职能的表述有过许多变化,但组织开展群众文化艺术活动的职能一直稳定延续,这也说明组织开展群众文化艺术活动,是最具文化馆职业特色的职业行为。有学者认为,活动是文化馆工作的第一推动力,文化馆的活力源于活动。①

开展群众性文化活动是保障公众基本文化权益、满足公众基本文化需求的重要内容。我国在大力推进公共文化服务体系建设初期确定的基本公共文化服务"六大任务"中,就包括保障公众参与公共文化活动。党的十八大报告在部署扎实推进文化强国建设、丰富人民群众精神文化生活时,明确要求开展群众性文化活动,引导群众在文化建设中自我表现、自我服务、自我教育。党的十九大报告部署完善公共文化服务体系,重要任务之一是丰富群众性文化活动。党的十九届四中全会把健全支持开展群众性文化活动机制纳入健全人民文化权益保障制度总体格局,提升到实现文化治理体系和治理能力现代化的高度。文化馆是

---

① 谈祖应.中国文化馆学概论[M].海口:海南出版社,2008:317.

公共文化服务体系的重要组成部分,文化馆的群众文化艺术活动是公共文化活动的重要组成部分。长期以来,文化馆坚持以活动作为开展公共文化服务的主要形式,塑造了我国文化馆服务的显著特色。

文化馆的群众文化艺术活动具有内容的广泛性和形式的多样性。内容广泛,是说文化馆的群众文化艺术活动涉及文化艺术的各个门类,如音乐、舞蹈、戏剧、曲艺、美术、摄影、书法、文学、非遗、民族民间文化艺术、群众文化理论调研等;形式多样,是说文化馆的群众文化活动以丰富多彩的表现形式出现,如观赏、表演、展览、讲座、培训、线上与线上线下相结合等。群众文化艺术活动重在群众的广泛参与,自我创造、自我表现、自我服务、自我教育的特色鲜明,业余、自愿、小型、多样、节约,是开展群众性文化艺术活动应坚持的基本原则。

文化馆的群众文化艺术活动应体现时代性、追求品质化。时代性包括内容的与时俱进和形式的丰富多彩。市民文化节、百姓大舞台、文化"走亲"、广场舞、大家唱、乡村"村晚"、村歌村艺等是群众文化艺术活动的常见形式,沉浸式、体验式、互动式、分享式、线上线下相结合等,则是体现时代特色的表现形式。"小活动、大传播",成为互联网时代文化馆开展各种活动的基本方法。我国的公共文化服务已经进入高质量发展阶段。高质量发展要求文化馆的群众文化艺术活动相应地提档升级、提质增效,标志是创造出更多的品牌化群众文化艺术活动。所谓品牌化,需要有特色鲜明的内容与表现形式,有持续稳定的发展积累与保障机制,有不断推进与创新的内生动力,有广泛的公众参与和社会影响。

(三)组织实施群众文化艺术培训与辅导

培训与辅导,也是文化馆长期稳定的主要职能。简单地从字面上理解,培训就是培育和训练;辅导就是指导和帮助。关于作为文化馆业务职能的培训和辅导的内容范畴以及二者的关系,业界存在不同的理解和认识。下面将以相关学术研究成果和政策法规为例,对文化馆培训与辅导职能进行讨论。

1988年出版的《文化馆学》认为,就文化馆的特殊性来说,辅导就是培养训练和业务指导。辅导工作的对象包括基层文化站、文化中心和职工俱乐部、青少年宫等群众文化事业机构的专业干部,群众业余文化艺术活动骨干,基层群众文化事业机构的领导干部和经营服务的管理干部,要求自学成才的群众;辅导工作的内容包括宣传贯彻党的群众文化工作方针政策,传授业务、理论知识和艺术技能,传授群众文化理论知识和活动的方式方法。① 这种观点认为辅导与培训的内容、特点没什么不同,辅导可以统摄培训。2008年出版的《中国文化馆学概论》认为,把辅导作为文化馆的工作任务,缺乏明确标准和具体内容,有很大的随意性。文化馆的主要工作任务应该定义为培训,一则这种称谓合乎职业化教育的规范、惯例,二则培训是有目的、有计划、有步骤的教育活动,它包含辅导、训练等环节。② 这同样是认为辅导和培训不应该区分,但强调辅导原本就包含在培训之中,培训可以统摄辅导。2012年出版的《文化馆(站)业务培训指导纲要》认为,群众文化辅导和群众文化培训既有一致性又有区别。一致性体现为辅导和培训的基本规律和要求、类型和模式、形式和方法等基本是一致的。区别体现为群众文化辅导专指群众性的文艺培训,以传授文化艺术技能和知识为目的;群众文化培训在内容上、对象上更为广泛,在目的上具有两重性:一是以满足群众掌握一定的文化艺术技艺、技能为目的,二是以提高群众文化队伍的水平和服务能力为目的。③ 这种观点认为辅导和培训不论在对象上、内容上还是方法上,都是既有联系又有区别,培训的内涵和外延大于辅导。

  1981年,文化部印发《文化馆工作试行条例》,其中规定文化馆的"工作任务"包括组织辅导群众业余文艺创作和业余文化艺术、娱乐活动,在"业务范围"的规定中,提出文化馆要开展辅导工作,包括面向农村、厂矿、企业、街道,辅导群众开展业余文艺创作、文化艺术活动和娱乐活动,对农村文化站以及各类俱乐部、青少年之家、业余剧团、图书室等的辅导。该条例中没有出现"培训"的概念,体现的是辅导包括培训的思路。1992年,文化部印发《群众艺术馆、文化馆管理办法》,在群艺馆、文化馆的工作任务中涉及培训和辅导的,一是辅导、培训群众文化系统在职干部及业余文艺骨干,其中群众艺术馆侧重辅导、培训文化馆、站业务干部及具有一定水平的文艺社团(队)人员,二是规定组织、辅导和研究群众文艺创作。在该办法中,辅导和培训的概念同时出现,但并没有具体阐述辅导和培训的区别。

  在当前文化馆的业务实践中,一般对培训和辅导并没有做严格区分。培训和辅导不论是在概念含义上还是工作实务中,往往是相互交叉的,有培训型辅导,也有辅导型培训。大致说来,面向社会公众的文化艺术知识和技能普及性训

---

① 吉林省群众文化学会.文化馆学[M].长春:吉林大学出版社,1988:154-161.
② 谈祖应.中国文化馆学概论[M].海口:海南出版社,2008:296.
③ 于群,冯守仁.文化馆(站)业务培训指导纲要[M].北京:北京师范大学出版社,2012:96-97.

练、面向行业内从业人员的理论和业务讲授,一般称为培训;面向基层文化艺术骨干、社会文艺团队、群众业余文艺创作的业务或技能指导,一般称为辅导。《文化馆建设标准》(建标 136-2010)的"条文说明"在谈到文化馆的主要任务时,有"开展文化艺术知识技能培训""辅导基层文化工作骨干和社会文艺团队"的说法①,大致反映了当前文化馆实际工作中对培训和辅导的厘定。文化馆传统的培训辅导大多是点对点、面对面进行,互联网、数字化服务广泛应用于文化馆服务后,远程培训辅导迅速发展。目前,许多文化馆已经建成了远程培训系统、中央课堂系统、网络咨询平台,文化馆培训辅导的方式和手段发生了革命性变化。

(四)提供文化艺术作品鉴赏与学习服务

文化艺术作品包括古今中外全民艺术知识普及类读物和经典文化艺术影音作品。所谓"鉴赏与学习服务",是指文化馆为公众提供欣赏、学习、研究古今中外文化艺术作品的阵地、资源、设备和环境,开拓出一个新型服务空间。

与公共图书馆、博物馆、美术馆等公共文化机构相比,文化馆服务长期以来存在缺少甚至缺失常态化阵地服务项目的短板,导致一般公众随时随地进入文化馆后常常无事可干、无服务可享,制约了文化馆阵地资源的盘活、普惠作用的发挥和服务效能的提升。全民艺术普及是一个系统工程,包括知识、欣赏、技能、活动各个层面的普及,文化馆不能将全民艺术普及服务局限于艺术技能提升的单一方面,也不能局限于小众化培训辅导的单一模式,必须寻找全方位发力、全人群覆盖的常态化、基础性服务突破口。把文化馆建设成为面向所有人开放的文化艺术作品鉴赏与学习阵地,就是强化文化馆全民艺术知识和欣赏普及职能、具有常态化和基础性特点的服务项目。

文化馆打造文化艺术作品鉴赏和学习阵地,需要解决空间、资源、设备、管理等几个关键问题。首先需要开拓品质化、舒适化、赏心悦目的空间阵地。阵地之外还需要有资源。文化馆需要树立基础资源建设理念,编制基础资源建设规划,把基础资源建设纳入日常业务工作范畴,开展基础资源建设实践。公共文化服务"内容为王",没有基础资源,鉴赏和学习就是无源之水。设备是文化馆提供鉴赏和学习服务的必备条件。适应现代信息技术的发展,文化馆尤其需要加强数字化影音欣赏设备的配置,"品质化空间+数字化设备",应该成为文化馆面向大

---

① 中华人民共和国文化部.文化馆建设标准[S].北京:中国计划出版社,2010:28.

众的实体数字空间建设的重点。管理是文化馆提供鉴赏与学习服务常态化运行的保障。管理包括资源的整序、揭示与流通,空间和设备的维护,乃至和空间常态化开放相关的利用者管理等。总之,文化馆应该成为古今中外经典文化艺术作品的收藏中心、流通窗口、鉴赏和学习基地,这是文化馆全面履行全民艺术普及职能的题中应有之义,是文化馆新型服务空间的塑造,是文化馆服务方式的拓展和创新,也是文化馆解决常态化、基础性服务项目缺乏问题的实际举措。

(五)组织指导群众文艺创作

群众文艺创作有两层含义:一是指群众文化工作者和业余文艺爱好者创造文艺作品的活动,二是指群众文化工作者和业余文艺爱好者创造出的文艺作品。① 群众文艺创作涉及广泛的文化艺术门类,如群众文学创作、群众音乐创作、群众舞蹈创作、群众戏曲创作、群众曲艺创作、群众书法创作、群众美术创作、群众摄影创作等。群众文艺创作是社会主义文艺事业的重要组成部分,是人民群众文化艺术自我创造、自我表现的重要载体,是群众文化繁荣兴盛的重要标志。由于群众文艺创作具有非职业性的特点,组织指导群众文艺创作就成为文化馆的重要职能。

文化馆组织指导群众文艺创作的主要任务,首先是激发群众文艺原创活力,如每年推出一定数量、具有代表性的原创作品,为群众文艺创作提供引领示范。其次是加强群众文艺创作队伍建设,如通过开展群众文艺创作竞赛活动发现人才,通过建立群众文艺创作小组、工作室、协会等组织凝聚人才,通过作品研讨、创作指导、观摩采风等活动培育人才。再次是搭建群众文艺作品展示推广平台,如定期或不定期举办展示展演、作品分享、征文评奖、结集出版,形成群众文艺创作的发布阵地和激励机制,打造群众文艺创作品牌,推出群众文艺创作精品。最后是发挥统筹协调作用,推动各方面力量积极支持和参与指导群众文艺创作,如协调当地文艺院团、艺术院校、文联、作协等机构对群众文艺创作进行帮扶,采用"点对点""结对子"等方式,建立起文化馆和专业文艺团体指导帮扶群众文艺创作的有效机制。

(六)保护传承民族民间文化艺术

这是推进文化馆服务城乡一体建设的重要抓手,是文化馆服务全面介入乡

---

① 于群,冯守仁.文化馆(站)业务培训指导纲要[M].北京:北京师范大学出版社,2012:243.

村振兴战略的突破口,同时,保护传承民族民间文化艺术也是在农村基层广泛开展群众性文化活动的重要载体。长期以来,各级文化馆在非遗保护传承上做了大量工作,积累了丰富经验,但非遗项目的数量终归是有限的,有些非遗项目属于独门绝技,难以应用到公共文化服务中,还有一些地方非遗保护传承已经另有专门机构和队伍,这些都是文化馆介入非遗保护传承面临的新问题。民族民间文化艺术涉及的范围、囊括的形态远大于非遗,它既包括在长期历史发展中形成的非遗项目,也包括在现实创新实践中形成的地方特色文化现象和文化生活习俗。怎样涵养、活化、推广与普及民族民间特色文化,让它在乡村公共文化服务体系建设、乡村特色文化产业发展中充分发挥作用,对文化馆来说是挑战,更是机遇。"中国民间文化艺术之乡"建设已经被纳入乡村振兴战略中的"乡村文化繁荣兴盛重大工程",文化馆应彰显在乡村民族民间文化艺术保护传承上的专业能力。首先,在打造民族民间文化艺术品牌、提升乡村公共文化服务品质、提升参与率和扩大影响力上发挥作用。其次,在促进民族民间文化艺术资源与乡村特色产业、乡村旅游有机结合上发挥作用。最后,在民族民间文化特色团队和代表性人物培育上发挥作用。要通过深度介入"中国民间文化艺术之乡"建设,形成文化馆在民族民间文化艺术保护传承上的职能特色,固化文化馆这一职能的不可替代性。

(七) 组织开展群众文化调查研究

虽然文化馆不是理论和学术研究机构,但文化馆不能缺失调查研究功能。之所以强调是"调查研究"而不是"理论研究",在于文化馆的"研究"功能,应体现出面向实际、问题导向、应用研究的特色,聚焦事业发展和当地实践的重大现实性问题,把研究的重点放在总结经验、推广创新、发现问题、提出对策上。一方面为当地政府制定事业发展战略、形成事业发展政策提供支撑,另一方面为文化馆改进工作、完善服务、提升水平、宣传推广奠定基础。

从总体上看,目前我国各级文化馆的调查研究功能还比较薄弱。在文化馆内部,专司调查研究的工作部门设置尚不普遍,职业化的工作人员还较为稀缺。从整个行业看,理论体系构建刚刚起步,核心研究队伍尚未形成,研究成果对法律政策的支撑能力明显不足,调研成果的发布阵地、传播渠道很不健全。整个行业在这方面存在的问题,反过来也折射出文化馆调研工作的薄弱。因此,把组织开展群众文化调查研究明确纳入各级文化馆的主要职能,让所有文化馆认识到这一工作不是可有可无,而是主要工作内容之一,对促进文化馆事业高质量发展具有筑牢基础、理性实践、着眼长远的作用。

(八)组织开展国内外群众文化交流

文化馆在组织开展国内外群众文化活动交流方面,已经创造了一些有效方式,积累了一定经验。如发端于浙江、目前全国许多地方都在开展的"文化走亲"活动、文化志愿服务"春雨工程"中的"大舞台"活动等,就是文化馆群众文化活动国内交流的特色项目,对丰富群众文化生活、扩大地域文化影响、实现文化馆之间互学互鉴发挥了很好的作用。在国际交流方面,我国开展的"一带一路"文化交流合作、海外中国文化中心建设、双边或多边文化交流年、"东亚文化之都"建设、一年一度的海外"欢乐春节"活动,各级文化馆积极参与其中,扮演了重要角色。① 2015—2019年间,全国文化馆系统已经出现了9项受国家艺术基金支持的海外传播交流推广项目。北京市朝阳区文化馆的"漂亮的兵马俑灯笼"项目,四次亮相英国,两次亮相布拉格,还走进了哥伦比亚、克罗地亚、新西兰、澳大利亚等国家。② 浙江丽水"乡村春晚"面向全球20多个国家和地区开展网络直播,创造了互联网时代群众文化活动国际交流的新形式。③ 但是,相较而言,文化馆的国际交流活动在覆盖面、体系化、专业性、交流渠道、彰显特色等方面还有进一步发展的空间。

《公共文化服务保障法》将鼓励和支持在公共文化领域开展国际合作和交流写入总则(第十二条),标志着广泛深入开展群众文化活动国际交流有了法律依据,也有了法律要求。国之交在于民相亲,民相亲在于心相通。推动群众文化活动"走出去",在国际舞台上展示中国老百姓的文化创造和文化表现,对夯实民心相通的基础具有重要作用。文化馆拓展和强化群众文化国际交流应努力在两个方面取得突破。一是进一步提高意识、创造条件、打造品牌,推动更多的具有鲜明中国民族民间文化艺术特色的群众文化活动"走出去"。群众文化活动走向国际的空间还很大。二是畅通文化馆系统与相应国际组织的交流渠道。从国际范围看,成立于1970年、与联合国教科文组织有正式咨询关系的国际民间艺术节

---

① 柳斌杰,雒树刚,袁曙宏.中华人民共和国公共文化服务保障法解读[M].北京:中国法制出版社,2017:54-55.
② 张皓珏.公共文化国际合作与交流的中国实践研究[M].北京:国家图书馆出版社,2021:158-159.
③ 丽水乡土戏曲春晚面向21个国家和地区网络直播[EB/OL].(2016-02-24)[2021-01-25]. http://zjls.wenming.cn/wmdjr/cj/201602/t20160224_2355124.html.

组织理事会（International Council of Organizations of Folklore Festivals and Folk Arts, CIOFF），致力于通过民间艺术交流，加强各国人民之间的了解和友谊，保护和发扬各国传统文化艺术和民间艺术，其宗旨、理念、业务范围、活动重点等与我国的文化馆相一致。1993年中国群众文化学会代表中国加入了该组织，文化馆界需要形成组织化、规模化、体系化的参与格局，畅通各级文化馆参与国际交流的渠道，这是强化文化馆群众文化活动国际交流职能的一个突破口。

小　结

文化馆的社会功能，从根本上说是要回答现代社会系统中为什么要有文化馆的问题，或者说是文化馆在经济社会发展中发挥什么作用的问题。结合国际共识和中国特色，可以从三个角度加以理解：一是文化馆促进人的全面发展，二是文化馆保障人的文化权利，三是文化馆传播普及社会主义核心价值观。职业使命是职业集团实现社会功能的职业化战略目标表达。文化馆的职业使命，是文化馆为履行自身所承担的社会功能而应有的职业化战略目标。文化馆职业使命的表达经历了三个阶段的变化。在构建现代公共文化服务体系的背景下，文化馆职业使命的时代表达是全民艺术普及，它彰显了文化馆职业能力的特点，揭示了文化馆服务的时代特色。文化馆的主要职能，是文化馆职业使命的实现路径和主要任务。不同时期文化馆的主要职能有过多种表述。今天，文化馆的主要职能体现在八个方面：宣传党和政府的方针政策；组织开展群众文化艺术活动；组织实施群众文化艺术培训与辅导；提供文化艺术作品鉴赏与学习服务；组织开展群众文艺创作和作品推广；保护传承民族民间文化艺术；组织开展群众文化调查研究；组织开展国内外群众文化交流。

扩展阅读

1. 本·索尔，戴维·金利，杰奎琳·莫布雷.《经济社会文化权利国际公约》评注、案例与资料[M].孙世彦，译.北京：法律出版社，2019.

2. 黄金荣.《经济、社会、文化权利国际公约》国内实施读本[M].北京：北京大学出版社，2011.

3. 吴理财.文化政治学概论[M].北京：社会科学文献出版社，2024.

4. 张国臣,王建州,等.文化的社会治理功能论[M].北京:人民出版社,2018.

5. 中国文化馆协会.全民艺术普及:文化馆的责任与使命[M].北京:国家图书馆出版社,2015.

主要术语

文化馆的社会功能　　　　文化馆的职业使命　　　　文化馆的主要职能

《经济、社会和文化权利国际公约》　　　　文化权利

文化权益　　　　　　　国家基本公共服务标准

思考题

1. 怎样理解和认识文化馆的社会功能？你认为阐释文化馆的社会功能还可以有什么新的角度？

2. 怎样理解和认识文化馆的职业使命？为什么说全民艺术普及是文化馆职业使命的时代表达？

3. 结合你所了解的文化馆工作实际,谈谈你对本教材所概括的文化馆八大主要职能的看法。

4. 从理论上理解和阐释文化馆的社会功能、职业使命、主要职能之间的关系。

第三章 文化馆的起源、发展与借鉴

关于文化馆的起源,有学者将其源头追溯到春秋战国时期的私塾,此后唐代以降的书院、元代以来的社学,都不同程度地进行着平民教育或乡村教育。它们作为我国古代传统的社会文化教育机构,和文化馆有一脉相承的关系,因此认为文化馆起源于古代的私塾、书院、社学。晚清以来的通俗教育演讲所是文化馆的萌芽,民国初年出现的通俗教育所是文化馆的雏形,民国时期的民众教育馆是文化馆的前身,新中国成立后,将国民政府遗留下来的民众教育馆以及解放区的民众教育馆统一改建为人民文化馆。

一般认为,我国文化馆起源于清末萌芽的通俗教育馆,以及后来在国民政府推动下发展起来的民众教育馆。20世纪40年代,解放区从苏联引入"文化馆"的名称。新中国成立后,政府将接管的民众教育馆改造为人民文化馆,后更名为"文化馆"并推动其普遍建立。

目前有共识的研究结论是,我国的文化馆在主要功能上和晚清以来的通俗教育馆、民众教育馆、社会教育馆有相承关系,文化馆的名称借鉴了苏联同类设施的称谓,1949年后先是称为人民文化馆,继而统称为文化馆。

第一节 民众教育的兴起

晚清时期,经历过戊戌变法后,面对国家积贫积弱的状况,有识之士在探索政治改良、武器制作之外逐渐将目光投向广大民众,希望通过普及教育观念、培养和提高国民素质,实现开启民智、改良风俗、救亡图存的目标。在此背景下,对民众开展社会教育受到前所未有的重视,起源于西方的现代形态公共图书馆、博物馆、美术馆等在中国应运而生,掀起了一股社会教育思潮。

在洋务运动、"西学东渐"的大背景下,作为西方文化和教育事业一部分的现代公共图书馆思想由林则徐、魏源等人介绍进入中国①,国内一些历经千年的传统藏书楼受此影响而走向开放。在维新运动中,有识之士提出诸多推行新政的措施,其中之一就是开设公共性藏书楼,以实现振兴教育、开启民智的目标。在这些思想的推动下,建设公共性图书馆逐渐受到社会重视。1904年,湖南图书馆建成,一般被视为我国最早的省级公共图书馆。②随后,清政府颁布了《京师图书馆及各省图书馆通行章程》,各省纷纷成立省立图书馆。

不过这一时期的公共图书馆大都以保存国粹、输入文明、开通智识为宗旨,服务目标是供"硕学专家研究学艺、学生士人检阅考证"③,服务方式也限于室内阅览。随着社会教育理念的推行,1913年京师通俗图书馆成立,由于通俗图书馆"比之省立图书馆,用款不及十之一,阅书人数则多至数十倍"④,各地陆续开始建设通俗图书馆,民国政府教育部颁布了《通俗图书馆规程》和《图书馆规程》,对各类图书馆的建设加以规范。相较于之前省立图书馆主要面向硕学士人、只限室内阅览的做法,通俗图书馆面向全体公众开放,不收取阅览费,并附设公众体操场,在书刊选择、开馆时间、规章制度、借书手续方面都以民众为本,为全体民众提供平等的求知机会,核心精神更接近现代公共图书馆的理念。

在博物馆领域,鸦片战争后有识之士走出国门,将西方博物馆的理念和实践引入国内,逐步认识到博物馆在保存文化、传播知识、开启风气、公共教育等方面的功能。⑤我国有着悠久的收藏、保存和利用文化遗产的传统。1905年,张謇在考察国外博物馆社会意义的过程中,意识到博物馆在保护文物珍品、配合学校教育、开发民智和提高国民文化修养方面的重要作用,创建了南通博物苑,被视为中国人自主创办的第一座公共博物馆。⑥1912年,在教育总长蔡元培的主持下,

---

① 张树华,张久珍.20世纪以来中国的图书馆事业[M].北京:北京大学出版社,2008:2.
② 范并思.20世纪西方与中国的图书馆学——基于德尔斐法测评的理论史纲[M].北京:国家图书馆出版社,2016:179.
③ 京师图书馆及各省图书馆通行章程[G]//李希泌,张椒华.中国古代藏书与近代图书馆史料(春秋至五四前后).北京:中华书局,1982:129.
④ 林传甲.呈教育部请整顿图书馆以广社会教育[G]//李希泌,张椒华.中国古代藏书与近代图书馆史料(春秋至五四前后).北京:中华书局,1982:261.
⑤ 《博物馆学概论》编写组.博物馆学概论[M].北京:高等教育出版社,2019:25.
⑥ 姜涛,俄军.博物馆学概论[M].兰州:兰州大学出版社,2014:81.

国子监筹建了国立历史博物馆,其宗旨是搜集历代文物并增进社会教育。[①] 1935年,中国博物馆协会在北平成立。随着学术研究的深入,出现了诸多概论性著作,学者们提出了博物馆是社会美育的专设机关的理念,对博物馆在补充学校教育、保存文化等方面的作用给予了充分的肯定。[②]

在教育领域,鸦片战争后,传统的官学、书院式教育受到冲击,西学东渐导致西方新教育理念逐渐传入我国。1905 年,清政府宣布实施新政,以宣讲所、阅报社、通俗演讲等形式尝试开展社会教育。1912 年 4 月,在蔡元培等人的努力下,教育部官制中增设了社会教育司,与普通教育司、专门教育司并立,把社会教育提到与普通国民教育同等重要的地位。[③] 同年 5 月,章太炎等人在上海成立了中国通俗教育研究会,旨在向普通民众灌输常识、培养公德,并提出以注重卫生、谋生、公众道德、国家观念"四主义"为通俗教育方针。[④] 此后,各地陆续成立了通俗教育研究会,教育部于 1914 年成立通俗教育调查会,着手各省通俗教育的调查。1915 年,教育部颁行的《教育纲要》将社会教育区分为高尚与通俗两类,高尚学艺包括图书馆、博物馆、美术馆、文艺、音乐、演剧等,通俗教育包括通俗讲演、通俗书报、通俗图书馆、通俗教育研究会等[⑤],并颁发了系列文件指导通俗教育的推行。

在此背景下,1915 年,江苏省成立了首座通俗教育馆,除了在南京开展民众教育外,还负责主持江苏各县通俗教育联合会的任务,协助各县民众教育的发展。[⑥] 该馆设有博物部、讲演部、体育部、音乐部、图书部,陈列内容包括圣公遗像遗迹、普通图书报刊、公共卫生标本模型或器械。[⑦] 从其部门设置、服务内容而言,涉及当时公共图书馆、博物馆、阅报处、通俗演讲所等诸多机构的功能,是晚清以来各个领域社会教育思潮综合影响的结果。

江苏省的民众教育全面铺开后,成都市通俗教育馆、京兆通俗教育馆等陆续成立,虽冠以"通俗"之名,但功能与后来广泛推行的民众教育馆并无二致。到 1928 年,全国各省市已经有民众教育馆 185 所,但仍存在"名称与组织既形

---

① 王宏钧.中国博物馆事业的创始和民国时期的初步发展[J].中国文化遗产,2005(04):10-15.
② 《博物馆学概论》编写组.博物馆学概论[M].北京:高等教育出版社,2019:26.
③ 周慧梅.近代民众教育馆研究[M].北京:北京师范大学出版社,2012:53.
④ 程焕文.中国图书馆史:近代图书馆卷[M].北京:国家图书馆出版社,2017:84.
⑤ 周慧梅.近代民众教育馆研究[M].北京:北京师范大学出版社,2012:55.
⑥ 南京市群众文化学会,南京市群众艺术馆.南京群众文化志[G].黄山:黄山书社,1994:3.
⑦ 芝村.苏省社会教育之概况[N].时报,1917-01-15(006).

庞杂,而事业设施更茫茫不知所云"的问题①,急需政府对社会教育机构加以统一、规范。

在此状况下,鉴于1927年时部分社会教育机关按照孙中山先生遗嘱中"唤起民众"四字而改名为民众教育馆②,江苏通俗教育馆于1928年上书教育部,请求统一名称,并改称民众教育馆。同年,国民政府通令各省、县设立民众教育馆。

在政府推行之外,学术界也对民众教育展开了热烈探讨。五四运动以后,教育大众化、平民化的思想逐渐深入人心,曾在国外留学的知识分子将西方教育理念引入国内,并结合中国的实际情况进行了本土化阐述。1928年起,《民众教育》《教育与民众》《民众教育半周刊》《民众教育通讯》等刊物先后创办发行,到1931年,已发行民众教育相关定期刊物逾百种。③ 学界一方面介绍英国、美国、苏联、德国、日本、丹麦、波兰等各国有关社会教育的思想和实践,一方面结合中国的现实情况,对民众教育的宗旨与意义、使命和目标等内容进行了探讨。同时,结合各地民众教育馆的实践状况,分享工作方法和经验,统计机构设置、经费投入、活动人数等数据,并探讨民众教育馆的设施标准等内容。在当时的社会背景下,依托上述刊物和部分译著开展的研究以及江苏等地的踊跃实践,发挥了为民众教育馆的建设指引方向的作用。

1932年国民政府教育部颁布《民众教育馆暂行规程》,对民众教育馆的行政管理、部门设置、功能要求、经费和人才支撑、评价和督导等作出规定。有关民众教育馆设置和功能的主要规定如表3-1所示。

表3-1 《民众教育馆暂行规程》有关民众教育馆设置和功能的规定

第一条 各省市(直隶于行政院者)及县市(隶属于省政府者)应分别设立民众教育馆,为实施社会教育之中心机关。
第二条 省立民众教育馆隶属于省教育厅,以在省会地方设置一所为原则,名为〇〇省立民众教育馆。如有特别情形时,得酌量分设,名为〇〇省立某地民众教育馆。
第三条 市(直隶于行政院者)立民众教育馆,须择人口稠密之地设立之,隶属于市教育局,每市至少须设立一所。
第四条 县立民众教育馆先在县城或在县属繁盛市镇设立,逐渐推至乡村,隶属于县教育局。

---

① 黄竞白.民众教育回顾与前瞩之分析观:五年来之教育馆[J].教育与民众,1934,5(8):10-24.
② 林宗礼.民众教育馆实施法[M].上海:商务印书馆,1936:1.
③ 《民众教育》编辑部.民国十六年至二十年各省市民众教育刊物统计[J].民众教育,1931,3(12):124.

（续表）

每县得就本县原有自治区或学区划分民众教育区,分设民众教育馆,名为县立某地民众教育馆。

市(隶属于省政府者)立民众教育馆,须择人口稠密之地设立,隶属于市教育局,每市至少须设立一所。

第五条 省市及县市立民众教育馆应举办关于健康、文字、公民、生计、家事、社交、休闲各种教育之事业。

第六条 省市及县市立民众教育馆,应从事研究及实验工作。

第七条 省立民众教育馆,对于该馆所辖区域内县市立民众教育馆有辅导及示范之责。

第八条 省市及县市立民众教育馆,得设左列各部:

1. 阅览部书籍、杂志、图表、报纸之公开阅览,巡回文库、民众书报阅览所等属之。
2. 讲演部固定讲演、临时讲演、巡回讲演、化装演讲及其他宣传属之。
3. 健康部关于体育者:如器械运动、球类、田径赛、国术、游泳、儿童游戏及其他运动属之。关于卫生者:如生理、医药、防疫、清洁等属之。
4. 生计部职业指导及介绍、农事改良、组织合作社等属之。
5. 游艺部音乐、幻灯、电影、戏剧、评书、棋弈、各种杂技及民众茶园等属之。
6. 陈列部标本、模型、古物、书画、照片、图表、雕刻、工艺、各种产物、博物馆及革命纪念馆等属之。
7. 教学部民众学校、露天学校、民众问字处及职业补习学校等属之。
8. 出版部日刊、周刊、画报、小册及其他关于社会教育刊物属之。

以上各部得视地方情形全数设置,或先设数部,或酌量合并设置,如某项事业已设有专管机关时,其在县市者,得并入民众教育馆办理之。

资料来源:中华民国教育部.民众教育馆暂行规程[J].民众教育通讯,1932,2(1):63-65.

在政府的大力推行和政策文件的指导下,各省迅速筹建民众教育馆并铺开民众教育工作。到全面抗战爆发之前,民众教育馆已遍及26个省市地区,数量由1929年的386所增加到1936年的1509所,工作人员由1929年的1857人增加到1936年的6627人,经费由1929年的753 793元增加至1936年的3 393 248元[1],机构数量、人员数量、经费投入都迅速增长。在浙江、山东等地区,早期建立的通俗图书馆多数改组并入民众教育馆。[2]

1939年,国民政府教育部颁布《民众教育馆规程》《民众教育馆辅导各地社会教育办法大纲》《民众教育馆工作大纲》等文件,进一步明确民众教育馆的施教

---

[1] 周慧梅.近代民众教育馆研究[M].北京:北京师范大学出版社,2012:62.
[2] 教育部社会教育司.全国公私立图馆一览表[G].[出版地不详]:教育部社会教育司,1930:1.

目标在于"养成健全公民,提高文化水准,以改善人民生活,促进社会发展"[1]。各级民众教育馆负责施教区内民众教育的开展并指导其他社会教育机关,对于尚未单独设立图书馆、体育场、博物馆的省份,由省立民众教育馆负责辅导县市立图书馆、体育场和博物馆。[2] 同时,对民众教育馆的部门设置和功能任务作出适当调整。《民众教育馆规程》的相关规定如表3-2所示。

表3-2 《民众教育馆规程》有关民众教育馆设置和功能的规定

第五条 省市立民众教育馆设置左列各部:
(一)总务部文书、会计、庶务,及其他不属于各部之事项属之。
(二)教导部民众学校、补习学校、图书阅览、健康活动、家事指导,及通俗讲演等属之。
(三)生计部职业指导、农业推广、工艺改良,及合作组织等属之。
(四)艺术部电影、幻灯、播音、戏剧、音乐,及各项展览等属之。
(五)研究辅导部调查、统计、研究、实验、视察、辅导,及民教工作人员之进修,与训练等属之。
以上各部,得视地方情形全设,或合并设置,其工作大纲另定之。
第六条 县市民众教育馆设置左列各组:
(一)总务组文书、会计、庶务,及其他不属于各组之事项属之。
(二)教导组民众学校、补习学校、图书阅览、健康活动、家事指导、通俗讲演,及调查辅导等属之。
(三)生计组职业指导、农业推广、工艺改良,及合作组织等属之。
(四)艺术组电影、幻灯、播音、戏剧、音乐,及各项展览等属之。
以上各组,得视地方情形全设,或合并设置,其工作大纲另定之。
第七条 省立民众教育馆应附设乡村实验区,以为各县实施乡村民众教育之示范。
第八条 各县市如尚未单独设立图书馆及体育场者,民众教育馆应附设图书室及运动场。

资料来源:中华民国教育部.民众教育馆规程[J].广东省政府公报,1939,445:11-15.

总体上看,社会环境的改变和知识分子的努力推动了民众教育理念的兴盛,国民政府教育部的制度安排则为民众教育馆的广泛建立提供了基础,这也使得民众教育馆具有明显的制度化特征。一方面,民众教育馆作为一种社会教育制度,属于教育制度的一个分支,在依托中小学、大学开展的普通教育和专门教育之外,政府通过民众教育馆开展针对全体公众的社会教育。另一方面,国民政府通过一系列规范性的制度文件指导和规制民众教育馆的发展,各省市也陆续颁

---

[1] 中华民国教育部.民众教育馆工作大纲[J].社教通讯,1939,7:12-18.
[2] 中华民国教育部.民众教育馆辅导各地社会教育办法大纲[J].民教之友,1939,3:21-22.

布了实施方案,明确民众教育的目标、标准及实施要点、督促与考核等内容,建立完善阅览书报规约、职员服务规程等制度,为民众教育馆的运行提供了支撑。

在功能发挥方面,民众教育馆的工作任务涵盖公民素质提升相关的读书识字、文化熏陶、健康卫生、生计家事、体育社交等众多方面,具有明显的综合性特征。运行过程中,民众教育馆不仅重视馆内工作,依托书刊、音乐、幻灯、电影、戏剧、标本、古物、书画等资源吸引民众到馆利用,也积极指导和组织乡村改进会、合作社,并通过巡回文库、流动书车等方式开展馆外服务,对提升基层民众文化素养、推动社会发展发挥了积极作用。但在蓬勃发展的背后,也存在有设施而无活动、馆舍未能发挥实际作用、经费和人员投入未能产出相应的效果等问题[①],制约了民众教育馆的发展。

抗战期间,由于战火蔓延,部分民众教育馆或是闭馆,或是改造为乡镇民众学校,或是迁往后方,或是被迫成为日伪机构,数量急剧下降,政策、经费、人员也由于时局危乱难以保证。但在此艰难环境下,部分民众教育馆仍设法开展工作。随着战争局面的扭转,民众教育馆的数量也陆续回升,到 1946 年底,全国民众教育馆总数已有 1425 所。[②] 其间,民众教育馆的功能也在普及社会教育、培养民智民德的基础上,新增了抗战宣传、发动后方服务等功能。

第二节 解放区的民众教育

中国共产党的民众教育理念在新文化运动时就已有之,早期曾以开办夜校、组织平民教育讲演团、开办农民补习班等形式开展面向大众的教育。土地革命时期,陕甘宁革命根据地苏维埃政府先后制定了《消灭文盲决议案》《夜学校及半日学校办法》等文件,推动扫盲运动的开展。抗日战争期间,解放区以战争、生产、民主、教育为四大任务,民众教育得到了解放区政府的高度重视。

就民众教育的任务而言,1939 年陕甘宁边区的《陕甘宁边区抗战时期施政纲领》提出,要发展民众教育,消灭文盲,提高边区成年人民之民族意识与政治文化水平。[③] 1941 年晋西北边区《教育宗旨及实施方针》提出,要积极开展社会教育,

---

① 殷子固.民众教育回顾与前瞻之综合观:几年来民众教育之检讨及今后的工作[J].教育与民众,1934,5(8):40-47.
② 周慧梅.近代民众教育馆研究[M].北京:北京师范大学出版社,2012:71.
③ 陕甘宁边区政府.陕甘宁边区抗战时期施政纲领[G]//中国社会科学院近代史研究所《近代史资料》编译室.陕甘宁边区参议会文献汇辑.北京:知识产权出版社,2013:41.

提高大众的文化政治水平,并推广乡村文化娱乐活动,调剂生活,启发大众的抗战热忱和生产热忱。① 可见,解放区民众教育的任务一方面是开启民智、提升文化素质和生产技能,另一方面则是提高民族意识和思想觉悟,激发农民参与边区建设和抗战救国的热情。

在民众教育的形式上,各个根据地有所不同,表3-3是对其简单的概括。

表3-3 解放区民众教育的主要形式

解放区	民众教育的主要形式
陕甘宁边区	识字组、冬学、民众教育馆、新文字扫盲
晋察冀边区	冬学、识字班、民校
晋冀鲁豫边区	民族革命室、冬学、民校、青年补习班
晋绥边区	冬学、民众教育馆、夜校、半日校、剧团、秧歌队等
山东抗日根据地	冬学,内容包括识字与文化教育、政治与生产教育
淮南、淮北、皖中抗日根据地	冬学、识字班、读报组、夜校、民众学校、晨学、救亡室
苏南、苏中、苏北抗日根据地	冬学
鄂豫边区	冬学、民众学校、民众教育馆、文艺团体
浙东抗日根据地	冬学、巡回学校、农村俱乐部
东北抗日游击根据地	开办夜校、扫盲班、出版反日报刊,系统地出版墙报,召开群众大会,组织文娱活动

资料来源:董纯才.中国革命根据地教育史:第2卷[M].北京:教育科学出版社,1991.

可以看出,各地开展民众教育的方式多种多样,以冬学的形式最为普遍。冬学主要是利用耕种农闲的间隙,由政府编印讲授大纲,以灵活的形式开展教育,课程内容与群众文化生活密切相关。根据地政府都十分重视冬学的开展,多次以政策文件的形式加以动员、部署,在提高群众识字能力和文化水平的同时,也使群众了解新政权的性质、法令、目标,巩固政治认同。

在建有民众教育馆的地区,民众教育馆既是开展长期性教育的场所,也是开展冬学、举办夜校的重要载体。例如晋绥边区民众教育馆除了具备图书流通、宣传动员、民众娱乐、卫生运动等功能外,也负责举办识字教育、冬学、夜校;陕甘宁边区民众教育馆除了开展图书阅览、标语宣传、时事报告、公共卫生等工作外,也负责开办夜校和半夜校、领导识字组,而领导识字组就是对冬学中的识字教育进

---

① 刘淑珍.晋西北抗日根据地教育简史[M].成都:四川教育出版社,2000:34.

行指导。

部分根据地虽未使用"民众教育馆"的名称,但所开展的工作与民众教育馆相似。例如晋冀鲁豫边区的民族革命室,以村为单位建立,工作内容包括黑板报、壁报、广播台等形式的宣传,夜校、识字班为主的教育,唱歌、剧团等形式的文体活动,还有生产技术常识、妇幼卫生相关的科普。① 浙东抗日根据地农村俱乐部的活动形式包括演戏、唱歌、识字、问字、代笔、弈棋、说书、壁报、通俗讲座、巡回图书等②,其实质与民众教育馆基本相同。

在具体工作中,民众教育馆除了承担识字扫盲、书报阅览、文艺活动、生产培训、举办夜校、冬学等工作外,在逐渐成为群众文化生活的中心、思想教育的基地后,功能也不断扩展。例如,定边县立民众教育馆先后开办了七所妇女职业学校,教导学员识字和编织术,受到当地妇女的欢迎。③ 曲子县民众教育馆位于街道中心,是当地群众文化生活的核心,代笔处除了代写书信、契约之外,还替群众调解纠纷,以至于"远至百里外的环县和近在城郊的人们有许多事情都去请求它"④。

就实施成效而言,解放区的民众教育以识字教育为核心,通过冬学、民众教育馆、夜校、读报组等多种形式,在发展文化教育、提高群众的文化水准方面有较大的贡献。以陕甘宁边区为例。在实施民众教育之前,当地的学校、知识分子、识字者极为稀少,识字人口大约只占当地人口的百分之一,仅有的小学主要供富有者子弟使用,民众教育更是绝无仅有。⑤ 推行民众教育之后,截至1939年初,已经建立识字组5834个、夜校208所、半日校61所,受教育的人数逾4万人,还建立了具有教育意义的俱乐部、救亡室、平民教育馆、抗日剧团、民众剧团。⑥ 此后,在群众文艺路线的指导下,延安文艺工作者组织秧歌队下乡,宣传生产劳动、军民关系、自卫防奸、敌后斗争等内容,也受到群众的热烈欢迎⑦。随着民众教

---

① 董纯才,张腾霄,皇甫束玉.中国革命根据地教育史:第2卷[M].北京:教育科学出版社,1991:410.
② 同上书:549.
③ 周慧梅.近代民众教育馆研究[M].北京:北京师范大学出版社,2012:82
④ [佚名].曲子县民众教育馆办得好[G]//中央教育科学研究所.老解放区教育资料(抗日战争时期):下册.北京:教育科学出版社,1986:59.
⑤ 林伯渠.陕甘宁边区政府对边区第一届参议会的工作报告[G]//中国社会科学院近代史研究所《近代史资料》编译室.陕甘宁边区参议会文献汇辑.北京:知识产权出版社,2013:27.
⑥ 林伯渠.两年来陕甘宁边区政府在保卫边区和全中国的抗战中所做的工作[G]//中共中央文献研究室,中央档案馆.建党以来重要文献选编:第16卷.北京:中央文献出版社,2011:72.
⑦ 李鼎铭.关于文教工作的方向[G]//中国社会科学院近代史研究所《近代史资料》编译室.陕甘宁边区参议会文献汇辑.北京:知识产权出版社,2013:228.

的深入开展,边区群众的识字率、卫生知识、生产技能、文化水平不断提升,不仅为解放战争做出了贡献,也为广泛的群众文艺创作奠定了基础。

解放区民众教育的指导思想、工作方法、探索实践很大程度上影响了新中国文化事业的发展,为国统区民众教育馆的改造提供了样板,也为1949年以后文化馆事业的发展奠定了基础,主要体现在以下三个方面。

第一,解放区的民众教育具有明显的团结群众、贴近群众、不拘泥于形式的特点。由于经济社会发展水平等因素的制约,解放区建立的民众教育馆数量较少,规模也不大,但所开展的民众教育都是以群众喜闻乐见、群众自觉自愿、群众方便利用为出发点。例如冬学、夜校、识字组的举办都是结合当地实际情况,或是受民众教育馆支持、指导,或是由政府安排专员,就地选择教师、成立小组,能达成教学目的即可。同时,在黑板报、读书报之外,以赶庙会、参加社火队、讲故事等贴近群众的方式开展教育宣传,更容易吸引群众参与并取得成效。如庆阳县民众教育馆以每年七八十次的庙会为契机,采取文化棚、散发宣传画报等形式,讲解国家大事、生产和卫生常识,并实地教给群众棉花打卡、纺织技术[1],吸引群众的兴趣并积极参与。

第二,解放区的民众教育成为传播先进思想、构建政治认同、凝聚人心民意的重要阵地。民众教育在开启民智、提高文化素养之外,另一项重要功能是开展政策宣讲、构建政治认同。解放区在开展民众教育的过程中,通过识字运动、读报组、贴近群众的文化活动等各种方式,将民族意识和国家观念融入日常生产学习,并以通俗易懂的方式宣传政治主张,从而争取民众对各项政策的认可和拥护。

第三,解放区的民众教育为群众文艺创作奠定了基础。1942年,毛泽东的《在延安文艺座谈会上的讲话》确立了中国共产党的文化发展方向,即文艺为政治服务、文艺为工农兵服务,发挥团结人民、教育人民的作用。解放区通过广泛的民众教育,不仅使基层群众的识字、阅读能力提高,还鼓励群众利用农闲进行文艺创作,产生了一批贴近群众的优秀文艺作品。有学者认为,比起此前的历次文化运动,抗战时期根据地文化建设最显著的变化是广大人民群众特别是工农兵,成了文化建设的重要参与者和主要服务对象。[2]

---

[1] 周慧梅.近代民众教育馆研究[M].北京:北京师范大学出版社,2012:83.
[2] 张卫波.抗日根据地文化建设研究[M].北京:首都经济贸易大学出版社,2015:230.

第三节　1949年以来文化馆的发展

综观1949年以来我国文化馆的发展历程,大体上经历了四个阶段:一是1949—1955年的迅速发展期,二是1956—1977年的转折与停滞期,三是1978—2004年的复苏与变革期,四是2005年以来的全面振兴期。

一、文化馆事业的迅速发展(1949—1955)

新中国成立之后,中央政府开始着手对旧有的文化教育机关进行改造,除了一些工作久陷停顿的民众教育馆自行关闭外,大多数改设为公共图书馆或人民文化馆。[①] 由于民众教育馆属于社会教育机构,人民文化馆最初由教育部接管,后于1952年移交给文化部管理[②],改造为文化馆,其文化艺术功能得以强化。与此同时,为推动群众文化工作,又新建了一批文化馆、工人文化宫等机构。据统计,1949年时全国有896个文化馆,到1952年,全国已建成2430个文化馆[③],三年之间数量成倍增长。同一时期,公共图书馆的数量由1949年的55个增长至1952年的83个;博物馆的数量由1949年的21个增长至1952年的35个。[④] 可以看出,在当时的各类群众文化机构中,文化馆的数量占绝对优势。

这一时期,文化馆在机构设置和职能方面大多沿袭了民众教育馆,具备政策宣传、图书阅览、组织文化活动等诸多功能,有的文化馆还承担民政管理之责。[⑤] 不过,由于新中国成立初期文化馆事业快速发展,也还存在诸如工作方针和任务不够明确、工作缺乏重心、官僚主义、对工农劳动群众的关注不足等问题。为此,1953年,文化部发布《关于整顿和加强文化馆、站工作的指示》,对文化馆的任务作出了明确规定,主要包括:时事政策宣传教育、组织和辅导群众的文化学习并配合扫除文盲工作、组织群众业余艺术生活、普及科学技术和卫生知识。

总体上看,1949—1955年之间,文化馆的职能涵盖了政策宣传、文化活动、扫

---

① 周慧梅.近代民众教育馆研究[M].北京:北京师范大学出版社,2012:75.
② 中央人民政府教育部、文化部通知[G]//中国艺术馆筹备处,北京华人经济技术研究所.中国群众艺术馆志.北京:社会科学文献出版社,1997:875.
③ 文化部群众文化事业管理局《文化馆工作概论》编著组.文化馆工作概论[M].延吉:延边人民出版社,1985:5.
④ 中华人民共和国文化和旅游部.中国文化文物和旅游统计年鉴(2021)[M].北京:国家图书馆出版社,2021.
⑤ 孙进舟.中国文化馆志[G].北京:专利文献出版社,1999:18-63.

盲和辅导学习、普及科学卫生知识等众多方面，具有综合性；就其服务方式而言，与当时社会发展和群众学习生活的现实需求联系较为密切。各地文化馆通过文化活动、展览、讲演等形式，积极进行爱国主义教育、配合国民经济的恢复发展和土地改革等政治运动的开展，为经济社会发展做出了应有的贡献。

伴随着文化馆的快速发展，有关文化馆的知识普及、理论研究在新中国成立之初也已开始。各地结合实际工作，参考苏联的经验，研究探讨文化馆的性质、职能、业务工作，编辑出版了《怎样办好人民文化馆》（生活·读书·新知三联书店，1950年）《在成长中的人民文化馆》（教育资料丛刊社，1951年）《怎样作好人民文化馆工作》（文化供应社，1951年）等参考读物。同时，张有天翻译的《斯大林文化宫》（1952年）介绍了苏联的群众文化工作经验，对外文化联络局出版的《保加利亚的人民文化馆》（1955年）介绍了保加利亚人民文化馆的情况，中央文化部社会文化事业管理局连续多年编印《文化馆工作参考资料》，介绍国内外文化馆建设和发展的典型案例、经验做法，为各地的实践提供了参考借鉴。

二、文化馆事业的转折与停滞（1956—1977）

现有文化馆著作中，都认为1956年是文化馆事业稳步发展上升的阶段，主要依据有以下几个方面。一是全国文化馆的数量在1956年仍处于增长态势。根据《中国文化事业统计年鉴》的数据，1949年全国有896个文化馆，1957年有2748个[①]，总体呈上升趋势。[②] 二是1955—1956年间，随着城乡社会主义改造的完成，各地农业生产合作社和一些厂矿、手工业工坊建立了俱乐部，促进了城市和农村基层群众文化事业的发展。[③] 三是1955年文化部在北京、浙江两地试点建设群众艺术馆，至1957年，全国已建立38所群众艺术馆[④]，被视为群众文化工作的重要突破。

但若将视野拓展至整个文化事业，1956年于文化馆而言其实是转折之年。1956年是我国科学技术发展史上的一个重要年份。新中国成立后，尤其是对农业、手工业、资本主义工商业的社会主义改造完成后，我国在向工业国转变过程

---

① 文化部计划财务司.中国文化事业统计年鉴（1993）[M].北京：文化艺术出版社，1993：1.
② 1993年以来的《中国文化事业统计年鉴》《中国文化文物统计年鉴》《中国文化文物和旅游统计年鉴》均未记载1956年文化馆站的机构数量。
③ 文化部群众文化事业管理局《文化馆工作概论》编著组.文化馆工作概论[M].延吉：延边人民出版社，1985：9.
④ 田川流，王瑞光，于亮.文化艺术政策与法律法规[M].南京：东南大学出版社，2021：28.

中面临着科学技术落后、社会发展缺乏科技支撑的境况。为此,1954年的第一次全国人民代表大会提出要实现工业、农业、交通运输业和国防现代化的任务①,1956年,国务院制定实施《1956—1967年科学技术发展远景规划》,发出了"向科学进军"的号召,要求图书馆加强与国外相应机构的交流并搜集各国图书资料,以改善我国文献、资料缺乏的状况。在此背景下,图书馆界提出了"图书馆为科学研究服务"的方针,并制定出台《全国图书协调方案》,以期充分发挥书刊资料的作用,加强文献资源共享,为科学研究服务。这一转变不只对公共图书馆产生了重大影响,也间接影响了文化馆的发展。

在1956年之前,文化馆和公共图书馆作为开展社会教育的机构,都担负着扫盲、普及科学知识等任务,文化馆内大多设有图书组、图书室,组织通俗书刊的阅览并辅导群众阅读,兼具公共图书馆的职能。"向科学进军"的号召发出后,政策层面更加关注社会教育机构对科学研究的支持和科学普及功能,通过开设综合性科学阅览室、加大科技文献资源建设力度、开展科研咨询等方式展开工作,使得公共图书馆越来越受到重视。与此同时,文化部出台文件鼓励各地积极建立县级图书馆,众多县级文化馆的图书组、图书室先后从文化馆分离,建成独立建制的公共图书馆。

这一影响虽非立竿见影,却漫长而深远。在文化馆、公共图书馆逐渐分离后,图书馆的国际通行性和政策、学科的有力支持,带来了图书馆事业的蓬勃发展。1957年全国有400个公共图书馆、2748个文化馆,1985年时则有2344个公共图书馆、3295个文化馆,从数量的增加中可以窥出公共图书馆事业的发展速度。②而文化馆在图书阅读、科学普及、卫生普及等功能相继削弱后,由于缺乏行业组织和学科教育的支撑、理论研究的引领、国际比较的促进等,发展相对较为平缓。

20世纪50年代末,文化馆事业的发展经历了新的冲击。部分文化馆的工作陷入瘫痪状态,部分文化馆则被关停或合并。例如,1959—1961年,南京市群众文化经费因经济困难而削减,文化宫、俱乐部逐步减少,有的文化馆、群众艺术馆合并,工作任务改为阵地活动和从事辅导。③在全国范围内,1957年尚有2748个

---

① 邓斌.论党的第一代中央领导集体"向科学进军"的战略决策[J].西南大学学报(人文社会科学版),2006(04):123-126.
② 中华人民共和国文化和旅游部.中国文化文物和旅游统计年鉴(2022)[M].北京:国家图书馆出版社,2021:3.
③ 南京市群众文化学会,南京市群众艺术馆.南京群众文化志[G].黄山:黄山书社,1994.

文化馆,到 1962 年则减少至 2575 个。①

1962 年之后,国民经济逐渐恢复,在中央印发《关于当前文学艺术工作若干问题的意见(草案)》后,群众文化逐渐回归正常轨道。但随着 1966 年"文化大革命"的爆发,文化馆在设施设备、业务活动、干部队伍方面再一次受到不同程度的破坏,事业发展停滞不前。

三、文化馆事业的复苏与变革(1978—2004)

1978 年,党的十一届三中全会确立了解放思想、实事求是的指导方针,我国进入社会主义现代化建设的新时期。伴随着各项工作回归正轨,文化馆事业逐步恢复,在政策指导、法律法规、机构数量和队伍建设、理论研究等方面都取得了一定的成果。

(一)政府重视程度提升,部署和推动文化馆事业发展

党的十一届三中全会后,全国各省、自治区、直辖市文化局相继召开了群众文化工作会议、文化馆长会议或文化站经验交流会,探讨文化馆事业的发展。在此基础上,1982 年,文化部召开全国文化馆工作座谈会,认为十一届三中全会以来,我国文化馆事业得到了恢复和发展,业务范围较前扩大、馆办活动日益充实、加强了辅导工作和民族民间文艺的搜集整理工作,但仍存在工作任务不够明确、干部队伍很不健全、设施简陋落后、经费短缺等问题,提出要加强文化馆的队伍和馆舍建设、充实设备、增加经费,并将文化馆的工作任务概括为运用文化艺术手段向广大群众进行宣传教育、普及科学文化知识、开展文化娱乐活动和辅导群众文化艺术活动②,为文化馆的建设指明了方向。同年,建设和扩充民族地区文化馆、改善县文化馆的馆舍和设备条件,被纳入我国《国民经济和社会发展第六个五年计划(1981—1985)》。1986 年,改善县文化馆的馆舍和业务用房条件、活跃群众业余文化生活、巩固和发展乡文化站被纳入我国《国民经济和社会发展第七个五年计划(1986—1990)》,政府的主体责任和保障责任不断强化,为推动事业发展提供了支撑。

与此同时,1980 年文化部印发《关于加强群众文化工作的几点意见》,对文

---

① 中华人民共和国文化和旅游部.中国文化文物和旅游统计年鉴(2021)[M].北京:国家图书馆出版社,2021.
② 文化部.全国文化馆工作座谈会纪要[G]//中国艺术馆筹备处,北京华人经济技术研究所.中国群众艺术馆志.北京:社会科学文献出版社,1997:927.

化馆、文化站和群众艺术馆的建设作出部署。1981年和1983年,中共中央先后批转《关心人民群众文化生活的指示》《关于加强城市、厂矿群众文化工作的几点意见》,明确了农村文化工作以及城市、厂矿群众文化工作的任务和方针。此后,国务院办公厅和中宣部、文化部等部门陆续发布多项政策文件,就群众艺术馆的建设和评估定级,以及文化馆在农村社会主义精神文明建设、少数民族文化工作、基层文化建设中的任务、工作内容、工作方法等作出具体部署。

(二)法律政策逐步制定,明确了文化馆属性

1982年修订的《中华人民共和国宪法》首次将文化馆写入条文,在第二十二条中明确规定"国家发展为人民服务、为社会主义服务的文学艺术事业、新闻广播电视事业、出版发行事业、图书馆博物馆文化馆和其他文化事业,开展群众性的文化活动",文化馆事业发展有了宪法依据。

1981年7月,文化部颁布《文化馆工作试行条例》,首次以部门规章的形式对文化馆的工作加以规范,明确了文化馆的性质、方针、服务对象、工作任务、业务范围、工作方法、组织结构、工作人员、规章制度、保障与领导等内容。1992年,《群众艺术馆、文化馆管理办法》和《文化站管理办法》颁布,进一步明确了群众艺术馆、文化馆、文化站的性质、任务以及干部队伍、设施设备、经费保障、制度建设等事项,并梳理了彼此间的业务关系。2003年,国务院颁布《公共文化体育设施条例》,明确将文化馆列为公益性公共文化体育设施之一,就政府责任、规划和建设、使用和服务、管理和保护及相关法律责任作出规定。随后,文化部开始着手研究制定《文化馆管理办法》。在研究和起草过程中,广泛发动业界对文化馆的规划和建设、职能和服务、人员和经费、检查和评估等事宜做了较为全面系统的研讨和梳理,催生了一批研究成果。

在地方层面,云南省昆明市于1989年制定了《昆明市文化站工作规则》,就昆明市文化站的性质与方针、任务与职责、机构与人员、经费与设备、管理与奖惩等作出明确规定。上海市于1997年印发《上海市公共文化馆管理办法》,就文化馆的性质、目的、设置原则、设置规划、馆舍建筑、人员经费、业务活动等作出规定,并于2002年、2004年、2010年、2015年进行了修订。内蒙古自治区于2005年印发《内蒙古自治区群众艺术馆文化馆工作管理办法》,就群众艺术馆和文化馆的业务建设、设施建设和经费保障、工作人员等内容作出规定。浙江省于2009年印发《浙江省文化馆管理办法》,就文化馆的建设与经费、职责与服务、人员与管理及法律责任等作出了规定。

(三) 文化馆(站)设施全覆盖,队伍建设不断推进

1979年,全国有群众艺术馆170多个,文化馆2800多个,文化站22 000多个,但由于"文化大革命"的影响,文化馆(站)遭受了严重破坏。当时,全国约有三分之二的人民公社还没有建立文化站。① 1982年,《关于第六个五年计划的报告》提出"县县有文化馆图书馆"的建设目标,到"十五"期间,这一目标基本实现,文化馆数量由1978年的2840个增加至2004年的3221个。② 据《中国文化文物年鉴》统计,1978年全国有文化站1729个,到2004年已增加至38 181个。③ "十一五"规划提出到2010年基本实现"乡乡有综合文化站"的建设目标,这一任务如期完成。2010年,全国有乡镇级区划40 906个,乡镇综合文化站达到40 118个④。

作为文化馆(站)开展工作的重要依托,干部队伍的建设也在不断加强。党的十一届三中全会后,文化馆(站)干部陆续回到工作岗位。1992年,全国文化馆(站)职工数量已达66 938人。⑤ 截至2004年,全国省、市、县级文化馆从业人员50 840人,其中高级职称3459人,中级职称13 555人;文化站从业人员70 601人,其中高级职称349人,中级职称3966人。⑥ 其间,为提升人员素质,中央文化管理干部学院曾开办了两年制的群众文化专业大专班,北京人文函授大学曾创办群众文化管理系,部分大专院校和艺术院校曾开办了群众文化干部专修班⑦,各地也通过举办培训班、函授班、群众文化专业班等方式,培养了一批政治和业务素质相对较高的干部,为文化馆的发展注入了活力。

(四) 文化馆理论研究取得一定成果

1978—2004年间,文化馆理论研究取得了一定成果。《文化馆工作概论》(1985年)、《文化馆学》(1988年)、《群众文化学》(2001年)等专著相继出版,对

---

① 文化部.关于加强群众文化工作的几点意见[G]//中国艺术馆筹备处,北京华人经济技术研究所.中国群众艺术馆志.北京:社会科学文献出版社,1997:905.
② 文化部计划财务司.中国文化文物统计年鉴(2005)[M].北京:北京图书馆出版社,2005:1,70.
③ 同上.
④ 中华人民共和国文化和旅游部.中国文化文物统计年鉴(2018)[M].北京:国家图书馆出版社,2018:3.
⑤ 文化部计划财务司.中国文化事业统计年鉴(1993)[M].北京:文化艺术出版社,1993:162.
⑥ 文化部计划财务司.中国文化文物统计年鉴(2005)[M].北京:北京图书馆出版社,2005:70.
⑦ 彭泽明.中国文化馆(站)发展之路[M].重庆:重庆出版社,2012:71.

我国文化馆、群众文化事业的性质、发展历程、工作内容、业务活动等进行了探讨。《中国群众艺术馆志》(1997年)、《中国文化馆志》(1999年)和部分地方文化馆志的整理出版,则为文化馆研究积累了资料。同时,文化馆从业人员也纷纷介入研究,撰写论文,围绕文化馆(站)建设的方法和任务、事业发展存在的困难和对策、农村和基层文化馆(站)建设与服务、群众文化活动开展、文化馆(站)的经费保障和建筑物的合理利用、文化馆(站)的社会效益与有偿服务、地方文化保存和传承等内容展开探讨。在这一阶段的早期,刊载相关论文较多的刊物是《江苏图书馆学刊》《图书馆学刊》《山东图书馆季刊》等图书馆学界的学术刊物,研究者以图书馆从业人员为主;后期则主要是《文化时空》《影视技术》《江南论坛》等刊物,研究者多为文化馆(站)、文化局、地方政府工作人员。可以说,在世纪之交,有关文化馆(站)的研究逐渐兴起,研究者多为业界人士,学术界尚未广泛关注。

改革开放前期,在文化馆事业整体快速推进的大趋势中,仍有改革探索的迷茫与曲折。谈祖应将1978年以来我国文化馆事业的发展划分为三个阶段:1978年12月至1983年9月为馆办活动时期,1983年11月至1996年10月为"以文补文""多种经营"时期,1997年之后为科学发展时期。[①] 在"以文补文""多种经营"时期,文化馆投入很大精力创收自养,文化馆服务一定程度上偏离了公益目标、公共属性。

四、文化馆事业全面振兴(2005年以来)

2005年被称为我国公共文化服务体系建设"元年",对于文化馆事业而言,也是发展过程中重要的转折之年。自2005年以来,在公共文化服务体系建设的背景下,我国文化馆事业在政策法规支撑、资源保障和服务体系建设、服务模式和手段创新等方面都取得了明显进展。

(一)政策法规体系进一步完善

2017年,作为文化领域综合性、全局性、基础性法律的《公共文化服务保障法》颁布,标志着我国公共文化服务开始走上了法治化轨道,也构建了我国公共文化服务的基本制度框架。[②] 随后,公共文化服务保障的地方性立法驶入快车

[①] 谈祖应.中国文化馆学概论[M].海口:海南出版社,2008:257-258.
[②] 李国新.公共文化服务保障法的制度构建与实现路径[J].图书情报工作,2017,61(16):8-14.

道,截至 2022 年底,已经有 18 个省份①出台了与《公共文化服务保障法》配套的地方性立法,在设施建设和保护、强化政府保障责任、完善社会化评价机制、传承地域文化、体现融合发展、落实"大文化"观理念等方面细化法律规定、彰显地方特色、形成创新突破。②

在加强法制建设的同时,文化馆事业的政策建设也在强力推进。2009 年,文化部颁布了《乡镇综合文化站管理办法》,对文化站的规划和建设、职能和服务、人员和经费、检查和考核作出了要求。为规范文化馆的规划用地、设施建设,自 2008 年起,住房和城乡建设部、文化部先后制定了《镇(乡)村文化中心建筑设计规范》《文化馆建设用地指标》《文化馆建设标准》《乡镇综合文化站建设标准》《文化馆建筑设计规范》。在地方性法规和规章层面,除了各地落实《公共文化服务保障法》的相关法规外,2005 年以来,《内蒙古自治区群众艺术馆文化馆管理办法》《浙江省文化馆管理办法》《上海市公共文化馆管理办法》先后出台或修订,开启了地方性文化馆法规建设探索。在标准体系方面,2017 年,《文化馆服务标准》和《乡镇综合文化站服务标准》开始实施,浙江、江苏等地先后推出了省级、市级的文化馆(站)服务规范、总分馆建设规范。自全国文化馆标准化技术委员会成立后,标准体系的顶层设计和行业标准建设开始加速推进,面向省级、市级、县级文化馆的业务规范先后出台,数字文化馆、特殊群体服务、全民艺术普及、新空间管理服务、基础设施及保障能力等方面的标准开始立项推进,标准的基础性、引领性作用逐渐得以发挥,指导和规范着文化馆事业的发展。

(二)设施、经费、人才保障力度逐步加大

设施、经费和人才保障是事业持续健康发展的基本前提。2005 年以来,随着经济社会发展和政府对公共文化服务体系建设的日益重视,文化馆的经费和人员保障水平大幅提升。经费方面,2020 年全国文化馆的经费投入约为 2005 年的 6 倍,全国文化站的经费投入约为 2005 年的 9 倍。人才队伍方面,2005—2020 年,文化馆从业人员增加了约 6%,具有高级职称的人员增加了约 93%,具有中级职称的人员增加了约 31%,专业技术人员的增幅明显高于从业人员的增幅,体现出队伍专业能力的提升。文化站的从业人员增加了 83%,人员规模几乎翻倍。如表 3-4 所示。此外,2020 年,全国文化馆拥有流动舞台车 1786 辆,利用流动舞

---

① 分别是河南、北京、宁夏、云南、甘肃、四川、江西、上海、湖南、安徽、重庆、贵州、陕西、湖北、天津、浙江、江苏、广东。
② 张广钦,宗何婵瑞.地方性公共文化服务保障立法的进展与特色[J].图书馆建设,2021(02):11-18.

台车演出惠及观众1531万人次,拥有志愿者服务队伍38 312个,志愿者156万人;全国文化站拥有志愿者服务队伍36万多个,志愿者628万人。① 总体上看,用以保障文化馆建设发展、服务活动开展的经费有明显增加,人才队伍保障能力有明显提升。

表3-4 2005年和2020年文化馆(站)机构数量、资金投入、人员情况对比

项目	文化馆			文化站		
	2005年	2020年	增长率	2005年	2020年	增长率
文化馆机构数(单位:个)	3226	3321	2.94%	38 362	40 366	5.22%
资金投入(单位:万元)	201 363	1 320 674	555.87%	164 525	1 507 419	816.22%
从业人员数量(单位:个)	50 909	53 960	5.99%	71 591	131 116	83.15%
专业技术人员数量(单位:个)	—	40 773		—	35 385	
高级职称人员(单位:个)	3668	7075	92.88%	455		
中级职称人员(单位:个)	13 710	17 969	31.06%	4649	—	

资料来源:中华人民共和国文化部.中国文化文物统计年鉴(2006)[M].北京:国家图书馆出版社,2006;中华人民共和国文化和旅游部.中国文化文物和旅游统计年鉴(2021)[M].北京:国家图书馆出版社,2021:102-103.

自2011年文化部和财政部印发《关于推进全国美术馆公共图书馆文化馆(站)免费开放工作的意见》后,免费开放作为保障公民基本文化权益的重要举措,长期纳入财政预算并以专项经费给予支持,实现了文化馆面向全体公众免费开放的目标。2017年施行的《公共文化服务保障法》则规定县级以上人民政府应当将公共文化服务纳入本级国民经济和社会发展规划、将公共文化设施建设纳入本级城乡规划、将公共文化服务经费纳入本级预算、根据设施功能任务和人口规模合理设置岗位并配备相应专业人员,将政府在设施、经费、人员保障中的主体责任提升到了法律层面。

(三) 众多举措不断推动事业高质量发展

文化馆评估、示范区创建、重点改革任务等众多举措不断推动事业高质量发展。

---

① 中华人民共和国文化和旅游部.中国文化文物和旅游统计年鉴(2021)[M].北京:国家图书馆出版社,2021:104-105.

文化馆评估是促进事业发展的重要手段,旨在通过明确的评估定级标准,推动各级文化馆不断完善服务条件、提升服务效能,实现"以评促建、以评促管、以评促用"的效果。文化馆评估定级始于2003年,每四年开展一次,截至2023年已完成五次评估定级,通过对办馆条件、队伍建设、服务开展、管理水平、服务效能等的评价,在促进文化馆提升办馆水平的同时,也以标准指引的方式指出各级文化馆的发展方向。2003年至今,上等级的文化馆数量不断增加,且一级馆占比不断增加,反映出全国文化馆整体水平的提升。

表3-5 历次评估定级中上等级文化馆数量

年份	一级文化馆		二级文化馆		三级文化馆		合计(个)
	数量(个)	占比(%)	数量(个)	占比(%)	数量(个)	占比(%)	
2003	209	23.51	275	30.93	405	45.56	889
2007	377	33.48	316	28.06	433	38.45	1126
2011	740	36.49	583	28.75	705	34.76%	2028
2015	1152	45.18	675	26.47	723	28.35	2550
2020	1449	53.00	683	24.98	602	22.02	2734

资料来源:作者整理。

2011年初,文化部、财政部启动了国家公共文化服务体系示范区(项目)创建工作,按照公益性、均等性、基本性、便利性的要求,创建一批示范区、培育一批示范项目,以期推动公共文化服务体系建设科学发展。[①] 其中,示范区创建旨在整体推进区域内公共文化服务体系建设;示范项目创建旨在就公共文化服务体系的某一方面、某一构成要素进行探索。[②] 截至2021年,全国共有4批120个城市(城区)通过验收,被命名为"国家公共文化服务体系示范区"并授牌,205个项目通过验收,被命名为"国家公共文化服务体系示范项目"并授牌,覆盖全国31个省、自治区、直辖市和新疆生产建设兵团。上述城市(地区)的文化馆作为重要的公共文化服务机构,依托示范区创建的契机,通过健全设施网络、提升设施品质、应用数字化和智慧化手段、建立供需对接机制、优化服务内容、打造特色服务和活动品牌、引入社会力量参与等方式,服务能力和水平得以迅速提高。已经建成的示范项目,包括对文化馆服务中一些重要问题的创新探索实践。如重庆市

---

① 文化部,财政部.关于开展国家公共文化服务体系示范区(项目)创建工作的通知[EB/OL].[2010-12-31](2022-08-06].https://www.mct.gov.cn/whzx/bnsj/ggwhs/201903/t20190329_840896.html.
② 同上。

大渡口区率先开展文化馆和图书馆总分馆制探索实践,湖南省常德市、甘肃省兰州市、西藏江孜县、西藏阿里地区噶尔县等地对群众业余文艺团队建设和发展的探索实践,湖南省株洲市、海南省琼中县、甘肃省定西市、辽宁省辽阳市、上海市黄浦区等地围绕"百姓舞台""乡村大舞台""草坪音乐会"等群众文化品牌活动的探索实践。此外,还包括关于群众文艺创作激励机制、国际民间艺术交流平台建设、艺术扶贫、地方特色文化活动品牌建设、乡村春晚、传统工艺传承活化、广场舞创作推广等问题的范围广泛的探索实践。

2014年,文化部发布《关于开展公共文化服务标准化等试点工作的通知》,部署公共文化服务标准化、基层综合性文化服务中心建设、公共文化机构法人治理结构改革三项改革试点工作。其中,标准化试点工作要求试点地区根据国家标准,结合地区实际情况,制定地方公共文化服务保障、技术、服务评价标准,探索建立科学、规范、适用、易行的标准体系,形成一批适合不同地方特点的工作模式。在试点工作的带动下,由国家指导标准、省级实施标准、县级服务目录构成的标准体系基本成型,上海市嘉定区"构建涵盖各类公共文化服务机构、覆盖服务各个环节的标准体系"、浙江省杭州市"以区县为依托试点制定标准规范,并择优提升为市级、省级地方标准",以及浙江省嘉兴市、江苏省镇江市、山东省威海市等地将公共文化服务融入地方标准体系的典型做法,对当地文化馆标准化体系的建设发挥了重要作用,也为各地文化馆服务标准化的推进提供了参考。

基层综合性文化服务中心建设试点工作要求统筹推进乡镇(街道)和村(社区)综合性文化服务中心基础设施建设,整合基层各类公共服务资源,形成统一建设、统一管理、统一服务、标准化的基层综合性公共服务平台,发挥综合管理职能和基本公共服务功能。截至2020年底,全国已累计建成村级文化中心57.54万个[①],并涌现出了浙江农村文化礼堂、安徽农民文化乐园、甘肃乡村舞台等典型做法。

公共文化机构法人治理改革试点工作要求初步建立比较完善的法人治理结构,逐步构建以公益目标为导向、内部激励机制完善、外部监管制度健全的规范合理的现代管理体制和运行机制。[②] 到2015年底,试点单位基本建立了理事会,制定了章程及配套制度,并在人事改革方面进行了一些探索。2017年,中宣部、文化部等七部门联合印发《关于深入推进公共文化服务机构法人治理结构改革的实施方案》,要求到2020年底,全国地市级以上规模较大的公共文化服务机构

---

① 李琤.公共文化领域各项改革工作取得积极进展[N].中国文化报,2021-04-26(01).
② 北京大学国家现代公共文化研究中心.公共文化领域重点改革任务落实情况调研报告[R].2020.

基本建立以理事会为主要形式的法人治理结构。①

2016年12月,文化部等五部门印发《关于推进县级文化馆图书馆总分馆制建设的指导意见》,提出到2020年,全国具备条件的地区因地制宜建立起上下联通、服务优质、有效覆盖的县级文化馆、图书馆总分馆制②,文化馆、图书馆总分馆制随后被列为公共文化服务领域重点改革任务之一。文化馆总分馆制是优化资源配置、健全服务网络、促进城乡一体发展的重要举措,2011年以来,在国家公共文化服务体系示范区(项目)建设的推动下,重庆市渝中区和大渡口区、浙江省嘉兴市、新疆克拉玛依市、江苏张家港市等地率先进行了探索。2016年以来,县级文化馆总分馆制建设在全国全面铺开,在健全基层服务体系、促进优质文化资源下沉、缩小城乡服务差距、推进标准化建设特色化发展、提升文化馆服务能力和服务效能方面取得了成效。截至2022年底,全国有2670多个县(市、区)建成文化馆总分馆制,占全国县级区划总数的94%以上,文化馆分馆数量达到38 000多个。③

伴随着公共文化服务体系建设的迅速推进,文化馆服务在社会化发展、数字化发展、全民艺术普及高质量发展等方面进行了众多创新性探索。

在文化馆建设运营中,各地社会力量参与的途径愈来愈多元,包括以政府公开招标购买扶持项目、公共文化产品和服务"文采会"等形式实行的政府购买,以社会力量承接场馆运营、参与总分馆制建设、建立文化驿站、搭建数字文化服务平台以及资助项目、赞助活动等形式实现的政府与社会力量合作,以及第三方社会组织承接文化馆评估、文化志愿者积极参与文化馆各项服务等多种途径。④

利用数字化、智慧化手段推动文化馆的建设、管理、服务,搭建数字化新阵地、新空间、新平台,已经成为文化馆发展的重要内容。2015年以来,全国公共文化发展中心分批开展全国数字文化馆试点,截至2019年底,全国90%以上的各

---

① 中华人民共和国宣传部,中华人民共和国文化部,中华人民共和国财政部,等.关于深入推进公共文化机构法人治理结构改革的实施方案[EB/OL].(2017-12-04)[2022-08-13].https://zwgk.mct.gov.cn/zfxxgkml/ggfw/202012/t20201206_918786.html.
② 中华人民共和国文化部,中华人民共和国新闻出版广电总局,中华人民共和国体育总局,等.关于推进县级文化馆图书馆总分馆制建设的指导意见[EB/OL].[2016-12-26].https://www.gov.cn/gongbao/content/2017/content_5216448.htm.
③ 北京大学国家现代公共文化研究中心.我国图书馆文化馆总分馆制建设的现状、问题与发展建议[R].2022.
④ 黄晓丽.文化馆社会发展现状、成效与着力点[G]//李宏,魏大威.文化馆蓝皮书:新时代文化馆创新发展(2017—2018).北京:国家图书馆出版社,2019:96-109.

级文化馆具备了数字化服务能力,数字服务环境明显改善,数字资源存量显著增加,数字服务类型多样化,线上线下相结合活动广泛开展,数字体验空间和项目日益丰富。① 同时,构建了由全国公共文化云、省市县级公共文化云和农村公共文化服务平台组成的上下衔接、互联互通的数字化服务网络,整合全国公共数字文化资源,逐步打通数字服务的"最后一公里",促进了优质数字资源下沉,形成了"超市式""一站式""政府端菜"与"百姓点单"结合的服务模式。文化馆数字资源建设日益受到重视,结合地方特色文化资源开发、文化共享工程数字资源建设、乡村"拍手"计划等项目,以及"慕课"在全民艺术普及中的应用,文化数字资源的内容不断丰富、规模迅速扩大。

2015年,全民艺术普及被纳入国家现代公共文化服务体系建设总体任务,同年,第二届中国文化馆年会以"全民艺术普及——文化馆的责任与使命"为主题,开启了文化馆全民艺术普及快速发展的进程。2016年,中国文化馆协会策划实施了"全民艺术普及技能提升计划",并印发《全民艺术普及慕课建设指导纲要》。2017年,浙江省宁波市发布了地方标准《"一人一艺"全民艺术普及规范》。2021年,《文化馆全民艺术普及线上课程建设要求》立项为文化和旅游行业标准。② 在政策指导逐渐完善、规范标准逐渐建立的基础上,各级文化馆从数字化服务、慕课建设、百姓大舞台、群众文艺创作、文教结合、国际文化艺术交流等多种角度切入,围绕全民艺术普及进行了研究和实践,构建起了主要由知识普及、欣赏普及、技能普及和活动普及构成的全民艺术普及内容体系。③

2021年3月,文化和旅游部、发展改革委、财政部等三部门印发《关于推动公共文化服务高质量发展的意见》,对推动公共文化服务高质量发展进程中做大做强全民艺术普及品牌做出部署,提出将各级文化馆打造成为城乡居民终身美育学校的发展目标。④ 同年6月,文化和旅游部印发《"十四五"公共文化服务体系建设规划》,对文化馆相关的全民艺术普及、标准体系建设、群众文艺创作、群众

---

① 北京大学国家现代公共文化研究中心,文化和旅游部国家文化和旅游公共服务研究北京大学基地,文化和旅游部全国公共文化发展中心文化馆发展研究院.第五次全国文化馆评估定级主要指标统计分析报告[R].2021.

② 中国文化馆协会.跨越2021,迎接2022,奋力谱写文化馆行业高质量发展新篇章[EB/OL].(2022-01-01)[2022-08-06].https://mp.weixin.qq.com/s/QGrekJL—Vw-yM_ztE19ew.

③ 李国新.摹画未来指引方向 明确任务促进发展——《"十四五"公共文化服务体系建设规划》解读[J].图书馆论坛,2021,41(08):1-6.

④ 文化和旅游部,国家发展改革委,财政部.关于推动公共文化服务高质量发展的意见[EB/OL].(2021-03-08)[2022-08-15].http://www.gov.cn/gongbao/content/2021/content_5602033.htm.

文艺团队建设、社会化发展、智慧应用场景、跨领域融合发展等重点任务作出了全面部署。① 文化馆事业适应社会主要矛盾转化、满足人民群众美好生活精神文化新期待的趋势，跨入了以高质量发展为主题，为人民群众提供更加充实、更为丰富、更高质量的文化馆服务的发展新阶段。

（四）搭建学术研究和交流的平台

伴随着公共文化服务体系的快速建设，文化馆理论研究取得重要突破。学术研究和交流平台的搭建，为实践提供了引导和支撑。2005年以来，约有50部与文化馆理论建设相关的图书先后出版，包括资料汇编、专著、论文集等，内容涉及文化馆史、文化馆基础理论问题、文化馆创新实践、文化馆事业发展、数字文化馆、文化馆总分馆制建设、文化馆体制机制改革等诸多方面。高等院校、科研机构的一批研究者开始关注文化馆事业发展研究，全国有60多所高校相关学科的博士、硕士学位论文将文化馆（站）相关问题作为研究对象，政府相关部门、文化馆（站）从业人员对理论、政策和实践问题的研究成果也大幅增加。

文化馆理论研究的平台建设取得了突破性进展。2016年11月，中国文化馆协会理论研究委员会成立，成为行业组织中专门统筹协调、推动指导理论研究的组织。2017年11月，理论研究委员会设计了"文化馆理论体系建设计划"，旨在通过推动理论研究、组织理论体系构建研讨会、编写基础理论教材等方式构建中国特色文化馆理论体系。② 近年来，先后在浙江绍兴、广东东莞、浙江台州举办了全国文化馆理论体系构建学术研讨会，并组织了相关征文活动，有力促进了全行业的理论研究和理论建设。

2020年9月，我国文化馆发展史上第一个专门性的研究机构——文化馆发展研究院宣告成立。该研究院隶属于文化和旅游部全国公共文化发展中心，旨在对我国文化馆事业发展中全局性、战略性、前瞻性的理论和实践问题开展研究，组织、指导文化馆界的理论研讨、学术交流、科研活动、学术资料和刊物出版，

---

① 文化和旅游部."十四五"公共文化服务体系建设规划[EB/OL].(2021-06-10)[2022-08-16]. https://zwgk.mct.gov.cn/zfxxgkml/ggfw/202106/t20210623_925879.html.

② 李国新.推动文化馆理论体系建设 引领新时代文化馆事业高质量发展[G]//中国文化馆协会，东莞市文化馆.新时代文化馆事业高质量发展：第二届全国文化馆理论体系构建研讨会获奖论文集.广州：广东经济出版社，2021：序言.

推动文化馆行业建立学科支撑和理论体系。①

2021年12月,由文化和旅游部全国公共文化发展中心、中国文化馆协会主办的学术性、专业性辑刊《中国文化馆》正式公开刊行,这是我国文化馆领域第一份高水平、权威性、学术性的专业出版物,旨在汇集文化馆领域高水平理论与实践研究成果,成为文化馆界学术探索、实践交流的重要阵地,推动文化馆学术体系、学科体系、话语体系的建设。②

总体上看,目前我国文化馆领域以专门研究机构、行业组织研究团体、学术刊物、新媒体平台为主要要素的学术研究和交流平台已初步建立起来。

第四节 国外"类文化馆"

文化馆这一称谓发端于苏联,20世纪40年代被移译到我国。在我国和俄罗斯以外的国家和地区,很少见到以"文化馆"命名的文化机构,但这并不意味着这些国家和地区就没有和我国文化馆性质、功能相近或相同的文化机构,因为提升艺术素养、审美水平是全人类的共同追求。放眼世界,和我国文化馆性质、功能相近的文化服务机构,在欧美地区一般称为"社区中心""文化中心",在日本称为"公民馆",在新加坡称为"民众联络所""民众俱乐部",在埃及称为"文化宫",在南非称为"社区艺术中心",等等。国外这类与我国文化馆性质、功能相近但名称各异的文化服务机构,我们统称之为"类文化馆"。见表3-6。

表3-6 国外"类文化馆"简表

国家(地区)	名称(中、英)	数量(年)	简要说明
日本	公民馆(Kominkan、Community learning center、Citizens' public hall)	13 800(2022)	依据1949年日本《社会教育法》设立;社会教育机构;由市町村政府设置
新加坡	民众联络所/俱乐部(Community center/club)	122(2023)	前身是社区康乐机构;依据新加坡《人民协会法案》设立;由人民协会负责管理

---

① 文化和旅游部全国公共文化发展中心.文化馆发展研究院成立[EB/OL].(2020-09-18)[2021-04-30].https://www.mct.gov.cn/whzx/zsdw/qgggwhfzzx/202009/t20200918_875177.htm.
② 中国文化馆协会.《中国文化馆》正式发布[EB/OL].(2021-12-30)[2022-02-25].https://mp.weixin.qq.com/s/_9a8uq3PgVxjK13b5In7FA.

（续表）

国家（地区）	名称（中、英）	数量（年）	简要说明
以色列	社区中心（Community center）	182个中心、1000多个分中心（2023）	始建于20世纪60年代
阿塞拜疆	文化俱乐部（Cultural club）	2231（2020）	主要分布在农村
苏联/俄罗斯	文化宫（馆）（Cultural palace）文化发展中心（Cultural development ceneter）	49 542（2007）39（2024①）	1905年革命时期开始建立，1989年苏联解体后文化宫（馆）数量逐渐减少。根据"2030文化战略"建设文化发展中心。由文化部负责
捷克	文化俱乐部（Cultural club）	526（2022）	1990年文化机构经历了私有化
爱沙尼亚	文化屋、社区文化俱乐部（Cultural house、Community cultural club）	450（2020）	产生于苏联时期
匈牙利	文化屋（House of culture）	5974（2019）	设置在一些较小的城镇和村庄
拉脱维亚	文化屋（Cultural house）	556（2018）	文化屋在拉脱维亚人的生活中颇受欢迎
立陶宛	文化屋、社区文化俱乐部（Cultural house、Community cultural club）	634（2020）	分布于城市、乡村；儿童和青年参与者占41%；政府较为重视
波兰	文化屋（Cultural house）	3949公立，309私立（2019）	1989年之前是执行文化政策的最基层机构；如今，经费来源主要是地方政府；一半以上在农村地区
斯洛文尼亚	文化中心、青年文化中心（Cultural center、Youth cultural center）	980+60（2015）	由社区负责运营和维护；约980个文化中心位于小城镇，60个青年文化中心位于大的城市地区

---

① 俄罗斯联邦政府文化部《2030年前俄罗斯联邦国家文化政策战略》中的计划数。2024年数据为新建文化发展中心数量。

(续表)

国家(地区)	名称(中、英)	数量(年)	简要说明
罗马尼亚	文化中心 (Cultural center)	约 1000 (2005) 26 (2018)	文化中心几乎存在于所有行政单元,在农村和小城市提供最低限度的文化活动
英国	社区中心 (Community cente)	929 (1960)	源于第一次世界大战后的睦邻运动;20 世纪中期以后,国家的支持变弱
美国	社区中心 (Community center)	—	起源于学校辅导员对学校设施的社会化利用
澳大利亚	社区和邻里中心 (Community and neighborhood center)	约 1000 (2022)	建于 20 世纪 60 年代;没有统一名称,包括社区空间、生活学习中心、邻里中心和学习中心;经费来源和管理方式多元
南非	社区艺术中心 (Community arts center)	—	产生于 20 世纪 70 年代,当时是艺术教育机构,也是抵抗种族隔离政策的阵地;1996—2000 年,新政府新设立了 42 个,经费来源于国家拨款
埃及	文化宫(站) (Cultural palace)	566 (2014)	1959 年开始设立;由政府建立、运营;文化宫建于省会,文化站建于各省的市、城镇和农村

资料来源:刘海丽.国外文化馆类似机构发展历程及专项问题研究[R].2021:1-2.引用时更新了部分数据。

国外的"类文化馆"大体上可以分为三类:一是以美国、英国、日本等发达国家为代表的社区中心、公民馆等,因其经济社会发展水平比较高,有充足的社会力量支持,整体发展水平相对较高且稳定。二是以苏联体系为代表的国家,很早就按照苏联模式建立了文化屋、文化中心等机构,但随着苏联的解体以及自身经济保障能力有限,逐渐走向衰落,目前大都处于设施陈旧、运转困难、濒临或已经关闭的状态。三是随着科技、文化的发展,一些发展中国家新建了满足现代社会发展需要的新型"类文化馆",如南非于 1996—2020 年建设了 42 个社区艺术中心。

一、日本公民馆

公民馆是日本设置在市区町村或其他特定区域的社会教育设施,主要任务是通过开展贴近居民的各种教育、学术、文化活动,达到提升居民素养、增进居民健康、陶冶居民情操,进而振兴生活文化、增进社会福利的目的。[①] 日本学者认为公民馆是生长于日本历史和土壤中的具有典型"日本特色"的社会教育设施[②],但从起源演变、性质功能等角度考察,日本的公民馆和我国的文化馆有较多的相近或相同之处。

(一)概况

截至 2021 年,日本全国共有公民馆 13 798 所(含公民馆类似设施 635 所),其中实行"指定管理者"体制(相当于我国的社会化管理运营体制)的 1477 所,占公民馆总数的 10.7%,在各类社会教育设施中占比最低。2020 年,日本全国有 476 万个青少年、女性、成人、老年等市民团体的 9640 多万人次以及 770 多万人次的个人利用了公民馆,利用者总人次为 1.042 亿人次,人均利用公民馆 0.83 次。[③]

公民馆在日本的称谓不统一。多数叫公民馆,也有其他不同的名称,如"社会教育会馆""生涯学习中心交流馆""生涯学习中心""社区中心""地区中心""市民馆""市民中心"等。法律和政策语言一般使用"公民馆"的称谓。

日本《社会教育法》将公民馆区分为"公立公民馆"和"法人立公民馆"两类。公立公民馆的设置主体是市区町村政府。目前,日本绝大多数公民馆都是由市区町村政府设置的公立公民馆。"法人立公民馆"是指由一般社团法人或一般财团法人设置的公民馆。所谓一般社团法人或一般财团法人,就是日本《民法》第三十四条规定的不以营利为目的的公益法人。由公益法人设置的公民馆,类似于我国语境中的"民营公民馆"。日本的法人立公民馆数量有限,2021 年全国只有 32 所。

---

① 社会教育法.第 20 条[EB/OL][2024-04-30].https://elaws.e-gov.go.jp/document?lawid=324AC0000000207.
② 小林文人.これからの公民館——新しい時代への挑戦[M].国土社,1999:12.
③ 統計で見る日本・社会教育調査[EB/OL].[2024-04-30].https://www.e-stat.go.jp/stat-search/files?page=1&layout=datalist&toukei=00400004&tstat=000001017254&cycle=0&tclass1=000001203281&tclass2=000001203283&tclass3=000001203286&tclass4val=0.

日本还有一类设施称为"公民馆类似设施",是指市区町村依据成文化的条例设置的、在政府教育委员会备案的、性质和功能与公民馆类似的设施。① 2021年,日本全国有公民馆类似设施635所。

日本的公民馆实行总分馆体制。公民馆总分馆体系的通常架构是,在一个市区町村区域单元内,有一所中央馆,有若干所地区馆,中央馆或地区馆承担总馆功能,根据需要设置分馆。从数量上看,中央馆最少,地区馆最多。2021年,日本公民馆有中央馆1000所左右,地区馆7600所左右,分馆4500多所。②

（二）公民馆的主要职能

日本的《教育基本法》和《社会教育法》是公民馆设置、管理、运营的法律依据。1947年颁布的《教育基本法》规定,国家及地方政府通过设置图书馆、博物馆、公民馆,开放利用学校设施,提供学习机会和学习情报,以及其他适当的方式,努力振兴社会教育事业,标志着公民馆实现了设施法定化。依据《教育基本法》制定的《社会教育法》中有专门一章规范公民馆的设置目的、设置主体、主要任务、运营方针和标准,以及相应的人财物保障制度,这是公民馆设置、管理、运营直接的法律依据。《社会教育法》规定公民馆承担如下六个方面的任务:

（1）举办定期讲座;
（2）举办讨论会、讲习会、演讲会、实习会、展示会等;
（3）配备图书、资料、模型等以供利用;
（4）举办体育、休闲等活动;
（5）与各类团体、机构建立广泛的联系与合作;
（6）将设施提供给居民集会或其他公共活动利用。

20世纪70年代,东京都在总结以往公民馆实践的基础上,提出了适应时代发展的"新公民馆"四大功能:公民馆是自由聚集场所;公民馆是集体活动中心;公民馆是"我的大学";公民馆是文化创造广场。简言之,公民馆是具有自由聚集和交流场所特性的学习与文化殿堂。③

---

① 文部科学省.社会教育調査·用語の解説[EB/OL].[2024-04-30].http://www.mext.go.jp/b_menu/toukei/chousa02/shakai/yougo/1286911.htm.
② 文部科学省.社会教育調査-令和3年度（中間報告）の結果の概要[EB/OL].[2024-04-30]. https://www.mext.go.jp/b_menu/toukei/chousa02/shakai/kekka/k_detail/1419659_00001.htm.
③ 東京都公民館資料作成委員会.新しい公民館像をめざして[M].東京都教育庁社会教育部会教育主事室,1974:5-6.

（三）公民馆的基本制度

日本《社会教育法》确立的公民馆管理、运行基本制度主要包括以下内容。

1. 馆长负责制

公民馆馆长对公民馆策划和实施的所有活动以及其他各项工作负责，并负责管理公民馆所有职员。馆长实行任命制，由地方政府教育委员会行政首长推荐，教育委员会任命。

2. 公民馆主事制度

这是公民馆专业职员的职业准入制度。日本《社会教育法》规定公民馆应配置馆长、主事和其他必要的职员。主事包括候补主事。取得主事或候补主事资格，需要在文部大臣认可的大学履修全国统一的社会教育主事/候补主事讲习课程并通过考试，由开讲大学颁发结业证书，并将结果报告文部大臣。在日本，公民馆专任职员被纳入政府公务员序列。从理论上说，要想成为公民馆专任职员，就得具有公民馆主事职业资格。不过，这一制度和日本图书馆领域的司书制度、博物馆领域的学艺员制度一样，执行得并不严格，不少日本学者认为这些制度还处于"准职业资格制度"阶段。

3. 公民馆运营审议会制度

公民馆运营审议会是公民馆馆长的咨询机构，职责是应馆长的要求，对公民馆的所有活动、工作规划和实施状况进行调研与审议。审议会成员由当地政府教育委员会从学校教育、社会教育、家庭教育相关团体和有学识经验的人士中遴选、委任。

4. 公民馆运营评价制度

公民馆运营评价制度要素有二：一是要求公民馆对自身的运营状况做出评价，并依据评价结果提出改善运营和服务的措施；二是要求公民馆公开有关运营状况的信息，以便公众了解公民馆事业，促进公民馆发展。

（四）公民馆行业自律规范

1973年，东京都公民馆资料作成委员会提出了《公民馆主事宣言（草案）》，向全社会表达了公民馆从业人员为完成公民馆承担的职业使命、实现公民馆的运营原则所应该具备的职业理念、专业操守和行为规范，相当于公民馆主事的职业伦理和职业权利规范。这一文件直到今天并未被日本公民馆行业协会——全国公民馆联合会审议通过,但在日本公民馆领域有较大影响。

二、美英社区中心

美英两国重视民间组织参与公共文化建设,通过"艺术连接社区""创意社区"等项目调动在地艺术家的积极性,将文化艺术融入居民生活,发挥乡土艺术家的创造力,在保护文化多样性的同时丰富群众的文化艺术生活。公众通过遍布城乡的各类公共空间,特别是"家"身边的社区(文化)中心、公共阅读设施等,便捷地参与各类公共文化活动。

(一)美国

美国社会中以艺术普及为主要职能的文化设施是遍布于全美的社区中心,但除此之外,公共图书馆、博物馆、美术馆、老年服务中心等机构也都承担着向公民提供美育、提升公众艺术素养、传承传统文化的职能。

1. 社区中心

美国的社区中心是提供社区发展服务的机构,旨在促进社区关系和谐发展,培养社区成员自主自立精神、社会责任感、生存能力以及社区凝聚力,赋予个人和家庭解决社会问题的能力。从社区中心的功能上看,它类似于我国社区中的党群服务中心、综合性公共服务中心等,是解决涉及群众日常生活中各种各样问题的机构。但不同的是,我国的社区服务中心是由政府统一建设,而美国则是由居民自主决策、自我建设、自我服务、自我管理。如果社区存在专门提供社区管理的社会化机构——社区发展公司,也可以由公司建设并负责运营。社区中心承担着满足居住地居民各类生活需求的职能,提供文化与艺术服务是其中之一,所以也有社区把承担这部分职能的空间专门称为社区文化中心,但这个名称在美国社区中并不是统一的。

大多数社区中心都可用于会议、交流、培训课程、组织婚礼和其他活动。条件较好的社区中心分类建设更多专门性的服务中心,如洛杉矶县的社区中心就为不同年龄段的人分别提供空间和服务,从有休闲文化活动空间的老年中心,到社区花园文化广场,再到青少年中心,每个社区成员都可以在社区中心中找到适合自己参与的社区活动。

社区中心的文化活动分类提供,面向不同对象提供专门化服务。美国社区普遍重视老年中心建设,并在老年中心举办大量文化艺术活动。除此之外,还有专门面向儿童、面向家庭的文化服务,满足不同类型用户的文化需求。这些活动的提供形式与我国基本无异,以培训、演出、展览展示、讨论、讲座等形式为主。与我国社区公共文化服务基本免费不同的是,美国社区中心组织开展的文化艺术活动并非完全免费。如洛杉矶县社区文化中心,一般只有环境教育、青少年运动、创客活动、艺术与文化项目、社区服务这五类活动才能免费使用设施,而在其开展的艺术与文化类培训课程(舞蹈、乐器等)中,很多都是收取费用的。① 这是因为,社区文化艺术活动没有政府的专项投入,基本上除了社会捐赠外,国家艺术机构(NAA)、地方艺术机构(LAA)等拨款大多以项目经费形式补贴,所以只有这些项目支持的文化活动是免费的。以社区发展公司为代表的社会组织管理、运营着社区公共服务,以部分项目收费的形式弥补社区公共服务经费的不足。

2. 社区公共图书馆

与社区文化中心相比,美国的社区图书馆是一个更显著的社会存在。美国公共图书馆系统以其相对比较完善的总分馆体系,建立了覆盖城乡的公共图书馆服务网络。社区图书馆所提供的服务已经远远超出了传统的以文献资源、阅读服务为中心的模式,它们更加关注社区需求,满足社区居民自我发展、拓展人际关系、休闲娱乐等不同需求,以社区文化建设为中心,紧紧抓住馆藏资源优势,以提升社区福利为目标,创造性地开展以馆藏、人员、空间、技术、服务等为竞争力的丰富多彩的文化活动,比如在线展览参观、虚拟故事时间、笔记本电脑外借、音乐作品赏析、绘画活动、艺术表演、培训、讲座等,增强社区包容性,促进社区繁荣发展。

美国的社区中心与社区图书馆均立足于社区,除此之外,社会中还广泛分布着大量的博物馆、美术馆、音乐厅、艺术中心等文化艺术机构,它们也同样承担着艺术普及服务职能。

(二) 英国

与美国一样,英国面向公众的文化艺术服务基本上也是由社区中心提供,同时,公共图书馆、概念店(idea store)、博物馆等也提供一些艺术普及服务。社区中心提供文化服务外的其他各类社区公共服务,优势就在于它拥有可以供公众使用的公共空间和设备,各社会团体、志愿组织、居民个人或团队都可以申请使用,活动内容也受到社区文化传统以及资源特色的影响。

---

① Parks & Recreation. Core and community program partners[EB/OL].[2024-04-30].https://parks.la-county.gov/partner.

社区中心一般主要面向本地居民和各类社会团体,利用其设备和空间为社区居民提供聚会、社会交往、生日宴会、婚宴、家庭聚会、会议以及开展文化活动的场地,通过提供具有不同功能的空间满足社区居民的各类活动需求。社区中心一般由社区委员会进行管理,依靠国家的经费资助、本地教堂的赞助以及其他合作伙伴的援助支撑运营,也会出租部分房屋收取租金作为补充。以伦敦的Kingsgate社区中心为例,其为社区居民提供了丰富的活动,针对老年人有集体舞会、健康俱乐部等,针对儿童和青少年有儿童影视剧团、作业俱乐部、音乐与活动等,针对成人有烹饪班、缝纫班、陶泥班等,还提供计算机入门知识和办公软件操作培训等服务,充分满足社区居民不同的需求。重视创意文化是英国文化政策的特点之一。社区中心的活动也非常重视个人或社群文学素养及创造力的培养与提升,如艺术与设计、音乐、舞蹈等,尤其是向中小学生和年轻人普及文化艺术审美教育。英国艺术委员会(Arts Council England,ACE)与文化、媒体和体育部(Department for Culture,Media & Sport,DCMS)及合作机构设置了一系列的全国性项目,鼓励在社区中心开展相关文化艺术活动,接受社区中心的资助申请。社区中心收到资助后,会与当地的艺术机构、项目资助部门的地方工作机构等合作,在自己的社区中心实施项目。如在2022年,DCMS就与教育部开展了"和谐相处""音乐教育中心"等合作项目,支持全英社区中心的音乐普及教育。英国艺术委员会2022年发起"自由职业者:未来研讨会"(Freelance:Futures Symposium)暑期培训项目,支持社区中心提升创意文化工作者的个人艺术能力,引导社区中心通过将当地的创意文化自由职业者、文化组织、资助者、工会与其他重要合作伙伴聚集在一起,共同探讨支持艺术自由职业者在新冠疫情下发展的举措。为了确保更多的艺术自由职业者可以参与讨论,这项活动不仅免费而且还为每个人提供250英镑的艺术培训助学金。

除此之外,更大型的社区还举办各种节庆活动,社区中心也参与其中,比如表演艺术的巡演、巡游、巡展等。英国伦敦城市音乐节(City Showcase)是向国家注册过的音乐节,从2003年至今已举办5届,参与者主要是18—30岁之间追求流行时尚的年轻人、电音爱好者、音乐欣赏者、知识分子、学生和专业工作者,许多英国贵族和名流也参与其中,音乐节全天表演各种现场音乐秀直至深夜。此外,还有每年5月的"大逃亡"音乐节(The Great Escape)、6月的格拉斯顿伯里音乐节(Glastonoury Music Festival)、7月的无线音乐节(Wireless Festival)和海德公园的英国夏季音乐节(British Summer Time)等。坦布里奇韦尔斯区议会每年组织复活节和暑期活动,还开发了"掌声"——横跨西肯郡的乡村旅游计划,通过本地的会堂剧院(Hall Theatre)提供一系列现场音乐、儿童和家庭节目、音乐剧和喜剧节目，通过皇后大厅剧院提供各种专业演出，吸引所有年龄段和品位的观众。

英国社区中心的功能是综合性的，文化艺术活动只是其中之一。在很多社区中，还专门成立有社区艺术中心，开展与艺术有关的文化活动，其活动内容与我国文化馆（站）类似，主要提供绘画、摄影、舞蹈、编织、手工、陶瓷、瑜伽、艺术展览、研讨、沙龙、夏令营等服务，还为青少年、成年人、老年人专门开设相应的培训课程。与我国不同的是，大部分培训课程都不是完全免费的。

三、俄罗斯文化宫与文化发展中心

自普京执政以来，俄罗斯推动出台了一系列促进文化发展的政策，力图形成一套完整的俄罗斯文化复兴战略。2016年2月，俄罗斯联邦政府文化部颁布《2030年前俄罗斯联邦国家文化政策战略》（简称"2030文化战略"），同20世纪90年代施行的《俄罗斯联邦文化基本法》及其他国家法律法规一起，为新时期俄罗斯文化发展提供法律政策保障。上述政策文件的内容涉及各级政府的文化管理权限、公民的文化权利、民族文化的保护、文化领域的经济调控以及国家之间的文化交流等。在社会经济快速发展以及文化全球化的背景下，满足不同人群对文化的需求，同时实现俄联邦政府文化发展目标，被视为文化领域工作的重中之重。

（一）文化宫

苏联时期建立的文化宫和俱乐部丰富了工厂工人以及集体农庄农民的精神文化生活。但在苏联走向解体的过程中，许多文化宫因局限于特定的政治宣传功能和资金问题而举步维艰，最后只能关闭。如今，俄罗斯的许多文化宫已经成为地方标志性建筑，观赏功能大于实用功能。

（二）文化发展中心

根据"2030文化战略"，俄罗斯联邦文化部计划完善国家文化基础设施，实施"文化发展中心计划"①，在各联邦主体的城镇和农村地区建立文化发展中心。通过新建或改建，将中心建设成为集文化机构（展览、表演、电影放映）、教育中心

---

① Министерство культуры Российской Федерации. Программа развития центров культурного развития. [EB/OL]. (2014-10-27) [2024-04-30]. https://culture.gov.ru/documents/programma-razvitiya-tsentrov-kulturnogo-razvitiya.

（媒体图书馆、课程、创意工作室和工作坊）和公共空间（休闲、讨论俱乐部、居民自组织）等相关功能于一体的文化艺术综合体。

"文化发展中心计划"由俄罗斯联邦文化部负责实施，参与者包括俄罗斯联邦农业部和俄罗斯各联邦主体的行政当局。各联邦主体制定详细的区域文化发展计划，包含目标、指标、计划实施条款、资金支持的额度等内容。文化发展中心的活动和维护资金由联邦和地方共同承担，其中联邦政府补贴资金一般占30%至50%。到2016年，俄罗斯14个联邦主体新建文化发展中心16个，2017年又新建11个，2020年还实施了8个标准示范项目。按照俄罗斯"文化发展中心计划"的部署，到2024年，全俄计划建设39个示范性文化发展中心。①

俄罗斯文化发展中心一般配置展览厅和多功能厅、用于创意活动的数字和视听设备（3D打印机、视频会议设备等）、互联网接入设备，提供数字媒体内容的访问，建有媒体图书馆。条件较好的文化发展中心还附带建设环境优美的绿地，草坪，花坛，长椅，照明设备，综艺舞池，带有小型景点的儿童游戏场所，专门装备的体育、娱乐及民间游戏区等。俄罗斯文化发展中心以工作室、工作坊等形式为所有年龄段的居民提供服务，包括艺术教育（绘画、造型），文学工作室和课程，音乐工作室，舞蹈和戏剧工作室，多媒体实验室（编程、摄影、视频），科学实验室和机器人技术工作室，木工、金属加工和缝纫工作坊等。

俄罗斯文化发展中心是当地居民聚会、交流的开放空间。居民可以免费使用中心的公共区域及咖啡厅，可以在中心内公园空间组织各类文化活动，可以开展体育活动和运动指导，可以在中心图书馆开展语言课程、科普讲座、专家交流会，可以利用中心的家庭空间开展娱乐活动、儿童游戏、棋牌游戏，还可以利用被称为"俄罗斯房间"的民间传统文化角落。

小 结

一般认为，文化馆在主要功能上和晚清以来的通俗教育馆、民众教育馆、社会教育馆有相承关系，文化馆的名称借鉴了苏联同类设施的称谓。1915年江苏省成立首座通俗教育馆，1928年国民政府通令各省、县设立民众教育馆。1932

---

① Министерство культуры Российской Федерации. Федеральный проект《Культурная среда》[EB/OL].[2024-04-30].https://culture.gov.ru/about/national-project/cultural-environment/.

年国民政府教育部颁布《民众教育馆暂行规程》,1939年又颁布《民众教育馆规程》。总体上看,民众教育馆的工作任务涵盖与民众素质提升相关的读书识字、文化熏陶、健康卫生、生计家事、体育社交等诸多方面,具有明显的综合性特征。解放区的民众教育形式多样。除了承担识字扫盲、书报阅览、生产培训、举办夜校、冬学等工作外,民众教育馆逐渐成为群众文化生活中心、思想教育基地。1949年以来,文化馆的发展可以分为四个阶段:1949—1955年的迅速发展期;1956—1977年的转折与停滞期;1978—2004年的复苏与变革期;2005年以来伴随公共文化服务体系建设进入全面振兴期。国外与我国文化馆性质、功能相近的文化服务机构,我们统称之为"类文化馆",大体上有三种类型:以美国、英国、日本等国家为代表的社区中心、公民馆等;以苏联体系国家为代表的、按照苏联模式建立的文化屋、文化宫、文化中心等;随着科技、文化的发展,一些发展中国家新建的满足现代社会发展需要的新型设施。日本的公民馆、美英的社区中心、俄罗斯的文化宫等,在国外"类文化馆"中具有代表性。

扩展阅读

1. 常研菲.文化馆史溯源:1949年前的发展脉络[J].中国文化馆,2022(01):30-36.

2. 董纯才,张腾霄,皇甫束玉.中国革命根据地教育史:第2卷[M].北京:教育科学出版社,1991.

3. 刘海丽.国外"类文化馆"的管理模式与服务供给[J].中国文化馆,2022(01):140-147.

4. 彭泽明.中国文化馆(站)发展之路[M].重庆:重庆出版社,2012.

5. 周慧梅.近代民众教育馆研究[M].北京:北京师范大学出版社,2012.

主要概念

通俗教育馆	民众教育馆	社会教育馆	《民众教育馆暂行规程》
《民众教育馆规程》	冬学	夜校	《文化馆工作试行条例》
《群众艺术馆、文化馆管理办法》		类文化馆	社区中心
公民馆	文化宫		

思考题

1. 文化馆与晚清以来的通俗教育馆、民众教育馆、社会教育馆等机构在形式、内容和功能上有什么继承关系？

2. 民众教育馆和解放区的民众教育在功能上有哪些相同之处、不同之点？

3. 1949年以来，我国文化馆事业的发展经历了哪几个阶段？公共文化服务体系建设背景下的文化馆事业发展体现出什么特点？

4. 怎样理解和认识日本公民馆、美英社区中心和社区公共图书馆、俄罗斯文化宫和文化发展中心等"类文化馆"与我国文化馆的异同？

第四章　中国特色文化馆学

如果从晚清"开启民智、改良风俗"背景下出现的通俗教育馆、民众教育馆算起，文化馆已经走过了120多年的历程；如果从1949年教育部将通俗教育馆、民众教育馆、社会教育馆改造为人民文化馆算起，文化馆也已有70多年的历史。但时至今日，文化馆事业依然在学科体系中无专业，在学术体系中无地位，文化馆学还没有建立起来，这成为制约文化馆事业发展的突出短板。任何事业的持续稳定健康发展都离不开理论的支撑和指导。2017年，中共中央印发《关于加快构建中国特色哲学社会科学的意见》，提出"努力构建全方位、全领域、全要素的哲学社会科学体系"的目标，对文化馆事业来说，加快构建中国特色文化馆学是理论体系建设的核心任务，也是重要的、紧迫的时代任务。

第一节　文化馆学的研究基础与现状

我国文化馆事业在初创时期，就有重视理论研究的呼声和开展理论探讨的行动。1956年，当时的文化部社会文化事业管理局创办了理论和实践兼顾的专业期刊《文化馆工作》，业界对"文化馆是一门学问"[①]"文化馆事业需要培养专家"[②]"文化馆需要理论建设"[③]，以及文化馆的性质、任务等基本理论问题展开过研讨。明确提出建立"文化馆学"并有专家学者开始研究，是20世纪80年代以

---

① 李英敏.要学习，要提高，要成为专家[J].文化馆工作,1956(1):3-6.
② 王化南.文化馆事业需要培养专家[J].文化馆工作,1956(4):3-5.
③ 功普.文化馆需要理论建设[J].文化馆工作,1957(5):23-24.

来的事情,但研究成果数量不多,研究内容的丰富性和影响力也不足。截至目前,较有代表性的阐述文化馆学体系构建的专门著述主要是以下三种。

第一种是1985年文化部群众文化事业管理局主持编写的《文化馆工作概论》。该书较早地提出了"文化馆学基础理论研究"的命题,并对文化馆学的内容体系作出了初步阐述,认为"文化馆学是研究文化馆事业发展规律及其业务工作客观规律的一门学科",研究对象主要应包括十大方面:(1)关于文化馆基本规律和文化馆学基本原理的研究;(2)关于群众文化宣传工作的研究;(3)关于群众文娱工作的研究;(4)关于群众文艺辅导工作的研究;(5)关于群众科技宣传和教育工作的研究;(6)关于文化馆工作方针和基本工作方法的研究;(7)关于文化馆干部素质和修养的研究;(8)关于文化馆科学管理的研究;(9)关于文化馆馆舍设备的研究;(10)关于文化馆事业发展史的研究。该书还提出了"文化馆学的分支学科""文化馆学的相关学科"的概念,前者如文化馆宣传教育学、文化馆群众文艺辅导学、文化馆群众文化娱乐学、文化站(室)工作指导学、群众文化艺术或活动学等;后者如文化馆学与教育学,文化馆学与群众文化学,文化馆学与心理学,文化馆学与图书馆学、博物馆学等。[①] 该书的内容包括我国文化馆事业发展的道路、文化馆的性质和职能、文化馆工作的方针和原则、文化馆的馆办活动、文化馆的辅导工作、文化馆的基本工作方法、文化馆干部、文化馆的建筑与设备、文化馆的科学管理、少数民族和大中城市文化馆工作、文化馆的科学研究等。

第二种是1988年吉林省群众文化学会编写的《文化馆学》。这是第一部以"文化馆学"命名的著述。该书认为,文化馆学是研究文化馆事业及其规律的科学,文化馆学的知识体系由基础理论、应用理论、分支学科三部分组成。基础理论主要指文化馆的基本理论和文化馆事业发展的基本规律、文化馆的历史渊源及其发展过程、文化馆事业的时空控制等;应用理论主要指文化馆事业的构成及其发展、文化馆的内部结构和工作系统及其运行规律、文化馆的工作方式和活动方法等;文化馆的分支学科主要包括文化馆历史学、文化馆管理学、文化馆人才学、文化馆组织辅导学、文化馆社会教育学、文化馆指导工作学等。该书提出的文化馆相关学科主要涉及文艺学、群众文化学、文化管理学、图书馆学和博物馆

[①] 文化部群众文化事业管理局《文化馆工作概论》编著组.文化馆工作概论[M].延吉:延边人民出版社,1985:194-203.

学、教育学、心理学等。① 全书的内容包括文化馆基础理论、文化宣传鼓动活动、群众文学艺术活动、群众文化娱乐活动、馆办活动、组织辅导工作、有偿服务活动、群众文化活动心理学基础理论、文化馆工作的基本方法、文化馆工作者修养、文化馆的科学管理等。总体上看,该书对文化馆学的理解和认识,在基本方向上和《文化馆工作概论》大体一致。

第三种是2008年出版的谈祖应所著的《中国文化馆学概论》。这是一部以新的视角、新的思路构建文化馆学的著述。全书以"九论"构筑了文化馆学的内容体系:(1)文化馆认识论,阐述对文化馆体制和职能的认识与理解;(2)文化馆本体论,阐述文化馆存在的理论基础;(3)文化馆价值论,阐述文化馆的理念、精神和使命;(4)文化馆功能论,阐述文化馆承担"社会美育"的核心功能;(5)文化馆事业论,阐述文化馆的发展历程与基本经验;(6)文化馆工作论,阐述文化馆工作的方针政策、基本任务、业务范围和基本方法;(7)文化馆管理论,阐述文化馆的组织管理结构;(8)文化馆学科论,阐述文化馆学科建设的理论准备与学科体系构想;(9)文化馆发展论,阐述文化馆事业未来发展愿景。②

2014年中国文化馆协会成立后,文化馆基础理论研究和文化馆学研究有了新起色。2016年,中国文化馆协会新组建理论研究委员会,承担起了组织、协调、推动文化馆(站)基础理论研究的职能③,将"构筑完善的有中国特色的现代文化馆理论体系,创造出中国的文化馆学"作为理论研究的重要目标④。从2018年开始,中国文化馆协会理论研究委员会开始组织年度性"文化馆理论体系建设学术研讨会",至2021年已举办三届,涌现出一大批与文化馆理论体系建设相关的研究成果,部分质量较好的研究成果已结集出版。2020年,文化和旅游部全国公共文化发展中心以中国文化馆协会理论研究委员会为基础,组建了文化馆发展研究院,进一步壮大了理论研究的组织、统筹、协调力量,被认为是我国"文化馆行业理论自觉、文化自信的标志"⑤。2021年,由文化和旅游部全国公共文化发展中心、中国文化馆协会主办的《中国文化馆》问世,这是我国文化馆事业发展史上

---

① 吉林省群众文化学会.文化馆学[M].长春:吉林大学出版社,1988:1-19.
② 谈祖应.中国文化馆学概论[M].海口:海南出版社,2008.
③ 王学思.中国文化馆协会理论研究委员会成立[N].中国文化报,2016-11-09(2).
④ 李国新.夯实基础引领发展 推动文化馆理论体系建设[G]//中国文化馆协会.新时代文化馆理论体系构建主题征文获奖论文集.上海:上海大学出版社,2019:卷首.
⑤ 文化和旅游部.文化馆发展研究院成立[EB/OL].[2024-04-30].https://www.mct.gov.cn/whzx/zsdw/qggghwfzzx/202009/t20200918_875177.htm.

第一个"国家级、权威性、学术性公开出版物",结束了文化馆领域没有高层次学术发布平台的历史,"对中国文化馆事业发展具有里程碑意义"①。近年来,高等院校、科研机构出现了以文化馆事业、文化馆基础理论、文化馆学为研究主题的博士、硕士学位论文,说明有部分高层次的年轻学人已开始关注文化馆事业发展和学科建设。在近年来大力推动的文化馆理论体系建设研究中,出现了一些有关文化馆学的新的研究成果。如王惠君指出,文化馆学理论体系结构分为基础理论和应用理论两大部分。基础理论是对文化馆具体工作和具体社会行为的决定因素和文化馆学建设发展内在规律的深层次揭示,主要研究内容包括文化馆概念、文化馆学研究对象、文化馆学学科性质、文化馆学研究方法、文化馆学基本原理、文化馆发展历史。应用理论是立足于基础研究向实践方向的延伸和应用,主要研究内容包括文化馆管理(微观研究)和文化馆事业发展(宏观研究)。② 杜染认为,文化馆学的构成包含"三重语境":学科理性语境(学术建构)、政治性语境(文化领导权)和实践语境(规划、运营、执行)。文化馆学理论的主体性,体现为理论、政治和实践的统一。③ 关于文化馆学的学科属性与任务,杜染认为,它是一门研究文化馆事业的发展规律和文化馆与社会关系的学科,是一门以文化馆系统为研究对象,探讨文化馆系统的构成、特点和发生发展规律的科学。④ 李秀敏提出,文化馆基础理论体系应包括文化馆的本质、使命和职能,文化馆治理,文化馆史和文化馆职业四大方面的内容。⑤ 所谓基础理论体系构建,实际上也就是文化馆学内容体系的构建。总体上看,近年来关于文化馆基础理论、文化馆学的研究有了明显加强,研究的视野、思路、方法也有了新的发展,中国特色文化馆学建设在扎实推进。

---

① 文化馆行业首部国家级学术出版物正式发布[EB/OL].[2024-04-30].https://www.ccmapp.cn/news/detail?id=39bae538-c8c7-465e-808e-d9d80c5d138a&categoryname=%E6%9C%AC%E7%BD%91%E5%8E%9F%E5%88%9B.

② 王惠君.构建文化馆学理论体系的若干思考[G]//中国文化馆协会.新时代文化馆理论体系构建主题征文获奖论文集.上海:上海大学出版社,2019:3-8.

③ 杜染.文化馆学探讨:理论、政治和实践[G]//魏大威.新时代文化馆改革融合创新.北京:国家图书馆出版社,2019:83-87.

④ 杜染.构建文化馆学理论体系的若干思考[EB/OL].[2018-12-14].https://www.bjszwhg.org.cn/detail/3551.

⑤ 李秀敏.文化馆基础理论体系研究[D].北京大学,2022:75.

第二节 构建文化馆学的基本遵循

发展到今天,文化馆事业发展面临着新的社会环境和时代任务。构建当代文化馆学的框架和内容体系需要有新的学术视野,立足新的理论建设遵循。

一、体现中国特色

文化馆事业的中国特色,首先要从继承和弘扬中华优秀传统文化的角度理解和认识。在中华传统文化中,从识文断字到文学艺术从来都和修身知礼、明德慎行、陶冶情操紧密联系在一起,所谓"文以载道,艺以弘德"。孔子"闻韶乐三月不知肉味",生动地体现了音乐具有的浸润心灵、陶冶情操的功能。古代延绵不绝的私塾、书院、社学等,一以贯之体现的是"博学于文,约之以礼"的教化思想。晚清以来小说、戏曲等通俗文化的繁盛,以及通俗教育馆、民众教育馆、社会教育馆的出现,根本目的在于"开启民智、改良风俗"。蔡元培先生倡导"以美育代宗教",根本意蕴是说美育的本质是培育世界观、价值观和信仰观。革命战争时期的群众文化,以鼓舞人民救亡图存、复兴民族、推翻反动统治为宗旨。从中华文化艺术"文以载道、艺以弘德"的传统看,文化馆服务不是为艺术而艺术,也不是简单的休闲娱乐,而是涉及面向大众的以提升文化艺术素养为手段的世界观、价值观、人生观塑造。

文化馆事业继承和弘扬中华优秀传统文化的时代体现,要求文化馆事业自觉承担起举旗帜、聚民心、育新人、兴文化、展形象的使命任务,要求文化馆服务将满足人民文化需求和增强人民精神力量有机统一起来,在促进人民精神生活共同富裕上发挥更大作用。中国的文化馆学应阐述清楚文化馆事业植根中国大地的社会功能与职业使命,引领文化馆事业发展的正确方向,这是文化馆学中国特色、中国风格的首要体现。

二、直面现实问题

文化馆事业发生发展的历史告诉我们,在不同的社会发展阶段,文化馆面临的发展环境、承担的主要任务、寻求的创新突破并不完全相同。今天,我国行进在基本实现社会主义现代化、建设文化强国的征程中,文化馆事业被纳入公共文化服务高质量发展的总体格局,面临着一些前所未有的新要求、新问题,需要有新的理论阐释,新的学术支撑。如文化馆服务城乡一体建设、文化馆服务的数字化网络化智慧化建设、文化馆事业的社会化发展、文化馆组织体系的变革、文化馆内部治理结构的改革、文化馆服务效能的提升与评价、文化馆事业的融合发展等。党的二十大报告指出,问题是时代的声音,回答并指导解决问题是理论的根本任务。当代文化馆学应该对实践中出现的新问题做出分析总结、经验提炼和理论升华,体现出文化馆学内容体系的时代特色,体现出理论解释和解决现实问题的"钥匙"功能,体现出推进文化馆治理体系和治理能力现代化的时代成果。

三、拓宽国际视野

文化馆的国际通行程度确实不如图书馆、博物馆,但也不是唯中国所独有。1949年我国将民众教育馆、社会教育馆改造为人民文化馆,就是借鉴了苏联的经验。早在20世纪30年代中期,苏联就有2000多所设置在集体农庄的文化馆。① 1946年,苏联部长会议发布了《国立区文化馆条例》,并出台了《关于改善区文化馆工作的办法》②,成为我国文化馆初创时期重要的参考文献。到了20世纪80年代,苏联农村居民点、国营农场的生活服务配套设施建设还在大力扩建文化馆、俱乐部、学校、商业网点等。③ 直到苏联解体后的新世纪初年,俄罗斯依然"重视发展文化事业","建立了许多图书馆、博物馆、文化馆等文化设施"④。有文献记载,早在20世纪40年代末,苏联哈萨克斯坦共和国阿拉木图区有一个"东方之光"集体农场文化馆,建设形制是有容纳500人的观众厅、图书馆和研究业余艺术的场所,有固定的有声电影院和无线电转播台,文化馆的周边还开辟了花园⑤,由此可以窥见我国早期文化馆在建设形制、主要功能上对苏联做法的学习和借鉴。

除苏联外,国外直接以"文化馆"命名的文化设施确实不多,但世界各国与我国文化馆名称不同而功能类似的设施却普遍存在,如欧美的社区中心、日本的公民馆、新加坡的社区俱乐部和民众联络所、埃及的文化宫、南非的社区艺术中心等,可称其为"类文化馆"。国外的类文化馆设施从组织体系到主要职能和我国的文化馆不完全相同,但也有不少相通、相同或可资参考借鉴之处,如在实践上普遍承担了面向公众的文化艺术活动的组织和实施,在制度建设上像日本的公

---

① 苏联乡村文化馆建设计划[N].晶报,1936-2-14(4).
② 中央文化部社会文化事业管理局.文化馆工作参考资料[M].1952:1-13.
③ 张效令.苏联农村的住房建设[J].俄罗斯研究,1984(2):57-58.
④ 王莺.历史悠久的俄罗斯国立图书馆[J].俄罗斯中亚东欧市场,2006(5):49-53.
⑤ 集体农庄的文化馆[J].新闻类编,1948(1678):39.

民馆主事制度、公民馆运营审议会制度、公民馆运营评价制度等①,具有参考借鉴价值。长期以来,我国的文化馆研究对国外情况关注较少,成为一个明显的短板。新时期构建中国特色的文化馆学,需要具有国际视野,发掘出更多的国际参照比较,借鉴吸收国外有益的实践经验和学术成果,形成开放、包容的文化馆学内容体系。

四、借鉴相关经验

所谓相关经验,是指相关领域、相关学科的经验。以和文化馆相关度较高的图书馆、博物馆而言,大学里有专业,学术体系中有位置,专业教科书丰富多彩,行业协会历史悠久,学科体系和学术体系建设积累了较多的经验,值得构建文化馆学体系借鉴。

文化馆学怎样超越对具体工作的经验描述而从社会价值的角度阐述文化馆事业、文化馆工作的重要性?图书馆学的发展历程可以回答这个问题。20世纪之前,图书馆学领域盛行的是经验图书馆学,"理论要解决的是以个体图书馆活动为中心的技术问题"②。20世纪30年代美国图书馆领域"芝加哥学派"兴起,关注的重点转向了有关图书馆与社会、历史和文化的关系,开始从这些角度探讨图书馆存在于社会的"哲学问题",提炼概括出图书馆是"社会机构"的观点。所谓"图书馆是保存人类记忆的社会装置""图书馆是为把人类记忆移入活着的个人的意识的社会机构"的说法,就是图书馆"社会机构"论的典型表达。③ 第二次世界大战以后,伴随着现代国家政体和现代民主理念的普及,公共图书馆在社会发展中体现民主、公平、正义的作用被重新认识,区别于其他类型的图书馆,公共图书馆的功能和价值由"社会机构"上升为"社会制度":一种保障全体公民获取知识和信息的制度,一种社会用以调节知识和信息分配的制度,一种从知识和信息保障的角度体现社会公平正义的制度。国际图联和联合国教科文组织最初于1949年发布的《公共图书馆宣言》,其中所说公共图书馆"是民主教育的机构""是现代民主政治的产物""是民主信念的实证"④,《公共图书馆宣言》1994年修

---

① 李国新.日本的公民馆及其基本制度[G]//于群、李国新.中国公共文化服务发展报告(2012).北京:社会科学文献出版社,2012:318-334.
② 范并思.从经验图书馆学到新型图书馆学[J].中国图书馆学报,1993(2):3-10.
③ 范并思.20世纪西方与中国的图书馆学——基于德尔斐法测评的理论史纲[M].北京:北京图书馆出版社,2004:30-38.
④ 周旖,于沛.公共图书馆的基本立场与社会角色——对《公共图书馆宣言》1949年版、1972年版和1994年版的分析[J].图书馆论坛,2014,34(05):1-7.

订版、2022年修订版所说的公共图书馆"为个人和社会群体提供了终生学习、独立决策和文化发展的基本条件"①，都是基于公共图书馆"社会制度"论的表达。由"个体图书馆"到"社会机构"再到"社会制度"，图书馆学如此构建了图书馆的社会功能，揭示了图书馆的社会价值。一般地说，由经验描述走向理论概括，是学术理论体系构建的基本规律。借鉴图书馆学的经验，构建文化馆学应有更高的理论自觉，从而缩短由经验描述到理论概括与阐释的路程。

文化馆学怎样提炼、概括文化馆工作的基本内容、基本原则和基本规律，又能让基本原则对不断变化的工作实践具有持久的、根本性的指导价值？"图书馆学五定律"的思想和方法值得借鉴。"图书馆学五定律"是印度图书馆学家阮冈纳赞于1931年提出来的，被称为图书馆职业"最简明的表达"。"五定律"的具体内容为：第一，书是为了用的；第二，每个读者有其书；第三，每本书有其读者；第四，节省读者时间；第五，图书馆是一个生长着的有机体。② 表面上看，"五定律"并没有谈论图书馆的具体业务工作，但实际上它深入图书馆工作的逻辑底层，阐述了图书馆各项工作的目标指向和内在联系，揭示了图书馆工作的基本规律。今天，图书馆已经发展到数字化智慧化阶段，但"图书馆学五定律"阐述的图书馆工作逻辑起点、基本原则、基本规律依然具有生命力，这就是学科基础理论所具有的力量和价值。

学科的交叉、渗透与融合，是现代学术发展的大趋势。除图书馆学、博物馆学这类与文化馆学非常接近的学科外，构建现代文化馆学，必然还要和其他众多的相关学科发生关联，如教育学、伦理学、政治学、艺术学、社会学、管理学等。广泛借鉴相关学科的经验，对于起步阶段的文化馆学建设至关重要，现代文化馆学体系，也一定是一个开放、包容的学科体系。

第三节 文化馆学内容体系框架

已有的几种讨论文化馆工作或文化学的专门著述及相关论文，体现了不同历史时期对文化馆学内容体系的理解和认识。在建设文化强国、推动公共文化服务高质量发展的背景下，文化馆学的内容体系构建应体现出鲜明的学科特点、时代特征和中国特色。

---

① 联合国教科文组织,国际图书馆联合会.公共图书馆宣言(1994)[G]//程焕文,等.图书馆权利研究.北京:学习出版社,2011:407-409.
② 阮冈纳赞.图书馆学五定律[M].夏云,等译.北京:书目文献出版社,1988.

文化馆学研究文化馆事业发展和文化馆服务活动的基本规律。构成文化馆学内容体系的核心要素，应包括有关文化馆性质、功能、使命以及文化馆事业体系等的"元理论"，体现文化馆功能价值的文化馆服务，支撑文化馆服务开展的文化馆治理结构和治理方式，维系文化馆作为独立公共文化机构存在的文化馆职业特征，以及我国文化馆和国外"类文化馆"的发展历史和经验借鉴（见图4-1）。

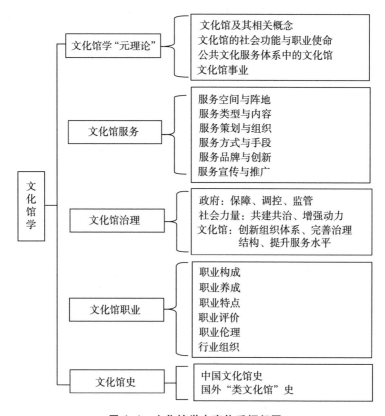

图 4-1 文化馆学内容体系框架图

一、文化馆学"元理论"

元理论是有关研究对象最基础、最基本的理论构建和分析阐释。具体学科的"元理论"，通常表现为对研究对象的概念和属性、功能和价值、研究范围、研究方法以及与其他学科的关系等内容的阐释。

文化馆学具有"元理论"性质的基本理论问题主要包括以下方面：

（1）文化馆及其相关概念。与图书馆、博物馆相比，文化馆及其相关概念相对复杂。一方面是因为文化馆的称谓国内外规范和通行程度较低,另一方面是因为我国的文化馆至今还存在名称不一、馆站并存的现象。因此,相关概念的名实辨析就成为文化馆学研究首先应厘清的问题。

（2）文化馆的社会功能和职业使命。现代社会系统中为什么需要设置文化馆？换言之,文化馆存在于社会系统中的必要性、合理性与合法性在哪里？这是文化馆学应构筑的事业发展理论基础。文化馆作为一个专门职业集团,实现社会功能需要有职业化的战略目标表达,形成核心职业能力,体现出职业能力的专门性和不可替代性。梳理我国文化馆职业使命的发展变化,提炼出文化馆职业使命的时代表达,在此基础上,凝聚出当今文化馆职业实践的主要任务,亦即阐述清楚文化馆的主要职能,是文化馆学基础理论建设的重要内容。

（3）公共文化服务体系中的文化馆。文化馆是公共文化服务体系的重要组成部分。基于自身的社会功能、职业使命,文化馆在公共文化服务体系中处于怎样的位置、承担什么任务、发挥怎样的作用,文化馆在促进人的全面发展、提升全民族的艺术素养和审美水平上具有怎样的独特价值和功能,以及文化馆如何与公共图书馆、博物馆等各类公共文化服务设施协调发展,是文化馆学基础理论研究应厘清的问题。

（4）文化馆事业。文化馆事业是指社会系统中的文化馆体系。国家发展文化馆事业,需要形成促进事业持续健康成长的全方位、全要素、全链条支持系统。文化馆学应从总体上梳理、分析、概述我国文化馆事业的组织体系、设施体系、服务提供体系、保障体系的发展演变和现实状况,展现出我国文化馆事业发展的概貌。

二、文化馆服务

文化馆服务是文化馆实现社会功能和职业使命的途径和方式。文化馆从本质上说,就是一个面向全体人民提供文化艺术服务的机构。因此,研究文化馆服务的内容、形式、策划、实施,以及创新发展的基本规律,是文化馆学的重要内容。

文化馆服务涉及的主要问题有以下六个方面。一是服务空间与阵地,主要阐述文化馆设施空间和服务阵地的布局、建设和有效利用。二是服务类型与内容,主要从不同视角归并集中文化馆服务的种类,构筑起多视角下文化馆服务的"类型秩序",阐述不同类型文化馆服务的基本内容。三是服务策划与组织,主要阐述文化馆服务策划与组织的理念、原则、创意、设计、流程、实施、评估等环节的基本原理、基本方法和基本规律,体现文化馆服务的专业能力。四是服务方式与手段,主要阐述文化馆的馆内服务、广场服务、流动服务、数字服务等不同服务方式和手段的目标、特点、实现方式和相辅相成的关系。五是服务品牌与创新,主要阐述服务品牌化的意义和价值,服务品牌的标准和特色,打造服务品牌的原则、方法和基本规律,以及服务品牌的创新示范价值。六是服务宣传与推广,主要阐述文化馆服务宣传推广的意义和方法、宣传推广媒体矩阵建设、全民艺术普及推广人队伍建设等。

三、文化馆治理

治理是利益相关方的协商共治。现代公共文化服务体系建设的目标,是形成政府、市场、社会共同参与的格局,因此,现代文化馆治理,主要是厘清政府、社会力量和文化馆各自在促进文化馆事业发展上的作用,形成共同参与、协商共治、协同推进的治理格局。

在文化馆治理体系中,政府的主要作用体现在保障、调控和监管上。保障是指政府需要形成有关促进文化馆发展的政策制度和物质资源供给的保障体系;调控是指政府通过法律政策手段、标准规范手段、行政手段、经济手段等对文化馆的发展方向、重点工作进行调节与控制;监管是指政府依法依规对文化馆的运行和服务进行监督和管理。

社会力量在文化馆治理中的主要作用是共建共治、增强动力。社会力量参与文化馆服务的范围,贯穿设施建设、服务提供、管理运营、评估评价、决策咨询等多方面、全环节;社会力量参与文化馆服务,有兴办实体、资助项目、赞助活动、提供设施、捐赠产品、志愿服务等多样化的方式。在近年来推动公共文化服务社会化发展进程中,政府购买公共文化服务、"文采会"促进供需对接、基层公共文化设施社会化管理运营、培育和规范文化类社会组织、深化文化志愿服务等方面的创新举措不断涌现。全面、系统、深入地研究公共文化服务的社会力量共建共治,探讨增强公共文化服务发展动力、激发公共文化服务活力的新举措、新机制、新规律,是新时代文化馆学的重要任务。

在文化馆治理格局中,文化馆自身应解决的主要问题是创新组织体系、完善治理结构、提升服务水平。文化馆的组织体系,既包括区域性总分馆体系、馆际合作协作体系,也包括馆内组织体系、部门设置与优化。完善的组织体系是实现"善政良治"的组织保证。治理结构是有关文化馆内部管理体制、决策方式的制度安排。党组织的核心作用、馆长负责制、理事会制度、职工大会或职工代表大会等主要形态及其运行机制、相互关系,是文化馆学应关注的问题。提升服务水平,是文化馆内部治理的起点,也是最终目的。围绕提升服务水平,文化馆需要建立健全规划与计划制度、服务公示与服务反馈制度、统计与评价制度、激励与约束制度、安全与应急制度、信息公开制度等基本制度,形成系统完备、科学规范、运行有效的制度体系。

四、文化馆职业

之所以需要构建文化馆学,在于文化馆被认为已经成为一个专门职业集团,是一个有专业化职业特征的行业。社会学研究中的主流观点认为,具有专业化职业特征的行业应有如下基本标志:一是有比较系统的专业知识体系,二是有比较正规的、大学水平的专业教育系统,三是有较为正规的行业协会,四是有比较明确、系统的职业道德规范。[①] 可见,文化馆职业并不是简单的文化馆人才队伍建设,从专门职业的角度理解,职业是为了满足社会生产和生活的需要,人们所从事的具有一定社会职责的专门的业务[②],主要涉及职业结构、职业养成、职业特点、职业评价、职业伦理、行业组织等多方面、深层次的问题,有关于这些问题的讨论是文化馆之所以能够成为专门职业集团、成为社会系统中具有不可替代性的专门行业的理论根基,是文化馆学能够成为"专属学科"的专业化职业基础。[③]

职业构成是指文化馆根据自身职能、任务对从业人员专业种类、教育程度、职称结构、数量比例等结构性要素的总体设计,是文化馆有序高效运行的支撑。职业养成是指文化馆的专业教育培训体系,它为文化馆提供专门职业人才,又是文化馆专业知识体系传承和创新的重要平台。职业特点是指文化馆专门职业所具有的职业精神、专业技能和职业素养,它是文化馆专门职业集团独特性、不可替代性的集中体现。职业评价是指对文化馆或文化馆从业人员专业化水平的评估、认可与激励。现行的专业技术职称制度、文化馆评估定级制度,就属于职业评价的范畴。文化馆学应重点研究文化馆领域需要什么样的职业评价制度,职业评价的原则、方法以及评价结果的有效利用。职业伦理是指文化馆职业活动的行为规范、是非标准,展现文化馆行业的服务理念和服务价值观,是高于法律约束的道德的、伦理的、社会的、舆论的约束。建立健全职业伦理规范是专门职业集团建设的重要任务。行业组织是专门职业集团发展成熟的标志,是专业化职业的组织保障,它承担凝聚行业力量、维护从业人员权益、引导和推动行业自

---

① 于良芝,许晓霞,张广钦.公共图书馆基本原理[M].北京:北京师范大学出版社,2012:51.
② 朱金香.职业伦理学[M].北京:中央编译出版社,1997:3.
③ 于良芝.图书馆情报学概论[M].北京:国家图书馆出版社,2016:58.

律、扩大行业社会影响等重要任务,理应纳入文化馆职业的研究范畴。

五、文化馆史

学科史是所有专门学术构建不可缺少的内容,传统上学科理论体系构建有所谓"论史法"的说法,因为"历史学的价值在于帮助人们再现人类的过去,重建人类社会发展过程,发现人类社会的发展规律,并以之指导人类的未来"①。

文化馆史研究有一定历史基础。从构建文化馆学的视角看,文化馆史研究应从事业史向思想史延伸,从中国文化馆史向国外"类文化馆"史拓展。我国文化馆的起源,有学者已经追溯到春秋战国时期的私塾、唐代的书院、元代的社学②,即以民国年间的通俗教育馆、民众教育馆,以及20世纪50年代以来的文化馆而论,在文化馆发展的历史中,其政策环境、管理体制、主要职能、设施空间等屡有变化。导致这些显见变化的深层次原因,是思想观念的变化。因此,文化馆史研究应从事业史向思想史延伸,深入挖掘表象背后的思想观念发展演变,以期更深刻地揭示文化馆与社会的关系,揭示文化馆事业发展的动力和规律。长期以来,许多研究者更多地强调文化馆的中国独有,一定程度上忽略了对国外"类文化馆"经验教训的参考借鉴,实际上是忽视了人类精神文化需求的共性。近年来的研究发现,国外有一批与我国文化馆性质、功能类似的文化服务机构。今天的文化馆史研究,应拓宽视野,放眼世界,将国外"类文化馆"史研究纳入其中。

小　结

我国文化馆事业在初创时期就有重视理论研究的呼声和开展理论探讨的行动。20世纪80年代以来,专家、学者明确提出建立"文化馆学",但研究成果数量不多,内容的丰富性和影响力也不足。2014年中国文化馆协会成立后,文化馆基础理论研究和文化馆学研究有了新起色。构建当代文化馆学的框架和内容体系需要有新的学术视野,立足新的理论建设遵循。第一,应当体现中国特色,从继承和弘扬中华优秀传统文化的角度理解和认识文化馆的中国特色;第二,应当直面现实问题,对实践中出现的新问题做出分析总结、经验提炼和理论升华,体现出文化馆学内容体系的时代特色;第三,应当拓展国际视野,发掘出更多的国际

---

① 徐良高.关于史学价值与意义的几点认识[J].南方文物,2020(06):12-22.
② 彭泽明.中国文化馆(站)发展之路[M].重庆:重庆出版社,2012:2-5.

参照比较,吸收借鉴国外有益的实践经验和学术成果,形成开放、包容的文化馆学内容体系;第四,应当借鉴相关经验,广泛借鉴图书馆学、博物馆学、教育学、管理学、艺术学等相关领域、相关学科的经验。文化馆学研究文化馆事业发展和文化馆服务活动的基本规律。构成文化馆学内容体系的核心要素,包括有关文化馆性质、功能、使命以及文化馆事业体系等在内的"元理论",体现文化馆功能价值的文化馆服务,支撑文化馆服务开展的文化馆治理结构和治理方式,维系文化馆作为独立公共文化机构存在的文化馆职业特征,以及我国文化馆和国外"类文化馆"的发展历史和经验借鉴。

扩展阅读

1. 《博物馆学概论》编写组.博物馆学概论[M].北京:高等教育出版社,2019.
2. 吉林省群众文化学会.文化馆学[M].吉林:吉林大学出版社,1988.
3. 李秀敏.文化馆基础理论体系研究[D].北京大学,2022.
4. 谈祖应.中国文化馆学概论[M].海口:海南出版社,2008.
5. 吴慰慈,董焱.图书馆学概论[M].4版.北京:国家图书馆出版社,2019.

主要概念

以美育代宗教	文化馆学元理论	文化馆事业	文化馆服务
文化馆治理	文化馆职业	文化馆史	

思考题

1. 近年来文化馆学研究有哪些新的进展?
2. 当前构建中国特色文化馆学应该遵循什么基本原则?
3. 你认为文化馆学的内容体系主要应该包括哪些要素?

第五章 文化馆事业

一般而言,事业是指人们所从事的具有一定目标、规模和系统的对社会发展有影响的经常性活动。古人云:"所营谓之事,事成谓之业"。在我国的国家治理中,"事业"这一概念还有以实现公共利益为目的、非营利、需要由国家提供经费支持的系统性社会活动的含义。文化馆事业是指社会系统中数量众多、承担共同社会功能和职业使命、遵循共同发展规律的文化馆体系及其所开展的系统性活动。

第一节 文化馆的组织体系

组织体系是连接分散的个体文化馆的纽带。我国文化馆组织体系的结构形态主要有三种类型:一是行政层级化的组织体系,二是总分馆体系,三是服务联盟。

一、行政层级化的组织体系

文化馆组织体系的行政层级化,是我国政府管理行政层级的直接体现。1949年以来,我国文化馆依附政府行政层级的组织体系经历了三个阶段的发展变化。第一阶段是20世纪50年代初期。文化馆的行政层级组织体系基本上是按照当时"东北区文化网"的结构模式实施的:大城市每一区设置一个文化馆,小城市每一市设置一个文化馆;农村每一行政村设置一个文化站,每区(大致相当于今天的乡镇)设置一个文化总站。上级文化(总)馆(站)对下级文化馆(站)负有业务指导职责,文化馆(站)的行政管理权属当地同级政府。[①] 第二阶段是20世纪50年代中期至20世纪90年代。我国逐步构筑起了省、地群众艺术馆—县级文化馆—乡镇街道文化站的行政层级组织体系。1956年,文化部在北京成立了中央群众艺术馆,意在建立文化馆组织体系的国家"龙头馆",但一场突如其来的"反右派"斗争,使得中央群众艺术馆成立不久便被撤销,"国家文化馆"至今付之阙如。在地方,最初只要求在省、市、自治区层级设置群众艺术馆,后逐渐扩展到地市层级。1992年文化部印发《群众艺术馆、文化馆管理办法》,明确规定省、自治区、直辖市和计划单列市,以及地(州、盟)、地级市设立群众艺术馆,县、旗、县级市、市辖区设立文化馆。群众艺术馆和文化馆是业务指导关系。第三阶段从20世纪90年代开始。伴随着改革开放以来群众艺术馆和文化馆业务工作实际上逐渐走向合流,我国逐渐形成了省、地、县、乡镇(街道)、村(社区)五级文化馆(站)组织体系,如图5-1所示。

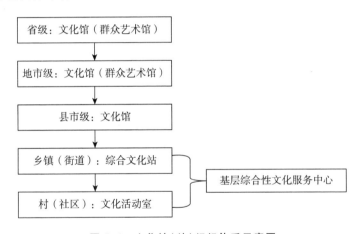

图 5-1 文化馆(站)组织体系示意图

我国行政层级化的文化馆(站)组织体系有两个特殊现象。第一个是迄今为止还没有名正言顺的组织体系"龙头馆"——国家文化馆,相比于图书馆、博物馆、美术馆、科技馆,这无疑是一大缺失。2010年以来,原文化部全国公共文化发展中心(2018年改名为文化和旅游部全国公共文化发展中心)一定程度上承担了统筹推进全国文化馆事业发展的职责,2014年成立的中国文化馆协会挂靠该中心,2020年文化和旅游部重新确定全国公共文化发展中心"三定方案",明确

---

① 东北区文化网的组织工作纲要试行条例[C]//孟式均.怎样作好人民文化馆工作.文化供应社,1951:157-161.

其承担协调推进文化馆行业建设、组织推进全国文化馆(站)数字化建设、面向基层开展公共数字文化服务等职责,全国公共文化发展中心事实上承担起了全国文化馆行政层级组织体系的"龙头"角色。第二个特殊现象是,虽然理论上我国的文化馆在县市(含)以上层级设置,但传统上来看,自1949年以来,乡镇(街道)、村(社区)的文化站(室)一直被纳入文化馆体系。虽然基层文化站(室)的功能是综合性的,但事实上形成的文化馆(站)体系,使得行政层级化的文化馆(站)组织体系比图书馆、博物馆有更大的规模、更广的触角、更长的链条、更明显的优势。

二、总分馆体系

总分馆体系是指在一个合适的地域单元内,形成以总馆为中心、以分馆和基层服务点为节点的组织体系。总分馆体系实行区域内总馆主导下的服务网点统一布局,服务资源共建共享、服务标准全域统一,运营管理上下联动,以达到资源下沉、服务均衡、提高综合效能的目的。

我国长期以来依附政府行政层级的文化馆组织体系,与我国行政分级管理、财政分灶吃饭的体制相适应,造就了"一级政府建设并管理一个文化馆"的基本格局。但从提供普遍均等的公共文化服务的角度看,这种格局的局限和不足是明显的。首先,随着政府权能和公共财政支持能力自上而下的递减,公共文化服务从设施到资源到供给的数量和质量也相应递减,这必然导致公共文化服务的城乡不均衡。其次,在分级管理、分灶吃饭的体制下,公共文化服务机构事实上是一个个不同行政层级体系中的孤立单位,"孤岛运行"的特点突出,共建共享难以实现,综合效能难以体现,这强化和加剧了公共文化服务的城乡不均衡。最后,单体公共文化服务设施没有建立设施有效服务半径、有效覆盖面积的理念,带来的结果往往是片面追求单体设施的大规模和标志性,偏离了公共文化服务覆盖城乡、普遍均等的目标。

总分馆体系从本质上说是文化馆组织体系和运行机制的变革。一个总分馆体系是一个互联互通的"文化馆群",而不是一座座孤立的文化馆建筑,突破了文化馆组织体系的行政层级分割。由总馆主导的资源和服务的统筹与统一,促进了共建共享、城乡流动,改变了个体文化馆"大而全小而全"、孤岛运行的状态。总分馆制通过组织体系和运行机制的变革,带来了体系内资源和服务的下沉,不仅增加了农村基层公共文化服务的总量,还实现了城乡在服务质量上大体一致,从而让公共文化服务普遍均等的理念落到了实处,有效解决了文化馆服务的城乡发展不均衡问题。

我国文化馆领域的总分馆体系建设晚于公共图书馆领域。2011年,重庆市大渡口区的"文化馆和图书馆总分馆制"项目获批创建第一批国家公共文化服务体系示范项目,[①]是出现较早的文化馆总分馆制探索实践。目前实施的总分馆制,一般以县域为基本地域单元,以县级文化馆为总馆,以乡镇(街道)文化站、村(社区)综合文化服务中心等为分馆或基层服务点。文化馆总分馆体系的主要任务是,在总馆的主导下,整合县域内群众文化艺术资源,加强对县域内文化活动、文艺创作、文艺辅导、送戏下乡、队伍培训以及演出器材设备调配等方面的统筹,简单地说就是促进共建共享、服务联动,实现文化馆服务城乡一体发展。目前阶段,总馆对分馆的管理重在业务指导和资源调配,对分馆服务质量的要求,是能够提供与总馆水平大致相当的基本服务。[②] 2014年开始,文化馆总分馆制建设连续几年被列为公共文化领域重点改革任务大力推进,到2022年,全国已有2600多个县(市、区)搭建起了文化馆总分馆组织体系架构,占全国县级区划总数的94%,建成文化馆分馆3.8万多个[③],形成了一些具有鲜明中国特色的文化馆总分馆体系建设实践经验。有的地方还在县域文化馆总分馆体系的基础上,探索建立更大地域范围的"中心馆—总分馆"体系,进一步拓展和深化文化馆服务的共建共享、服务联动。

三、服务联盟

服务联盟是一种为实现资源共享、服务互惠和效能提升,根据共同认可的协议而组织起来的服务联合体,是一种馆际合作的组织形式。服务联盟从组织体系和运作机制上看,也是对行政层级化的突破,它可以跨区域、跨系统聚合,形成区域性、主题性资源共享和服务合作,实现优势互补、协同共进。在公共文化领域,组建服务联盟是常见的合作与共享方式。

服务联盟与总分馆制有区别。总分馆制是一种政府主导下的组织体系变

---

① 文化部,财政部.关于公示第一批创建国家公共文化服务体系示范区(项目)的公告[EB/OL].[2024-04-30]. http://zwgk.mct.gov.cn/zfxxgkml/ggfw/202012/t20201206_918811.html.

② 文化部,新闻出版广电总局,体育总局,国家发展改革委,财政部.关于推进县级文化馆图书馆总分馆制建设的指导意见(文公共发〔2016〕38号)[EB/OL].[2024-04-30]. http://zwgk.mct.gov.cn/zfxxgkml/zcfg/gfxwj/202012/t20201204_906310.html.

③ 李国新,李斯,苗美娟.我国图书馆文化馆总分馆制建设的现状、问题与发展建议[J].文化和旅游决策参考,2022(10):26-33.

革,有政策要求,有制度保证,有服务规范,总馆对体系内的资源和服务承担统筹职责,对分馆承担指导和援助职责。服务联盟是参与主体的自主性合作机制,合作什么,合作到什么程度,在什么范围内和什么时间合作,以什么机制和措施维持合作等相关事宜,完全由参与主体协商确定。简言之,总分馆体系建设是政府行为,服务联盟建设是职业行为。

近年来,我国文化馆领域的服务联盟建设呈现多样化发展态势。有突破行政层级界限由各级文化馆共建的服务联盟,如广东省文化馆联盟、嘉兴市文化馆(站)联盟等;有适应区域经济社会协同发展战略由区域内各级文化馆共建的服务联盟,如长三角文化馆联盟、成渝地区文化馆联盟等;也有围绕文化馆某一专项活动或服务组建的服务联盟,如全国"乡村春晚"联盟、中国民族音乐推广联盟等;还有围绕文化馆某一专项工作组建的联盟,如浙江省文化馆培训联盟等。服务联盟对创新文化馆组织体系、促进文化馆服务均衡发展、提升文化馆服务质量和效益发挥了重要作用。

第二节 文化馆的设施体系

设施是文化馆提供服务、开展活动的载体。构建文化馆设施体系,是发展文化馆事业的重要任务之一。《公共文化服务保障法》规定的政府责任,首先提到的就是"加强公共文化设施建设"(第四条)。

设施包括建筑物、场地和设备。建筑物是指房屋建筑和附属设施等其他建筑;场地包括室外活动场地、人员集散地、道路、停车场、绿化用地等;设备包括建筑设备和专用设备。[①] 2008年7月,住房和城乡建设部、国土资源部、文化部批准发布《文化馆建设用地指标》(建标〔2008〕128号),自2008年10月1日起施行;2010年8月,住房和城乡建设部、国家发展和改革委员会批准发布由文化部主编的《文化馆建设标准》(建标136-2010),自2010年12月1日起施行;2012年3月,住房和城乡建设部、国家发展和改革委员会批准发布由文化部主编的《乡镇综合文化站建设标准》(建标160-2012),自2012年5月1日起施行。这三项国务院部门规章对目前阶段我国文化馆(站)设施建设的布局、选址、建筑规模、项目构成、建筑设备、室内外环境等提出了明确的标准规范,成为各级政府文化馆

---

① 柳斌杰,雒树刚,袁曙宏.中华人民共和国公共文化服务保障法解读[M].北京:中国法制出版社,2017:61-62.

建设项目科学决策和合理确定项目建设水平的全国统一标准,各级政府审核和批准文化馆建设项目的依据,以及审查文化馆建设项目设计和监督检查工程建设全过程的尺度。可以说,目前我国文化馆设施建在哪、建多少、建多大,基本上是有章可循、有据可依的。

设施是形成设施体系的基础,但单体设施不等于设施体系。发展文化馆事业,设施建设的目标是形成文化馆设施体系。设施体系化的标志包括如下几个方面:在规划布局上,应建立起任何设施都有有限服务半径、有限覆盖面积的理念,改变"一级政府建设一个文化馆、一个城市只有一个文化馆"的局面;在设施规模上,应走以中小型为主的道路,建设更多的散布在老百姓身边的星罗棋布的中小型文化馆;在设施形态上,应该阵地服务设施、流动服务设施、数字服务设施并重,让设施能够承载多样化的服务。目前,我国文化馆设施建设的最大短板,是设施体系化程度不高,尚未形成设施网络。近年来,文化馆设施建设的理念和实践正在向体系化方向转变。《公共文化服务保障法》要求各级政府根据当地经济社会发展水平、人口状况、环境条件、文化特色,合理确定公共文化设施的种类、数量、规模和布局(第十五条),要求新建、改建、扩建居民住宅区应当规划和建设配套的公共文化设施(第十六条),这是促进公共文化设施体系化的顶层设计。《文化馆建设用地指标》《文化馆建设标准》和《乡镇综合文化站建设标准》三个规范性文件,提出了文化馆设施网点布局的服务半径指标,以及主要依据服务人口数量确定文化馆设施建设规模的原则,突破了长期沿用的按行政级别建设文化馆的传统做法。近年来大力推动的文化馆总分馆制,从运行管理机制上说是形成了组织体系,从设施布局上说,就是形成了设施网络体系。"十四五"以来大力推动的新型公共文化空间建设,把优化设施布局放在突出位置,通过新型空间建设消灭设施覆盖盲点、加强薄弱环节,是新时期构建文化馆设施体系的新举措。我国文化馆事业发展中的设施建设朝着体系化、网络化的方向扎实推进。

第三节 文化馆的服务提供体系

文化馆的社会功能和职业使命,通过提供服务体现出来;老百姓文化馆服务的获得感,通过享受服务体现出来。因此,发展文化馆事业的重要任务,是构建完善的文化馆服务提供体系,实现服务提供的主要环节和要素协同发展、整体推进。

一、总原则

　　文化馆服务提供的总原则是政府主导、社会力量参与。政府主导的主要标志,一是各级政府把文化馆事业纳入经济社会发展总体规划,二是文化馆基本服务提供由公共财政支持。文化馆作为政府举办的公益性事业单位,承担向公众提供文化馆服务的具体职责,这是文化馆服务政府主导的主要形态。近年来各地大量出现的政府购买文化馆服务,把市场机制、竞争手段引入文化馆服务提供,但并没有改变公共财政支持的本质属性,同样是政府主导文化馆服务提供的实现方式。

　　政府主导不等于政府包办,现代公共文化服务体系建设的目标,是形成政府、市场、社会共同参与的格局,因此,引导和鼓励社会力量通过兴办实体、资助项目、赞助活动、提供设施、捐赠产品、开展普惠性非基本服务等方式参与文化馆服务提供,是完善文化馆服务提供体系的重要方式。社会力量参与不是政府主导责任的减少或弱化,公共文化服务的社会力量参与,是在政府主导下的参与,政府对社会力量参与承担着引导和鼓励的责任。

二、主要途径

　　文化馆服务提供的主要途径是阵地服务、流动服务和数字服务相结合。

　　对文化馆来说,阵地服务包括馆内服务和室外场所服务。其中,室外场所服务是文化馆服务提供的鲜明特点,当前遍布城乡的广场舞,就是文化馆室外场所服务的典型代表。《文化馆建设用地指标》在"用地控制指标"中专门规定了"室外活动场地"控制指标(第十六条),《文化馆建设标准》把"室外场地"纳入文化馆建设"项目组成"(第十三条),《乡镇综合文化站建设标准》明确规定乡镇综合文化站应设有不少于600平方米的室外活动场地(第十七条),这些都从设施建设的角度体现出文化馆服务提供的特点。

　　流动服务是文化馆面向农村、基层和特殊群体提供的非场馆化服务,它对实现文化馆服务的普遍均等、共同享有具有重要意义。乌兰牧骑、"戏曲进乡村""流动舞台车""楼宇午间一小时"等,是文化馆流动服务的常见形式。流动服务的发展趋势是"公交化",即让流动服务定时定点,便于公众利用。

　　数字服务是文化馆利用互联网、多媒体和数字空间提供的服务。在当今时代,数字服务成为与文化馆和阵地服务同等重要、同样不可或缺的服务方式。第五次全国文化馆评估定级统计数据显示,2019年全国文化馆数字服务惠及人次已经占到服务总人次的75%。① "十三五"以来,我国数字文化馆建设取得突破性进展。推动公共文化数字化建设,在文化馆(站)系统实施"公共文化云"建设项目,打造覆盖全国的全民艺术普及公共服务总平台和总资源库,是新时期促进文化馆事业高质量发展的重点任务。

阵地服务、流动服务和数字服务并不是各自独立、相互分割的,而是相互融合、融为一体的。阵地服务需要充分利用现代信息技术,开辟数字化智慧化新空间,创造出更为丰富的服务业态;数字服务需要开发出更多的本土特色资源,充分适应移动互联和新媒体传播的环境,放大文化馆阵地服务的效应。理念上守正与创新不偏颇,空间上实体和数字相融合,提供方式上线上与线下相结合,是文化馆服务提供的大趋势。

三、时间要求

公共文化机构的开放时间,关系到公众基本文化权益的保障和实现程度。文化馆服务提供的时间要求,是倡导和鼓励错时开放、延时开放。《公共文化服务保障法》规定,公共文化机构应当"公示服务项目和开放时间",全国文化馆评估定级标准对不同层级文化馆的开放时间提出了明确要求,《国家基本公共服务标准》规定公共文化设施在"国家法定节假日和学校寒暑假期间,应当适当延长开放时间"。以上这些规定,都是对文化馆服务提供时间的基本要求。文化馆服务提供的时间由"守时"发展到"错时""延时",体现了文化馆服务"以人为本"的理念,以需求为导向的自觉,是文化馆事业高质量发展的标志。近年来,我国文化馆在错时服务、延时服务上涌现出许多创新做法。如在农村,依据农忙农闲、农民生活习惯灵活确定开放时间;在城市,适应不同群体需要创造的"午间一小时""下午四点半""今天晚七点""晚间黄金三小时"等举措,已经是错时服务和延时服务的组合,在适应公众需求、提升服务效能,乃至促进文化消费等方面都发挥了积极作用。

四、权责分类

从权责分类的角度来看文化馆的服务提供,主要有三种类型:一是免费提供,二是优惠低收费提供,三是人民群众自我创造、自我表现、自我服务。

---

① 北京大学国家现代公共文化研究中心.第五次全国文化馆评估定级主要指标统计分析报告[R]. 2021:1.

免费提供,即公众熟悉的免费开放,具体含义是指文化馆基本空间场地免费开放和基本服务免费提供,由政府承担保障供给数量和质量的主要责任。免费提供强调服务的"基本"性,基本的范围和尺度应由当地政府发布的基本公共文化服务实施标准/服务目录确定。2011年,我国开始实施"三馆一站"(文化馆、美术馆、公共图书馆和乡镇文化站)免费开放政策,文化馆免费开放包括:多功能厅、展览厅(陈列厅)、宣传廊、辅导培训教室、计算机与网络教室、舞蹈(综合)排练室、独立学习室(音乐、书法、美术、曲艺等)、娱乐活动室等公共空间设施场地免费开放;普及性的文化艺术辅导培训、时政法制科普教育、公益性群众文化活动、公益性展览展示、培训基层队伍和业余文艺骨干、指导群众文艺作品创作等基本文化服务项目健全并免费提供;为保障基本职能实现的一些辅助性服务如办证、存包等全部免费。[①] 免费开放体现了文化馆服务由政府保基本、兜底线、促公平的性质,保障了公众基本文化权益的充分实现。

优惠低收费提供,针对的是普惠性非基本公共文化服务。所谓普惠性非基本公共文化服务,是指为满足人民群众更高层次的精神文化需求所必需,基本服务不能充分满足、市场自发供给又不足,由政府通过支持公共文化机构或市场主体加以提供的服务[②],也就是《公共文化服务保障法》中所说的"优惠"提供的公共文化服务。文化馆提供的非基本服务,不同于完全市场化的文化服务,而是强调"普惠性"。普惠性非公共文化服务提供贯彻政府有支持、质量有保证、价格可承受、服务有监管的方针。伴随着人民对美好生活的向往和追求,扩大普惠性非基本公共文化服务供给成为满足人民群众多样化、多层次、多方面精神文化需求的重要方式,也是推动公共文化服务高质量发展的一个重要突破口。

群众性文化艺术活动具有鲜明的自发性和参与性,因此,文化馆的服务提供的重要来源之一是人民群众的自我创造、自我表现、自我服务。由人民群众通过自我创造、自我表现形成的公共文化产品和服务,具有参与广、接地气、效果好、成本低的特点,具有自我教育的功能。文化馆应通过方向引导、资金人才扶持、政府购买、展演汇演及"文化走亲"机制建设等措施,加大扶持力度,激发人民群众更大的文化创造力、表现力,为丰富文化馆服务提供增添新动能。

---

① 文化部,财政部.关于推进全国美术馆、公共图书馆、文化馆(站)免费开放工作的意见(文财务发〔2011〕5号)[EB/OL].(2011-02-14)[2024-04-30].http://www.gov.cn/zwgk/2011/02/14/content_1803021.htm.

② 国家发展和改革委员会等21部门."十四五"公共服务规划[EB/OL].(2022-01-10)[2024-04-30].http://www.gov.cn/zhengce/zhengceku/2022-01/10/5667482/files/301fe13cf8d54434804a83c6156ac789.pdf.

第四节 文化馆的法律政策体系

任何事业的可持续发展,法律政策保障都是其根本性的保障。2011年,党的十七届六中全会提出加快文化立法,提高文化建设法制化水平的要求。2015年,中共中央办公厅、国务院办公厅印发《关于加快构建现代公共文化服务体系的意见》,进一步提出"建立健全公共文化服务法律体系"的任务。2019年,党的十九届四中全会审议通过了《中共中央关于坚持和完善中国特色社会主义制度、推进国家治理体系和治理能力现代化若干重大问题的决定》,"健全人民文化权益保障制度"是重点任务之一。对文化馆事业来说,一个完善的法律政策保障体系应包括上下衔接、相辅相成的五大要素:一是与文化馆相关的上位法律法规,二是文化馆专门法律法规,三是文化馆相关法律法规,四是文化馆行业自律规范,五是文化馆发展政策。总体上看,目前我国文化馆事业的法律法规体系建设尚未起步,政策体系建设较为薄弱,与依法治国、治理体系和治理能力现代化的要求不相适应,与同属公共文化领域的公共图书馆、博物馆相比,有明显差距。

一、文化馆法律法规体系

法律法规体系是由不同层级、不同方面的法律法规共同构成的有机整体。文化馆法律法规体系主要包括与文化馆相关的上位法律法规、文化馆专门法律法规、文化馆相关法律法规,以及纳入文化馆法治环境、法律体系建设范畴的行业自律规范。

(一)与文化馆相关的上位法律法规

目前,与文化馆相关的上位法律法规包括《中华人民共和国宪法》《公共文化服务保障法》《公共文化体育设施条例》等。

首先是《中华人民共和国宪法》。宪法是国家根本大法,是文化馆事业发展的根本指针。我国宪法规定,国家发展为人民服务、为社会主义服务的文学艺术事业、新闻广播电视事业、出版发行事业、图书馆博物馆文化馆和其他文化事业,开展群众性的文化活动(第二十二条)。从宪法的这一规定可以推导出以下几点结论:第一,体系化的文化馆活动成为"事业"有国家根本大法作为依据;第二,文化馆事业从属于文化事业;第三,文化馆事业的发展方向是为人民服务、为社会主义服务;第四,文化馆事业的基本任务是开展群众性文化活动;第五,国家是发展文化馆事业的责任主体。所谓发展,包括形成促进事业健康成长的全方位、全要素、全链条支持系统,如设施的建设、机构的成立、法律政策的制定、管理体制和运行机制的确立、保障体系的完善等。

其次是《国公共文化服务保障法》,即我国公共文化事业的基本法。法律规定的公共文化事业发展方向、基本原则,确立的公共文化服务基本制度,以及有关公共文化服务的保障措施、法律责任等方面的规定,适用于文化馆事业。

《公共文化服务保障法》确立的基本制度主要包括:基本公共文化服务标准制度、公共文化设施建设和保护制度、公共文化服务免费或者优惠提供制度、公共文化服务经费保障制度、政府购买公共文化服务制度、公共文化服务资金使用的监督和统计公告制度、公众文化服务需求征询和反馈制度、公众参与的公共文化设施使用效能考核评价制度、公众参与的公共文化服务考核评价制度、公共文化服务机构年报制度、文化志愿服务制度、公共文化设施安全管理制度等。

《公共文化服务保障法》中以下几个方面的规定,与文化馆直接相关,对文化馆事业发展具有特别重要的意义。一是将文化馆(站)列为法定公共文化设施(第十四条),明确了各级政府对文化馆设施建设和保护的主体责任。二是将全民艺术普及纳入公共文化服务的内容范围(第二十七条),明确了文化馆在公共文化服务体系建设中的核心作用。三是在公益性文化单位向公众免费或者优惠提供的服务中,明列文艺演出、艺术培训、陈列展览,以及为公众开展文化活动提供支持;在基层综合性文化服务中心向公众提供的服务中,明列戏曲表演、艺术普及、群众性文化体育活动等,指出了文化馆服务的重点任务。

最后是《公共文化体育设施条例》。该条例是国务院于2003年颁布的行政法规,针对公共文化体育设施的规划与建设、使用与服务、管理与保护而制定,主要内容已经被《公共文化服务保障法》所吸收而上升为法律规定,但也有比较具体、细致、程序性的规定,依然适用于包括文化馆在内的公共文化设施。如"因城乡建设确需拆除公共文化体育设施或者改变其功能、用途的,有关地方人民政府在作出决定前,应当组织专家论证,并征得上一级人民政府文化行政主管部门、体育行政主管部门同意,报上一级人民政府批准。涉及大型公共文化体育设施的,上一级人民政府在批准前,应当举行听证会,听取公众意见"(第二十七条)。

(二) 文化馆专门法律法规

文化馆专门法律法规是指主要用来规范文化馆事业自身发展的法律法规。像公共图书馆领域的《公共图书馆法》、博物馆领域的《博物馆条例》，就属于专门性法律法规。到目前为止，我国文化馆事业的专门法律法规尚属空白。推动文化馆事业专门立法，成为促进文化馆事业高质量发展的时代任务。

推动我国文化馆专门立法，图书馆、博物馆领域专门立法的经验值得借鉴。我国图书馆领域的专门立法，从2001年启动"图书馆法"制定，到2018年《公共图书馆法》施行，前后历时近20年，重要经验是组织化的呼吁和推动、专家学者的立法研究持之以恒。我国博物馆领域的专门立法，2015年颁布《博物馆条例》后，不断有人大代表、政协委员、业界人士呼吁加快制定博物馆法，重要经验是专门立法可以走先易后难、循序渐进的道路。

放眼世界，为公共文化机构专门立法集中在图书馆、博物馆领域，如图书馆领域目前已经可见17个国家的90多部专门立法的中文译本[①]，博物馆领域目前可见20多个国家的30多部专门立法的中文译本[②]。文化馆由于其称谓的特殊性，国际可比性不强。国外的一些"类文化馆"机构有专门立法，如新加坡的《公众娱乐与会议法》，爱尔兰的《公共舞厅法》，波兰的《文化活动组织运营法》，法国的《表演艺术公共服务法》等。其中，日本的《社会教育法》设置专章规范公民馆，明确了公民馆的运营原则，建立了公民馆的职业资格制度、运营审议会制度、运营评价制度、经费保障制度、国库补助金制度等基本制度[③]，规范公民馆的内容占到了法律全部内容的40%以上，故有日本学者说，"《社会教育法》就是'公民馆法'"[④]。国外"类文化馆"机构的法制建设成果，可以为我国文化馆专门法律法规建设提供参考。

(三) 文化馆相关法律法规

文化馆相关法律法规是指文化馆事业发展适用的其他方面的法律法规。文化馆是一个社会性机构，文化馆事业发展与经济社会发展的方方面面有千丝万

---

① 卢海燕.国外图书馆法律选编[M].北京:知识产权出版社,2014.
② 中共中央宣传部政策法规研究室.外国文化法律汇编(第2卷·公共文化服务法律·上下)[M].北京:学习出版社,2015.
③ 李国新.日本的公民馆及其基本制度[C]//于群,李国新.中国公共文化服务发展报告(2012).北京:社会科学文献出版社,2012:318-334.
④ 横山宏,小林文人.公民館史資料集成·はじめに[M].東京:エイデル研究所,1986:20.

缕的联系。因此,文化馆事业的持续健康发展,绝不是仅靠制定一两部文化馆事业专门法律法规就能根本地解决问题的,所谓构建文化馆事业发展法律保障体系,一个重要的任务就是要不断健全和完善文化馆事业在其他相关领域、相关方面法律法规中的地位,形成对文化馆事业发展综合性、全方位、多层次的法律保障。相关法的完善程度,是文化馆事业法律保障体系完善程度的重要指标。应该认识到,文化馆相关法建设比文化馆专门法建设更为艰难。这是因为要让社会相关领域、相关方面关注到文化馆,认识到文化馆事业对经济社会发展的作用和价值,前提是文化馆有较高的社会认知度、现代文化馆服务理念较为普及、文化馆的社会功能得以彰显,而要做到这一步,从整体上说比文化馆界自身提高认识还要困难得多。但是,如果没有一大批"综合治理"意义上的相关法律法规,文化馆法律保障体系就不是健全、完善的。目前,我国现行有效的法律法规中,已经有一些文化馆适用的相关规定。

1. 有关文化馆设施建设的法律法规

《中华人民共和国城乡规划法》规定,城市的建设和发展,应当优先安排公共服务设施的建设;镇的建设和发展,应当优先安排包括文化站在内的公共服务设施建设(第二十九条);城乡规划确定的公共服务设施用地,禁止擅自改变用途(第三十五条)。《中华人民共和国土地管理法》规定,城市公益事业用地可以以划拨方式取得(第五十四条);由政府组织实施的包括文化事业在内的公共事业用地,可以征收农民集体所有土地(第四十五条)。文化馆设施建设从规划到用地,显然可以适用这些法律规定。

2. 有关文化馆服务支持学校教育、家庭教育的法律法规

《中华人民共和国教育法》规定,包括文化馆在内的社会公共文化体育设施,应当对教师、学生实行优待,为受教育者接受教育提供便利(第五十一条)。《中华人民共和国家庭教育促进法》规定,包括文化馆在内的公共文化服务机构每年应当定期开展公益性家庭教育宣传、家庭教育指导服务和实践活动,开发家庭教育类公共文化服务产品(第四十六条)。这些规定,为文化馆拓展服务提供了法律指引。

3. 有关文化馆为特殊群体服务的法律法规

《中华人民共和国残疾人保障法》规定,政府和社会丰富残疾人精神文化生活的具体措施,包括组织和扶持残疾人开展群众性文化、体育、娱乐活动,举办特殊艺术演出、文化、体育、娱乐,包括文化馆在内的公共活动场所为残疾人提供方

便和照顾(第四十三条),鼓励、帮助残疾人从事文学、艺术等创造性劳动(第四十四条),公共服务机构为残疾人提供语音和文字提示、手语、盲文等信息交流服务,并提供优先服务和辅助性服务(第五十五条)。《中华人民共和国未成年人保护法》规定,国家鼓励文化馆等公共场馆为未成年人提供有针对性服务(第四十四条),文化馆等场馆为未成年人提供的互联网上网服务设施,应当安装未成年人网络保护软件或者采取其他安全保护技术措施(第六十九条)。《中华人民共和国老年人权益保障法》规定,国家鼓励社会办好各类老年学校(第七十一条),国家和社会采取措施,开展适合老年人的群众性文化、体育、娱乐活动,丰富老年人的精神文化生活(第七十二条)。这些规定,为文化馆开展面向特殊群体的服务提供了法律指引。

4. 有关文化馆服务助力乡村振兴的法律法规

《中华人民共和国乡村振兴促进法》设立专章对促进乡村文化繁荣作出规定,重点任务包括开展新时代文明实践活动、丰富农民文化生活、健全完善乡村公共文化设施网络和服务运行机制、开展形式多样的农民群众性文化体育和节日民俗等活动、支持农业农村农民题材文艺创作、保护农业文化遗产和非物质文化遗产、发展乡村特色文化产业,以及加强乡村文化人才队伍建设、培育乡村文化骨干力量等。法律规定的促进乡村文化繁荣的重点任务,也就是文化馆立足当地实际参与乡村振兴实践、助力乡村文化繁荣的切入点。

完善文化馆法律法规保障体系的相关法建设,一方面需要对现行有效的各类法律法规中有关文化馆的规定进行系统梳理总结,对相关关系、边界和内涵、衔接和适用进行深入研究,另一方面需要加强现代文化馆服务理念、文化馆社会功能和职业使命的宣传推广,提高文化馆的社会认知程度,从根本上奠定相关领域关注文化馆事业发展、完善相关法律法规体系的基础。

(四)文化馆行业自律规范

行业自律规范是职业集团向社会公布的体现职业理念、展现职业操守的自律性职业行为规范。在我国,一般称为职业道德规范;在国外,一般称为职业伦理规范。行业自律规范建立在全体从业人员自觉意志的基础上,主要通过职业理念、传统习惯、社会舆论和内心信念来指导和约束职业行为,是职业集团向全社会发出的践行职业理念、履行社会责任、展现良好形象的"誓约"。

行业自律规范不是法律规范。在国外,行业自律规范一般被称为"自主性规范""行业性誓约"。作为法律,不论"硬法""软法",都有与规范相对应的"法律责任",行业自律规范没有责任条款,因此,它不具备法律的强制性和规制力。但是,它具有道德的、舆论的、社会的约束力,而且不是被动约束,是主动自律,体现出了比法律约束更高的境界和水平。由于行业自律规范不是法律,所以它的制定和发布主体不是立法机关,也不是行政机关,而是职业集团的代表——社会群团组织或行业协会。

行业自律规范不能与法律规范相悖。行业自律规范是法治建设范畴的职业道德建设,它的内容应以法律规范为基础,不能与现行有效的法律相抵触。职业集团的从业人员在承担社会责任、履行职务行为、接受社会监督的同时,自身的人格尊严与合法权益同样受到尊重和保护。行业自律规范追求的是鼓励崇高职业精神与保障从业人员合法权益相统一。

虽然行业自律规范不是法律,但现代社会普遍将其纳入法治建设范畴。这是因为法治建设的本质是追求形成良好的社会秩序。健康、持久、和谐的社会秩序离不开法律的强制性规范,但仅有守底线性质的法律强制是远远不够的,还需要法律以外的能够提升境界、促进秩序向上向善的引导和激励,行业自律规范就是源于法律又高于法律的职业行为引导、职业道德建设,它所能解决的问题,恰恰是法律规范达不到的高度、难以触及的深度,它所体现的是法治和德治相结合的法治建设理念。

放眼世界,通过发布行业自律规范彰显职业道德和职业使命,是公共文化服务机构较为通行的做法。这是因为公共文化服务机构主要依靠公共财政亦即全体纳税人的税金支持运行,更需要对全体纳税人的嘱托做出承诺,为全社会提供良好的服务。总体上看,目前世界范围内公共文化服务机构的行业自律规范主要有两种类型:一种是职业集团向社会宣示自身所承担的社会功能、职业使命,以及与此相适应的职业活动权利与范围。如中国图书馆学会2008年发布、2023年修订的《图书馆服务宣言》,美国图书馆协会1939年最初发布、1996年最新修订的《图书馆权利宣言》,日本图书馆协会1954年发布、1979年修订的《图书馆自由宣言》等。这类行业自律规范被称为职业集团对社会的"誓约"。另外一种行业自律规范是行业协会或社会群团组织代表职业集团的从业人员向社会宣示从事职业活动的道德操守、专业素养和行为规范,这类行业自律规范被称为职业集团从业人员对社会的"誓约"。如中国文物学会和中国博物馆协会2012年发布的《中国文物、博物馆工作者职业道德准则》,中国图书馆学会2002年发布的《中国图书馆员职业道德准则(试行)》,中国文联2012年发布、2022年修订的

《中国文艺工作者职业道德公约》等。国外有国际博物馆协会1986年发布、2004年最新修订的《博物馆职业道德准则》,美国图书馆协会1939年发布、2021年最新修订的《美国图书馆协会职业伦理准则》,英国图书馆协会1983年发布的《图书馆员伦理守则》,日本图书馆协会1980年发布的《图书馆员伦理纲要》等。

两种类型的行业自律规范在内容上具有二位一体、表里相应的内在逻辑关系。职业集团承担的社会功能、职业使命是其在社会系统中合理存在、安身立命的根本,实现社会功能、完成职业使命需要有相应的职业"权利"和职务活动空间,从业人员的职业操守和行为规范,说到底需要服从于职业集团的职业使命和职业理念,以职业集团的责任、权利和义务为依归。因此,职业集团的"誓约"和从业人员的"誓约"在主旨精神上是一致的。

我国文化馆领域的职业道德建设与公共图书馆、博物馆领域相比相对滞后。迄今为止,文化馆领域的职业道德准则、行业自律规范还暂付阙如。早在2001年,中共中央印发《公民道德建设实施纲要》,其中就提出了公民道德建设的三个着力点:社会公德、职业道德和家庭美德。2019年,中共中央、国务院印发《新时代公民道德建设实施纲要》,公民道德建设的着力点扩展为社会公德、职业道德、家庭美德和个人品德"四德",要求推动践行以爱岗敬业、诚实守信、办事公道、热情服务、奉献社会为主要内容的职业道德,提出职业道德建设要立足行业特色、职业特点,突出涵养职业操守、培育职业精神、树立行业新风,引导从业者精益求精、追求卓越,为社会提供优质产品和服务。[1] 党的十八大以来,坚持依法治国和以德治国相结合成为全面依法治国的基本方略,以法治体现道德观念,以道德滋养法治精神,成为建设社会主义法治国家的方向指引。[2] 立足新的发展背景和发展阶段,文化馆领域应高度重视职业道德、行业自律规范建设,将其纳入文化馆法律保障体系范畴统筹谋划和部署,尽快研究制定文化馆领域的职业道德准则,构筑全行业上下衔接、相辅相成的自律规范体系。

二、文化馆事业发展政策

政策推动是促进我国文化馆事业发展的主要动力。1949年以来,有关文化

---

[1] 中共中央,国务院.新时代公民道德建设实施纲要[EB/OL].(2019-10-27)[2024-04-30].http://www.gov.cn/xinwen/2019-10/27/content_5445556.htm.

[2] 中共中央.关于全面推进依法治国若干重大问题的决定[EB/OL].(2014-10-28)[2024-04-30].http://www.gov.cn/zhengce/2014-10/28/content_2771946.htm.

馆事业发展的政策主要有两大类：一类是宏观上部署促进文化事业、公共文化服务体系建设的政策中包含了文化馆事业，一类是促进文化馆事业发展的专门政策。

（一）文化事业、公共文化事业发展政策中的文化馆

20世纪50—90年代，与文化馆事业发展相关的政策主要出现在促进农村文化、基层文化和群众文化发展的政策中。1955年，文化部和全国总工会印发《关于进一步开展厂矿、工地、企业中文化艺术工作的指示》，提出文化馆应将对职工业余文化艺术活动的业务辅导工作列为自己的经常性的重要任务之一。[①] 1956年，文化部和共青团中央印发了《关于配合农村合作化运动高潮开展农村文化工作的指示》，提出"县文化馆和区文化站在开展农村文化工作中负有重大责任"，要求文化馆"抓住发展农村俱乐部网这一中心环节，开展群众文化活动的组织工作和辅导工作"，规定"文化馆在一般情况下应该有一半以上或者三分之二以上的人力经常深入农村去开展和辅导群众的业余文化活动"。在我国，"县县有文化馆"的目标最早就是在这个文件中提出来的。[②] 当时部署七年内，基本上做到每个县都有文化馆。

改革开放初期，文化建设最先受到关注的是群众文化事业。1981年，中共中央出台《关于关心人民群众文化生活的指示》，提出要让人民群众"在劳动、工作之余能够得到有益身心的文化娱乐""在业余时间有可能自愿地参加各种文化娱乐活动"，为此要求逐步把艺术馆、文化馆、图书馆、科技馆、展览馆等文化娱乐场所建设起来，并且做出较长远的规划。[③] 1980年，文化部印发《关于加强群众文化工作的几点意见》，提出"要把加强文化馆、文化站和群众艺术馆的建设，作为搞好群众文化工作的中心环节来抓"。怎样体现"中心环节"？该文件提出的政策措施是，"政府文化部门对文化馆、文化站、群众艺术馆应加强领导""应当给文化馆适当增加经费"。针对当时有些县仍然没有文化馆的现象，该文件在"文化大革命"后首次提出要"做到县县有文化馆"。这一时期，中共中央还相继批转了中宣部、文化部、共青团中央的《关于活跃农村文化生活的几点意见》，中宣部、文

---

① 文化部,中华全国总工会.关于进一步开展厂矿、工地、企业中文化艺术工作的指示[N].人民日报,1955-12-17(3).

② 文化部,共青团中央.关于配合农村合作化运动高潮开展农村文化工作的指示[N].人民日报,1956-2-22(3).

③ 中共中央.关于关心人民群众文化生活的指示[G]//王振川.中国改革开放新时期年鉴(1981).北京:中国民主法制出版社,2015:610-611.

化部、全国总工会、共青团中央的《关于加强城市、厂矿群众文化工作的几点意见》。前者提出"逐步把集镇建设成为农村文化中心","省、地群众艺术馆要把工作重点放在农村""县文化馆要面向农村"[①];后者提出"城市群众文化设施要放在城市建设的总体规划中通盘研究解决""现有的文化场所、公共绿地和学校体育场地,任何单位不得侵占,已经侵占的要限期退还"[②]。1996年,党的十四届六中全会通过《关于加强社会主义精神文明建设若干重要问题的决议》,为充分发挥公益性文化事业单位在精神文明建设中的作用,决议提出"对政府兴办的图书馆、博物馆、科技馆、文化馆、革命历史纪念馆等公益性事业单位,应给予经费保证""在城市建设中,要配套搞好公共文化设施。县、乡应主要建设综合性的文化馆、文化站[③]。"回首这些当年的政策措施,可以看到其深远影响。

进入新世纪,我国拉开了公共文化服务体系建设的序幕,一系列重要政策文件陆续出台,推动公共文化服务体系建设跨越式发展。近20年来,五个时间节点出台的重要政策性文件对公共文化事业发展产生了重要影响。

1. 2005年:提出建设"公共文化服务体系"战略

2005年10月,党的十六届五中全会召开,会议通过的《中共中央关于制定国民经济和社会发展第十一个五年规划的建议》,首次提出"逐步形成覆盖全社会的比较完备的公共文化服务体系"。同年11月,中共中央办公厅、国务院办公厅印发《关于进一步加强农村文化建设的意见》,部署经过五年的努力,"县、乡、村文化基础设施相对完备,公共文化服务切实加强""实现县有文化馆、图书馆,乡镇有综合文化站,行政村有文化活动室"的目标任务,要求"县文化馆要具备综合性功能"[④]。同年12月,中共中央、国务院印发《关于推进社会主义新农村建设的若干意见》,把繁荣农村文化作为新农村建设的重点任务之一,要求各级财政增加对农村文化发展的投入,加强县文化馆、图书馆和乡镇文化站、村文化室等公共文化设施建设,构建农村公共文化服务体系。同月,中共中央、国务院印发《关于深化文化体制改革的若干意见》,明确了坚持文化事业和文化产业协调发展的

---

① 中共中央宣传部,文化部,共青团中央.关于活跃农村文化生活的几点意见[Z]//中国文艺年鉴社.中国文艺年鉴(1982).北京:文化艺术出版社,1984:140-142.

② 中共中央宣传部,文化部,全国总工会,共青团中央.关于加强城市、厂矿群众文化工作的几点意见[Z]//王振川.中国改革开放新时期年鉴(1983).北京:中国民主法制出版社,2015:746.

③ 中共中央.关于加强社会主义精神文明建设若干重要问题的决议[EB/OL].(2016-02-15)[2024-04-30].http://www.wenming.cn/ziliao/wenjian/jigou/zhonggongzhongyang/201602/t20160215_3144989.shtml.

④ 中共中央办公厅,国务院办公厅.关于进一步加强农村文化建设的意见[EB/OL].[2005-11-07].http://www.gov.cn/gongbao/content/2006/content_161057.htm.

原则,确认了文化馆等为群众提供公共文化服务的单位是公益性文化事业单位,提出了公益性文化事业单位体制改革的目标任务是增加投入、转换机制、增强活力、改善服务,要求加大公益性文化事业投入,调整资源配置,逐步构建公共文化服务体系。①

这一年,具有顶层设计性质的公共文化服务体系建设重要政策文件密集出台,擘画了新时期公共文化服务体系建设的战略蓝图,包括文化馆在内的公共文化服务政策保障环境得到空前强化。2005年被称为中国公共文化"元年"。

2. 2007年:提出公共文化服务体系基本框架

2007年6月,中共中央政治局召开会议,专题研究加强公共文化服务体系建设。同年8月,中共中央办公厅、国务院办公厅印发《关于加强公共文化服务体系建设的若干意见》,全面落实中央政治局专题会议精神,将党的意志转化为政府政策,首次明确提出了公共文化服务体系的建设原则、体系架构、目标任务:按照结构合理、发展均衡、网络健全、运行有效、惠及全民的原则,以政府为主导、以公益性文化单位为骨干,鼓励全社会积极参与,努力建设以公共文化产品生产供给、设施网络、资金人才技术保障、组织支撑和运行评估为基本框架的覆盖全社会的公共文化服务体系,切实保障人民群众看电视、听广播、读书看报、进行公共文化鉴赏、参加大众文化活动等基本文化权益。该文件还部署了实施重大公共文化服务工程,提出了一些对公共文化事业发展产生长远影响的政策措施,如:县级文化馆(站)、图书馆要发挥综合功能,辐射和带动群众性文化活动的开展;加快现代科技应用步伐,提高公共文化服务的信息化、网络化水平;分类制定图书馆、博物馆、文化馆、乡镇综合文化站等公共文化服务机构的建设标准和服务标准;明确中央与地方的事权,改进公共文化服务投入方式;实行职业资格制度,加强对从业人员的规范化管理;从城市住房开发投资中提取1%,用于社区公共文化设施建设;等等。

3. 2011年:"三馆一站"免费开放政策出台

作为覆盖全社会的公共文化服务体系建设的重要措施,2010年的《政府工作报告》首次提出"推进美术馆、图书馆、文化馆、博物馆免费开放"的任务。2011年1月,文化部、财政部印发《关于推进全国美术馆公共图书馆文化馆(站)免费开放工作的意见》,"三馆一站"免费开放政策正式出台。该文件阐述了"三馆一

---

① 中共中央,国务院.关于深化文化体制改革的若干意见[Z]//中国改革年鉴编纂委员会.中国改革年鉴(2007/2008).北京:中国改革年鉴社,2008:481-486.

站"免费开放的重要意义,提出了"三馆一站"免费开放的指导思想、工作原则和主要目标,部署了"三馆一站"免费开放的基本内容、实施步骤、推进举措和保障机制,明确要求取消原有部分收费项目、限期收回出租设施、降低非基本服务收费、完善免费开放公示制度。同年3月,财政部印发《关于加强美术馆公共图书馆文化馆(站)免费开放经费保障工作的通知》,建立了"三馆一站"免费开放的经费保障机制:"其人员、公用等基本支出由同级财政部门负担,开展基本公共文化服务项目支出由中央和地方财政共同负担"。当年确定的开展基本公共文化服务项目经费补助标准是:地市级图书馆、文化馆为每馆每年50万元,县级图书馆、文化馆每馆每年20万元,乡镇综合文化站每站每年5万元。中央财政分别负担中西部地区补助标准的50%和80%,对东部地区予以适当奖励。以此为标志,"三馆一站"免费开放在全国全面实施。

"三馆一站"免费开放政策实施10年后,2020年国务院办公厅印发《公共文化领域中央与地方财政事权和支出责任划分改革方案》,重申公共文化设施免费或低收费服务为中央和地方共同财政事权,调整了博物馆、纪念馆、公共图书馆、美术馆、文化馆(站)、全国爱国主义教育示范基地免费开放补助经费的中央财政分担比例。将全国所有省区划分为5档(第一档为西部12省、区、直辖市,第二档为中部10省,第三档为辽宁、福建、山东3省,第四档为天津、江苏、浙江、广东4省、市及大连、宁波、厦门、青岛、深圳等5个计划单列市,第五档为北京、上海两个直辖市),中央财政分担补助标准的比例为:第一档80%;第二档60%;第三档50%;第四档30%;第五档10%。以此为标志,公共文化设施免费开放政策进一步走向完善。

公共文化设施免费开放政策是构建覆盖全社会的公共文化服务体系进程中具有划时代意义的事件。它终结了一段时间以来我国公共文化服务"以文补文、以文养文"现象,为公共文化服务实现保障人民基本文化权益、满足人民基本文化需求的目标奠定了坚实基础,为公共文化服务的普遍均等、惠及全民提供了基本保障,开辟了我国公共文化服务体系建设的新局面。发展到今天,我国已成为当今世界公共文化设施免费开放数量最多、覆盖面最广、受益人群最广泛的国家。

4. 2015年:构建现代公共文化服务体系

2013年11月,党的十八届三中全会通过的《中共中央关于全面深化改革若干重大问题的决定》,提出构建现代公共文化服务体系的战略任务。2015年1月,中共中央办公厅、国务院办公厅印发《关于加快构建现代公共文化服务体系的意见》,全面落实党的十八届三中全会的战略部署,明确提出了到2020年基本建成覆盖城乡、便捷高效、保基本、促公平的现代公共文化服务体系的发展目标,部署了推进公共文化服务标准化均等化发展、促进公共文化服务社会化发展、丰富公共文化产品和服务供给、加快公共文化数字化建设、创新公共文化体制机制、加大公共文化服务保障力度等具有现代公共文化服务体系特色的重点任务,提出了一系列重要的发展思路,设计出了一系列重要的政策措施,如:以县级文化馆、图书馆为中心推进总分馆制建设;建立既有基本共性又有特色个性、上下衔接的公共文化服务标准指标体系;公共文化服务培育和促进文化消费;建立健全政府向社会力量购买公共文化服务机制;探索开展公共文化设施社会化运营试点;培育和规范文化类社会组织;推进公共文化服务与科技融合发展;公共文化机构建立法人治理结构;完善公共文化机构年报制度;合理划分各级政府基本公共文化服务支出责任,建立健全财政保障机制;设立城乡基层公共文化服务岗位,配置由公共财政补贴的工作人员;加快出台公共文化服务保障法等相关法律法规;等等。对文化馆事业来说,该文件还有可以载入史册的一笔:首次提出"积极开展全民艺术普及活动",对文化馆在新的历史时期的时代任务做出了影响深远的提炼概括。以该文件的出台为标志,我国实现了由公共文化服务体系建设到构建现代公共文化服务体系的跨越。

5. 2021年:推动公共文化服务高质量发展

2017年,党的十九大宣告中国特色社会主义进入新时代,社会主要矛盾已经转化为人民日益增长的美好生活需要和不平衡不充分的发展之间的矛盾,中国经济社会转向高质量发展阶段。与此相适应,我国公共文化服务体系建设从"十四五"开始跨入了以高质量发展为主题的新阶段。2021年3月,文化和旅游部、发展改革委、财政部印发《关于推动公共文化服务高质量发展的意见》;同年6月,文化和旅游部印发《"十四五"公共文化服务体系建设规划》。两个重要文件的发展思路、总体要求相向而行,部署推动公共文化服务高质量发展的重点任务主要涉及六个方面:一是深化均衡发展,以推进城乡公共文化服务一体化建设为主攻方向;二是推动品质发展,包括创新拓展新型公共文化空间和提升服务内容品质;三是加快数字化智慧化发展,在公共文化数字平台、数字资源、数字服务、数字场景建设上实现新突破;四是坚持开放发展,创新公共文化服务社会化发展方式,增强公共文化服务高质量发展内生动力;五是促进融合发展,拓宽"公共文化服务+"和"+公共文化服务"的领域范围,开辟公共文化服务创新发展新天地;六是提高服务效能,满足人民群众多样化、多层次、多方面的精神文化需求。

对文化馆事业来说,这两个重要的政策性文件还有特别的意义:对全民艺术普及的阐述和部署达到了前所未有的高度。国务院三部门的"意见"部署了"做大做强全民艺术普及",公共文化"十四五"规划部署了"实施全民艺术普及工程",首次提出"把各级文化馆打造成为城乡居民终身美育学校"的发展目标。推动各地设立全民艺术普及月、建设全民艺术普及云、加强社会艺术普及服务、推动乡村艺术普及、发挥群众文化在国际文化交流中的作用等有新意的举措被写进文件,"大家唱"群众歌咏活动、"村晚"项目、广场舞活动、"百姓大舞台"网络群众文化品牌活动等被列入公共文化"十四五"规划"专栏项目"。这是此前同类政策文件中未曾出现过的景象,说明全民艺术普及的作用和价值的社会认知程度明显提升,也说明"十三五"以来全国文化馆领域大力开展全民艺术普及所产生的影响。在文化和旅游部印发的《"十四五"文化和旅游发展规划》中,加强全民艺术普及,提高人民群众的艺术修养和审美水平,被纳入"实施社会文明促进和提升工程"范畴,全民艺术普及的作用和价值跃升到了新高度。

2005年以来,除上述五个时间节点的重要政策文件外,公共文化事业发展政策中与文化馆事业相关的重要内容还有如下几项。一是2006年《国家"十一五"时期文化发展规划纲要》发布,这是我国首次发布有关文化发展的中长期规划,其中部署"十一五"时期"实施国民艺术教育推进工程",成为全民艺术普及的先声。二是2015年中共中央印发《关于繁荣发展社会主义文艺的意见》,要求发挥好文化馆(站)、群艺馆"在群众文艺创作中的引领作用",扶持引导业余文艺社团、老年大学、社区和企业文艺骨干、乡土文化能人等"广泛开展创作活动,创新载体形式,展示群众文艺创作优秀成果"。三是2017年文化部印发《"十三五"时期繁荣群众文艺发展规划》,部署各级文化馆(站)等公共文化机构"将繁荣群众文艺作为基本职能和重要任务",积极探索"互联网+群众文艺"创作与传播新模式。

(二)促进文化馆事业发展的专门政策

1949年以来,促进文化馆事业发展的专门政策数量有限。1953年中央人民政府文化部发布《关于整顿和加强文化馆、站工作的指示》,是1949年后第一个有关文化馆事业发展的专门政策文件。该文件主要针对的是当时文化馆、站"发展太多太快,工作质量一般不高"的现象,着眼于"整顿"。如明确指示"目前各地一律不再发展文化站,而应集中力量对已有的文化站进行认真的整顿和改进,对某些徒具形式的文化站,并应酌予裁并"。该文件的历史贡献,首先是明确了文化馆、站的性质、职能和主要工作任务。我国文化馆最早的"四大职能"就是这一文件确立的,在相当一个时期内对文化馆的发展产生了重要影响。另一个重要贡献是就各级政府加强和改善对文化馆工作的领导提出了明确要求。如明确要求"县及市区人民政府除应于文教科内确定专人管理文化工作外,并应指定文教科长或副科长一人负责领导文化馆、站的工作";明确要求"1954年内各省市文化主管部门应将全部文化馆长普遍训练一次";明确要求"县以上各级人民政府文化行政部门应定期审查文化馆工作计划和检查、总结其工作"。① 这些要求为各级政府加强和改善对文化馆工作的领导提供了指引。

1981年,文化部发布《文化馆工作试行条例》(以下简称《条例》),这是我国第一个有关文化馆事业的中央政府部门行政规章。《条例》的内容涉及文化馆的性质、方针、服务对象、工作任务、业务范围、工作方法、组织结构、工作人员、会议汇报制度、房屋设备和经费、领导等共11个方面,其中在当时有针对性、有特色的规定主要有:明确了文化馆是政府设立的"综合性"群众文化事业机构;明确了文化馆在县、市(包括直辖市和省辖市的区)层级设立,工作人员的编制须报省级编制委员会批准、文化部备案,馆长由不低于同级政府的局(科)级干部担任;规定了文化馆系统最初的专业技术职称,名称为特级群众文化艺术指导(正高级)、高级群众文化艺术指导(副高级)、群众文化艺术指导(中级)、群众文化艺术助理指导(初级);规定文化馆的业务辅导工作每年应有二分之一的时间深入基层;规定文化馆应配备开展活动需要的设备,列举的被称为"现代化宣传工具"的设备包括录音机、电视机、电影机、幻灯机、照相机、录相机等;规定文化馆举办的某些活动(如文艺演出、摄影、美术和其他文化服务活动等)及其活动场所可适当收费;规定文化馆由当地政府部门领导,业务上受上级群众艺术馆的指导和辅导;规定应保证文化馆工作人员有六分之五的时间从事业务活动;第一次提出了文化馆工作人员编制数量的参考标准(见表5-1)。以今天的眼光看,《条例》作为国家文化主管部门的行政规章,许多规定未免过于具体细碎,同时计划经济的色彩也较为浓厚,但在文化馆经过"文革"浩劫后百废待兴的起步阶段,它对推动文化馆工作尽快走向规范有序发展发挥了重要作用。

---

① 中央人民政府文化部.关于整顿和加强文化馆、站工作的指示[C]//中央文化部社会文化事业管理局.文化馆工作参考资料(7),1954:1-6.

表5-1 《文化馆工作试行条例》中有关文化馆工作人员编制数量的参考标准

	人口(万人)	人员编制数(人)	
县级(含省辖市和地级市的区)	30以下	5—15	不包括文化馆附属机构,如剧场、礼堂等的工作人员
	30—80以下	10—25	
	80以上	15—30	
	没有专业剧团的县	增编10—15,建立小型农村文化工作队	
直辖市的区	50以下	30—45	
	50以上	40—55	

《条例》施行十年后,1992年,文化部出台了《群众艺术馆、文化馆管理办法》(以下简称《办法》),这是1949年后我国第二个有关文化馆事业的国家主管部门行政规章。我国从1956年开始先在省级后又扩展到地市级推行群众艺术馆体制,1981年的《条例》只涉及了县级文化馆,《办法》则覆盖了由省级到县级名称各异、性质相同的群艺馆/文化馆体系。与《条例》相比,《办法》的内容总体上走向宏观指导、原则规范,更符合中央政府部门行政规章的做法。《办法》体现出来的特点,一是固化了我国实践中已长期存在的由省到县的群艺馆/文化馆体制,并梳理了群艺馆和文化馆的"同中之异"。《办法》规定省(含副省)、地(市)层级设群众艺术馆,县(市、区)层级设文化馆,二者是"业务指导关系",说明二者的性质、职能基本相同。二者的区别主要体现在完成工作任务的范围、层次上:在开展各种文化艺术活动方面,群艺馆"侧重组织示范性的活动",而文化馆主要是加强对县以下基层开展活动的指导;在文化艺术辅导和培训方面,群艺馆侧重"文化馆、站业务干部及具有一定水平的文艺社团(队)人员",文化馆则面向社会公众;群艺馆要"组织开展群众文化理论研究",文化馆则是"选择具有指导意义的课题进行调查研究"。简单地说,在群艺馆/文化馆体制中,群艺馆实际上就是规模更大一些、水平更高一些的文化馆。尽管我国在设计群艺馆体系之初就强调群艺馆不是"大文化馆",然而事实上群艺馆在实践中扮演的就是"大文化馆"的角色。《办法》体现出来的第二个特点,是将"以文补文""多种经营"纳入了文化馆工作任务,留下了鲜明的时代印记。我国文化馆领域从20世纪80年代中期开始较多地出现"以文补文""多种经营"现象,甚至发展到"以文养文"。《办法》在规范群艺馆、文化馆的工作任务时专门列出一条:"积极开展以文补文和多种经营活动",并要求"文化主管部门对于两馆开展以文补文和多种经营活动,要给予重视和支持"。20世纪90年代我国文化馆领域的"以文补文、以文养

文"发展到高峰,《办法》起了很大的推动作用。《办法》体现出来的第三个特点,是拓展了群艺馆、文化馆的工作任务。与1981年的《条例》相比,群众文化理论研究、课题调研、大众性文艺报刊和专门性业务报刊编辑、国际群众文化艺术交流等都是新增加的工作任务,由此可以窥见"文革"后,经过十多年的发展,我国群艺馆和文化馆的业务工作在稳步地拓展范围、提升层次、丰富内容。《办法》体现出来的第四个特点,是提出了确定群艺馆、文化馆馆舍面积的依据和指标。依据包括四大要素:社会发展状况、人口分布、地理环境和业务活动需要,指标设定为省级(含副省级)群艺馆不低于5000平方米,地市级(含直辖市市辖区)不低于3500平方米,县市级(含地级市区)不低于2000平方米,文化馆分馆不低于1000平方米。今天看来,依据的表述并不完备、准确,设定的指标水平也并不算高,但在当时对推动群艺馆、文化馆设施建设发挥了重要作用,也为十多年后研究制定文化馆的建设标准奠定了基础。

总的来看,以上三个促进文化馆事业发展的专门性政策规章已经不能适应今天文化馆事业发展的需求,文化馆事业目前处于缺少专门性政府政策文件指引和规范的状况。2019年文化和旅游部公共服务司组织开展《文化馆管理办法》修订的专题研究,2021年文化和旅游部、国家发展改革委、财政部印发的《关于推动公共文化服务高质量发展的意见》中,"修订文化馆管理办法"被列入推动高质量发展、加强法制保障的重点任务。新时代文化馆事业高质量发展,亟须高层次、专门性政府政策规章指引方向、提供规范,并在此基础上,将成熟的政策、规范上升为法律制度,让文化馆事业在法制化的轨道上持续稳定健康发展。

第五节　文化馆的经费保障体系

经费保障是包括文化馆事业在内的公益性文化事业持续健康发展的基础。我国对公益性文化事业的经费保障政策,走过了由逐步加强到逐步科学完善的历程。

"文化大革命"甫一结束的20世纪80年代初期,国家经济实力有限,对公益性文化事业的经费保障政策提法比较审慎。如1980年文化部《关于加强群众文化工作的几点意见》,只是要求"政府文化部门应当给文化馆适当增加经费"。1981年中共中央印发《关于关心人民群众文化生活的指示》,保障措施的提法是"在财力和物力允许的条件下,要按照各地经济发展的水平和群众的需要",逐步建设艺术馆、文化馆、图书馆等文化设施。① 1981年颁布的《文化馆工作试行条例》提出的要求是,"随着经济建设和文化建设的发展,应当逐步增加文化馆开展活动所必需的业务费"。20世纪80年代中期以后的十多年间,公益性文化事业走过一段"多种经营""以文补文""以文养文"的曲折道路。

1996年,文化事业的经费保障政策出现了重要变化。当年,党的十四届六中全会通过《关于加强社会主义精神文明建设若干重要问题的决议》,其中有关经费保障的两项政策意义重大:一是明确要求"中央和地方财政对宣传文化事业的投入,要随着经济的发展逐年增加,增加幅度不低于财政收入的增长幅度",二是明确要求"对政府兴办的图书馆、博物馆、科技馆、文化馆、革命历史纪念馆等公益性事业单位,应给予经费保证"。前者使得文化事业的经费保障有了一个初步的衡量标准,后者开启了终结公益性文化事业单位"以文补文""以文养文"的历程。此后较长一段时间,文化事业经费保障沿着"增加幅度不低于财政收入增长幅度"的政策思路前行并不断强化。如2002年国务院办公厅转发文化部、国家计委、财政部三部门《关于进一步加强基层文化建设的指导意见》提出,"确保文化事业经费的增长不低于当年财政收入的增长幅度",2011年党的十七届六中全会通过的《关于深化文化体制改革推动社会主义文化大发展大繁荣若干重大问题的决定》提出,"保证公共财政对文化建设投入的增长幅度高于财政经常性收入增长幅度",同时还增加了一句"提高文化支出占财政支出比例"。由"确保不低于"到"保证高于""提高占比",这些要求,增强了经费保障政策的刚性和可衡量性。2011年开始实行的公共文化设施免费开放政策,使"对政府设置的公共文化设施给予经费保证"的要求全面落实。

表5-2是对我国1996—2016年间财政收入与文化事业经费支出情况的数据统计。分年度看,20年间文化事业经费投入增幅高于财政收入增幅的有9个年份,从20年的平均数据来看,基本上做到了文化事业经费增幅和财政收入增幅大体持平。2011年党的十七届六中全会将"不低于"的标准提升为"高于",从2012年开始,"高于"完全做到了,而且是大幅度的"高于"。数据统计分析说明,从1996年我国文化事业经费保障宏观政策发生重大变化以来,20年间文化事业经费总量增长20倍,年均增长幅度不低于甚至高于财政收入增长幅度的承诺基本实现。

---

① 中共中央.关于关心人民群众文化生活的指示[Z]//王振川.中国改革开放新时期年鉴(1981).北京:中国民主法制出版社,2015:610-611.

表 5-2　1996—2016 年财政收入与文化事业支出比较

年份	财政收入（亿元）	财政收入增幅（%）	文化事业投入（亿元）	文化事业投入增幅（%）
1996	7 407	—	38.77	—
1997	8 651.14	16.8	46.19	19.14
1998	9 875.95	14.2	50.78	10.00
1999	11 444.08	15.9	55.61	9.50
2000	13 395.23	17.0	63.16	13.58
2001	16 386.04	22.3	70.99	12.40
2002	18 903.64	15.4	83.66	17.85
2003	21 715.25	14.9	94.03	12.40
2004	26 396.47	21.6	113.63	20.84
2005	31 649.29	19.9	133.82	17.77
2006	38 760.20	22.5	158.03	18.09
2007	51 321.78	32.4	198.96	25.90
2008	61 330.35	19.5	248.04	24.67
2009	68 518.30	11.7	292.31	17.85
2010	83 101.51	21.3	323.06	10.52
2011	103 874.43	25.0	392.62	21.53
2012	117 253.52	12.9	480.10	22.32
2013	129 209.64	10.2	530.49	10.50
2014	140 370.03	8.6	583.44	10.00
2015	152 269.23	5.8	682.97	17.06
2016	159 604.97	4.5	770.69	12.84
年均		16.62		16.23

数据来源：国家统计局.国家数据.https://data.stats.gov.cn/easyquery.htm?cn=C01；文化部.中国文化文物统计年鉴（2017）.北京：国家图书馆出版社,2017:4.

伴随着文化事业经费投入增幅不低于或高于财政收入增幅政策的持续推进，在研究和实践领域出现了新的思考。有专家提出，公共财政是用来支撑政府基本公共服务的，但政府提供的基本公共服务涉及诸多方面，如果每一领域都要求"高于"财政收入增幅,事实上是无法做到的。有专家进一步思考,公益性文化事业经费投入固然不能越少越好,但也不是越多越好,科学合理的做法是以经费投入数量能够支撑政府履行提供基本公共文化服务的职责为限度。来自理论和实践领域的新思考,推动我国文化事业经费保障政策开始了又一次调整和完善。2007年,中共中央办公厅、国务院办公厅印发《关于加强公共文化服务体系建设的若干意见》,率先提出了"明确中央与地方的事权,改进公共文化服务投入方式"的思路。所谓政府的"事权",就是政府应承担的由公共财政资金保障的提供基本公共服务的任务和职责。按照公共治理理论,政府的事权、财权、财力三要素应有效匹配,这是政府正常有效运行的基础。事权是职责,财权和财力是保证履行职责的手段,即政府的支出责任服从和服务于政府的事权责任。从"明确中央与地方的事权"入手改进公共文化服务的投入方式,表明我国文化事业经费保障政策开始朝着科学、规范、可持续的方向推进。2015年,在中共中央办公厅、国务院办公厅印发的《关于加快构建现代公共文化服务体系的意见》中,首次明确阐述了事权责任和支出责任相匹配的公共文化经费保障机制:"合理划分各级政府基本公共文化服务支出责任,建立健全公共文化服务财政保障机制,按照基本公共文化服务标准,落实提供基本公共文化服务项目所必需的资金,保障公共文化服务体系建设和运行。"以该文件附件形式发布的《国家基本公共文化服务指导标准(2015—2020年)》在"标准实施"的说明中进一步明确:"县级以上各级政府按照标准科学测算所需经费,将基本公共文化服务保障资金纳入财政预算,落实保障当地常住人口享有基本公共文化服务所需资金。"2017年3月施行的《公共文化服务保障法》第四十五条将这一经费保障政策上升为法律规定:国务院和地方各级人民政府应当根据公共文化服务的事权和支出责任,将公共文化服务经费纳入本级预算,安排公共文化服务所需经费。

至此,包括文化馆事业在内的公共文化事业经费保障机制已实现从增长幅度不低于或高于财政收入增长幅度,转变为政府支出责任与政府基本公共文化服务事权责任相匹配,并实现了由政策保障到法律保障的飞跃,标志着我国公共文化事业经费保障朝着更加科学、合理、规范、完善的方向迈出新步伐。

2020年,国务院办公厅印发《公共文化领域中央与地方财政事权和支出责任划分改革方案》,进一步细化、具体化了各级政府公共文化服务的事权责任和支出责任。该方案规定,在基本公共文化服务方面,文化馆(站)、博物馆、纪念馆、公共图书馆、美术馆、全国爱国主义教育示范基地等实行免费开放,以及将读书看报、收听广播、观看电视、观赏电影、送地方戏、文体活动等纳入国家基本公共文化服务标准的事项,确认为中央与地方共同财政事权,由中央与地方共同承担支出责任;其他方面的公共文化服务,如文化艺术创作扶持、文化遗产保护传承、对外及对港澳台文化交流、公共文化服务能力建设等,中央确定并由中央职能部门组织实施或支持开展的事项,确认为中央财政事权,由中央承担支出责任;中央确定并由中央职能部门、地方共同组织实施或支持开展的事项,确认为中央与地方共同财政事权,由中央与地方按照相关职责分工分别承担支出责任;地方确定并由地方组织实施或支持开展的事项,确认为地方财政事权,由地方承担支出责任,体现了"谁的事权责任谁承担支出责任"的改革原则。另外,按照政府公共财政能力的一般规律,越到基层,财政能力越弱。着眼于我国地方各级政府事权责任和财政能力的实际状况,该方案还设计了支出责任适当上移的原则,要求"将适宜由地方高一级政府承担的基本公共文化服务支出责任上移,以避免过多增加基层政府的支出压力"。

2021年,国家发展改革委等21部门出台了《国家基本公共服务标准(2021年版)》,其中包括公共文化服务。关于落实标准规定任务的经费保障,国务院的批复要求,"支出责任按照相关领域中央与地方财政事权和支出责任划分改革情况确定。各地区要按照确定的基本公共服务项目和标准,完整、规范、合理编制基本公共服务项目预算,确保相关经费足额拨付到位"[①]。"十四五"开局之年,我国公共文化事业经费保障机制全面转换为各地通过结合当地实际制定基本公共文化服务实施标准/服务目录,确定基本公共文化服务的内容、种类、数量和水平,明确政府基本公共文化服务事权责任,依据事权责任测算经费支出责任,纳入本级政府财政预算,安排所需经费。

小 结

我国文化馆组织体系的结构形态主要有三种类型:行政层级化组织体系、总分馆体系和服务联盟。设施包括建筑物、场地和设备。《文化馆建设用地指标》《文化馆建设标准》和《乡镇综合文化站建设标准》,是目前各级政府文化馆(站)

---

① 国务院.关于国家基本公共服务标准(2021年版)的批复[EB/OL].[2021-02-18].http://www.gov.cn/zhengce/content/2021-02/18/content_5587538.htm.

建设项目科学决策和合理确定项目建设水平的全国统一标准。设施建设的目标是形成设施体系。文化馆的社会功能和职业使命通过服务提供体现出来。文化馆服务提供的总原则是政府主导、社会力量参与；主要途径是阵地服务、流动服务和数字服务相结合；时间要求是倡导和鼓励错时开放、延时开放；从权责分类的角度看，主要有免费提供，优惠低收费提供和人民群众自我创造、自我表现、自我服务三种类型。完善的文化馆法律政策保障体系包括上下衔接、相辅相成的五大要素：一是与文化馆相关的上位法律法规，二是文化馆专门法律法规，三是文化馆相关法律法规，四是文化馆行业自律规范，五是文化馆发展相关政策。我国对包括文化馆在内的公益性文化事业的经费保障，走过了由逐步加强到逐步科学完善的历程。《公共文化服务保障法》将依据事权和支出责任确定公共文化服务所需经费的原则法律化，标志着公共文化事业经费保障朝着更加科学、合理、规范、完善的方向迈出新步伐。动态调整的国家基本公共服务标准制度，明确了不同时期政府基本公共文化服务的事权责任。

扩展阅读

1. 冯佳.公共文化服务制度建设研究[M].北京：国家图书馆出版社,2015.
2. 金武刚,李国新.公共文化政策法规解读[M].2版(修订本).北京：北京师范大学出版社,2019.
3. 魏后凯,谭秋成,党国英,冯兴元,等.基层公共文化设施建设和管理研究[M].北京：中国社会科学出版社,2017.
4. 中共中央宣传部政策法规研究室.外国文化法律汇编[M].北京：学习出版社,2015.

主要概念

文化馆总分馆制	文化馆服务联盟	设施体系	阵地服务
流动服务	数字服务	错时开放	延时开放
免费开放	《公共文化服务保障法》		文化馆相关法
文化馆行业自律规范	事权责任	支出责任	

思考题

1. 我国文化馆的组织体系主要有哪几种类型?各自有什么优势和局限?
2. 文化馆设施体系化的主要标志是什么?
3. 你所在地区的文化馆服务提供存在什么主要问题?怎样进一步完善?
4. 构建文化馆法律法规体系需要从哪些方面做出努力?
5. 目前我国与文化馆相关的法律法规有哪些?主要有哪些方面的规定?
6. 新世纪以来,我国与文化馆事业发展相关的政策有哪些重要进展和突破?

第六章　文化馆服务

服务是文化馆履行职能的灵魂。文化馆服务主要包括文化场馆免费开放、策划组织群众文化活动、开展文艺辅导培训、组织群众文艺创作、培育群众文艺团队、利用互联网开展数字化服务等。

第一节　服务空间与阵地

文化馆服务的空间和阵地,是指文化馆开展服务所依托的馆舍、广场等室内外场所。它既是文化馆提供服务的载体,也是公众享用文化馆服务的载体。

一、设施空间

文化馆是法定公共文化设施。按照《公共文化服务保障法》的规定,文化馆设施建设的责任主体是县级以上地方人民政府,建设依据是结合当地经济社会发展水平、人口状况、环境条件、文化特点,合理确定文化馆设施的数量、规模和布局,目标是形成场馆服务、流动服务和数字服务相结合的文化馆设施网络。

目前我国有关文化馆设施空间的标准规范主要有两类:一是有关文化馆设施建设的标准规范,二是文化馆评估定级标准中有关设施面积的规定。

（一）文化馆设施建设标准

有关文化馆设施建设的标准规范,现行有效的主要是住房和城乡建设部、国土资源部和文化部2008年批准发布的《文化馆建设用地指标》和文化部主编、住房和城乡建设部、国家发展和改革委员会2010年发布的《文化馆建设标准》。前者主要用于规范文化馆设施的建设用地,后者主要用于规范文化馆设施的建设规模。二者均属于政府规范性文件。

1.《文化馆建设用地指标》

该指标提出了文化馆的分级分类与设置原则。文化馆按其行政管理层级分为省级(自治区、直辖市)文化馆、市级(地、州、盟)文化馆和县级(旗、市、区)文化馆3个层级。文化馆按其建设规模分为大型馆、中型馆和小型馆3种类型。建筑面积达到或超过6000平方米的为大型馆,建筑面积达到或超过4000平方米不足6000平方米的为中型馆,建筑面积达到或超过2000平方米不足4000平方米的为小型馆。表6-1是各类型文化馆的设置原则规定。

表6-1 各类型文化馆的设置原则

类型	设置原则	城镇人口或服务人口 (万人)	服务范围或服务半径
大型馆	省会、自治区首府、直辖市和大城市	≥50	市区
中型馆	中等城市	20—50	市区
	市辖区	≥30	3.0—4.0km
小型馆	小城市、县城	5—20	市区或镇区
	市辖区或独立组团	5—30	1.5—2.0km

为了优化设施布局,避免重复建设,该标准的设置原则规定,大型馆覆盖的4公里服务半径内不再设置中型馆,大、中型馆覆盖的2公里服务半径内不再设置小型馆。

《文化馆建设用地指标》的核心内容,是以节约和集约用地为原则,提出了文化馆设施的建设用地控制指标。建设用地包括文化馆建筑用地、室外活动场地、绿化用地、道路用地和停车场用地。表6-2是具体的建设用地控制指标。

表6-2 各类型文化馆的建设用地控制指标

类型	建筑面积 (㎡)	容积率	建筑密度 (%)	建设用地总面积 (㎡)	建设用地中的室外活动场地(㎡)
大型馆	≥6000	≥1.3	25—40	4500—6500	1200—2000
中型馆	4000—6000	≥1.2	25—40	3500—5000	900—1500
小型馆	2000—4000	≥1.0	25—40	2000—4000	600—1000

2.《文化馆建设标准》

该标准的核心内容是提出了文化馆设施的面积指标。具体规定见表6-3。

表6-3 各类型文化馆建筑面积指标

类型	服务人口（万人）	建筑面积（㎡）	适用范围
大型馆	≥250	≥8000	大城市
	50—250	6000—8000	
中型馆	20—50	4000—6000	中等城市
	≥30		市辖区
小型馆	5—20	2000—4000	小城市
	5—30		市辖区或独立组团
	<5	800—2000	城关镇

不同类型文化馆确定建筑面积以服务人口为依据。服务人口指所在城市、城镇的常住人口，如省级馆是指省会城市的常住人口，不是指全省的常住人口。

该标准还提出了文化馆设施的功能用房构成。规定文化馆房屋建筑包括群众活动用房、业务用房、管理用房和辅助用房4大类，各类功能用房使用面积比例见表6-4。

表6-4 文化馆各类功能用房使用面积比例（%）

序号	分项内容	大型馆	中型馆	小型馆
1	群众活动用房	77—79	77—79	76—78
2	业务用房	6	8	10
3	管理用房	7	7	8
4	辅助用房	8—10	6—8	4—6
5	总使用面积	100	100	100

总体上看，《文化馆建设用地指标》和《文化馆建设标准》有如下突出特点：一是突破了传统的依据行政管理层级划分文化馆等级的单一模式，提出了依据服务人口确定大、中、小型文化馆类型的划分方法；二是文化馆设施的建设规模，依据所在城市（镇）常住人口确定，体现了文化馆服务以人为本、普遍均等的原则；三是充分考虑了文化馆开展服务的特殊需要，设施建设用地总面积明列了室

外活动场地;四是提出了文化馆各类功能用房面积比例,确保文化馆的馆舍面积绝大部分用于公众服务。

(二)文化馆评估定级标准中有关设施面积的规定

评估定级标准是对已建成文化馆的基础条件、服务能力、保障水平的综合评价标准。2002—2022年间,我国开展了五次文化馆评估定级工作。历次评估定级标准都将馆舍条件列为上等级的必备条件,意味着在确定文化馆等级时,馆舍条件是具有"一票否决"性质的关键要素之一。表6-5是第1—5次全国文化馆评估定级标准中有关馆舍面积的规定。

表6-5 第1—5次全国文化馆评估定级标准中有关馆舍面积的规定(平方米)

		一级馆	二级馆	三级馆
省级馆	第一次评估	5000	4000	3000
	第二次评估	6500	5500	4500
	第三次评估			
	第四次评估			
	第五次评估			
副省级馆 市级馆	第一次评估	3500	3000	2500
	第二次评估	5500(副省级馆) 4500(市级馆)	4500(副省级馆) 3500(市级馆)	3500(副省级馆) 2500(市级馆)
	第三次评估	6500(副省级馆) 4500(市级馆)	5500(副省级馆) 3500(市级馆)	4500(副省级馆) 2500 或达标(市级馆)
	第四次评估			
	第五次评估			
县级馆	第一次评估	2000	1500	1000
	第二次评估	2500	2000	1500
	第三次评估	2500	2000	1500
	第四次评估			1500 或达标
	第五次评估			

从历次文化馆评估定级标准中有关馆舍面积的规定来看,指标既有连续性,又体现了稳步提高。就指标提高的幅度来看,相较于2002年进行的第一次评估,2006—2008年进行的第二次评估定级,省级馆和副省级馆馆舍面积指标大幅

度提高,市级馆和县级馆馆舍面积指标也有小幅上调,说明伴随着我国开始大力推进公共文化服务体系建设,对各级文化馆的服务承载阵地提出了更高要求。从不同层级文化馆的指标设定来看,副省级馆和市级馆归入同一序列,但从2011年第三次评估定级开始,副省级馆的馆舍面积指标要求转而与省级馆相同,这是立足实际的调整,说明我国副省级城市文化馆的设施建设异军突起、快速发展。

在文化馆设施建设的标准规范和文化馆评估定级标准的促进下,我国各级文化馆的服务阵地建设取得了一定进展,但与同样作为重要公共文化设施的公共图书馆、博物馆相比,明显滞后。表6-6是2020年全国文化馆与公共图书馆、博物馆馆舍面积的比较。从比较中可以看到,大幅度提高文化馆设施空间水平,强化文化馆服务阵地建设,是未来文化馆发展面临的重要任务。

表6-6 文化馆、公共图书馆、博物馆设施面积比较(2020年)

		设施数量(个)	设施总面积(万平方米)	馆均面积(平方米)
省级	文化馆	31	28.92	9329
	公共图书馆	39	193.57	49 633
	博物馆	140	295.38	21 098
地市级	文化馆	359	241.80	6735
	公共图书馆	382	532.07	13 928
	博物馆	1130	890.16	7878
县市级	文化馆	2931	989.95	3378
	公共图书馆	2790	1032.32	3700
	博物馆	4177	1951.44	4672

数据来源:文化和旅游部.中国文化文物和旅游统计年鉴(2021)[M].北京:国家图书馆出版社,2021.

二、新型公共文化空间

新型公共文化空间是对近年来我国城乡广泛出现的"城市书房""文化驿站"等公共文化空间的统称。相对于传统的公共文化场馆,这类空间一般具有小而美、高品质、多业态、新机制、新建改建共享并举等特色,有效补充和延伸了公共文化设施网络和服务体系,故称"新型公共文化空间",简称"新空间"。

(一)新型公共文化空间的起源与发展

2013年诞生于江苏省张家港市的图书馆"小木屋"以及"图书馆驿站",是公共阅读新型空间形态的最早原型。① 2014年,浙江省温州市最早采用"城市书房"这一名称来命名这类城市阅读空间,并在城市书房的选址布点、空间品质、技术应用、服务提升、社会力量参与等方面进行了一系列改革创新,取得了十分显著的服务成效。在推进城市书房建设的同时,温州市还开发、建设出另外一类以艺术展示、艺术分享、艺术活动为主要功能的新空间,称为"文化驿站"。温州的做法和经验经宣传推广后,不少地方借鉴温州经验开始建设具有当地文化特色的新型公共文化空间。

2015年,中共中央办公厅、国务院办公厅印发《关于加快构建现代公共文化服务体系的意见》,部署以县级文化馆、图书馆为中心推进总分馆制建设。2016年,文化部等五部门印发《关于推进县级文化馆图书馆总分馆制建设的指导意见》,要求按照填平补齐原则,新建或改扩建一批总馆和分馆。图书馆、文化馆总分馆制建设有力带动了全国范围的新型公共文化空间建设。"十四五"以来,各级党委政府出台了一系列推动公共文化设施和服务提档升级的政策措施,形成推动新型公共文化空间建设快速发展的直接动力,新型公共文化空间建设在全国普遍推开,掀起建设热潮。据初步统计,截至2023年9月,全国已建成各类新型公共文化空间33 500多个。②

(二)新型公共文化空间的类型与特点

1. 新型公共文化空间的类型

各地因地制宜,创新机制,采用多种方式开展新型公共文化空间建设。总体来看,出现了以下主要类型。

(1)**对既有公共文化设施空间的创意性改造**。对公共图书馆、文化馆、乡镇(街道)综合文化站、村(社区)文化活动室、农家书屋等既有公共文化设施进行提档升级改造,优化服务功能,提升服务质量。

(2)**新建"小而美"的新型公共文化空间**。布局在市民生活圈内,品质上乘、环境幽雅、服务多样、机制灵活、方便利用的小型公共文化空间,是新型公共文化空间的主流形态。

(3)**城市公共空间的综合利用**。对散布在城市街头的城市驿站、户外劳动者驿站、长途汽车客运站等既有公共服务空间进行升级改造,嵌入公共文化元

---

① 金武刚,王瑞芸,穆安琦.城市书房:2013—2020年:基层图书馆建设的突破与跨越[J].图书馆理论与实践,2021(3):1-9.
② 北京大学国家现代公共文化研究中心.我国公共文化新空间发展研究报告[R].北京大学,2023:6.

素,融入多元业态和多种功能,将其打造成为复合型的城市公共服务空间。

(4)"嵌入式"公共文化空间。与餐饮、商场、公园等场所合作,在其场地开辟公共文化空间场景,嵌入公共文化服务功能。这种模式常见于大城市,特别是大城市寸土寸金的中心区域。

(5)"开放式"公共文化空间。在公共广场、城市街角、老街小巷、乡村空地等场所融入公共文化元素,开辟公共文化活动阵地,营造遍布街头巷尾、深入城乡肌体的新型公共文化空间。

(6)城市更新中腾退空间的改造利用。将符合条件的腾退空间进行创意性改造,融入公共文化功能,构建彰显腾退空间特色的新型公共文化空间。

(7)实体书店拓展公共文化空间。将符合条件的实体书店纳入新型公共文化空间的扶持范围,融入公共文化服务功能。

2.新型公共文化空间的特点

与传统设施空间相比,新型公共文化空间体现出了鲜明特色,适应了人民群众美好生活对公共文化服务的新要求,成为新时期我国公共文化服务高质量发展的显著标志。

(1)**理念新**。新型公共文化空间全面体现创新、协调、绿色、开放、共享的新发展理念,构筑星罗棋布、贴近生活的公共文化空间场景体系。首先,新型公共文化空间建设不搞大拆大建,而是主要采用优化存量和嵌入增量的方式开展建设。其次,新型公共文化空间建设打破"空间即建筑"的观念,将公共广场、城市街角、老街小巷、乡村空地等开放性的空间都视为空间场所,融入公共文化元素,营造遍布街头巷尾的公共文化空间体系。最后,新型公共文化空间打破设施按行政层级布局的传统方式,依据常住人口和服务半径、以"文化圈"的理念进行科学合理的布设。

(2)**形态新**。新型公共文化空间秉持"小而美"的建设原则,空间设计融入艺术与美学元素,将空间打造成为具有审美意向与文化精神的载体,突出强调品质化、时尚化、舒适化。空间设计彰显当地文化特色是各地新型公共文化空间建设的普遍追求。把公共文化服务嵌入城市商圈、公园绿地、交通枢纽、市民中心、文化园区等人流密集区域,构筑老百姓日常生活中泛在的公共文化空间场景体系,展现全新的存在形态。

(3)**机制新**。新型公共文化空间在管理和运营机制上普遍实现了创新突破,成为公共文化领域践行开放、共享新发展理念的重要载体。在管理体制上,将新型公共文化空间纳入图书馆文化馆总分馆体系是普遍的做法,以实现统一运营标准、统一服务标准、统一资源配送、统一活动联动、统一服务策划、统一资源共享,总馆承担对作为分馆的新型公共文化空间资源和服务的指导、保障和援助职能。在运行机制上,新型公共文化空间较多地采用社会化运营管理方式,充分体现现代公共文化服务政府、社会、市场共同参与的特色。由政府制定和完善相关制度,鼓励和引导文化企业、社会组织和文化志愿者等社会力量具体实施运营管理,目前已经发展出了连锁式运营管理、整体运营管理和部分运营管理等不同模式。优惠收费的普惠性非基本公共文化服务也在新型公共文化空间中率先试行。

(4) **技术新**。新型公共文化空间较为普遍地综合运用人脸识别、物联网、远程监控等技术,配置自助借还设备,实现了无人值守环境中的公众自助操作,节约了人力成本,提高了服务效率。新型公共文化空间还对接国家和地方公共文化云平台,以互动式、预约式、菜单式服务提高用户使用、参与的便捷度,提升服务效能。一些新型公共文化空间还建设了沉浸式的数字文化体验空间。新型公共文化空间注重采用新技术来变革传统的管理方式,实现了数据的统一实时传输、计算,并以可视化方式显示,据此进行精细化的预测、预警和预报,提高了管理决策的效率。新型公共文化空间还充分践行绿色发展理念,以技术手段提升空间的绿色水平,实现对环境的智慧化管控,空调、照明、通风、湿度系统可随着人流量进行调节,降低了公共文化设施的能耗。

(5) **服务新**。新型公共文化空间打破了传统的单一服务模式,强调业态多元、跨界融合、功能综合,为公众提供公共阅读、艺术普及、展览展示、讨论分享、休憩消遣等综合性的文化服务。同时,与时俱进地探索提供个性化、高品质的普惠性非基本公共文化服务,满足公众多样化的文化需求,显著提高了公共文化服务供需对接水平。

新型公共文化空间建设是公共文化高质量发展的显著标志,是推进公共文化服务城乡一体建设的重要抓手,是推动文化繁荣、建设文化强国的基础工程。在未来发展中,新型公共文化空间建设进一步的着力点主要是,促进城乡公共文化设施布局优化,扎实推进公共文化空间体系建设,坚持提升设施品质与强化服务功能的有机统一,完善社会力量参与的运营管理机制,推动融合发展、充实服务业态,让空间革命释放出提升服务效能的强大动力。

第二节 服务类型与内容

文化馆服务按照某些共同的属性和特征可以区分为不同的类型。常见的服务类型区分维度主要包括:按文化馆履行全民艺术普及职能区分、按文化馆提供服务的性质区分、按文化馆服务涉及的艺术门类区分、按文化馆服务的主要方式区分、按文化馆服务的主要形态区分。

一、按文化馆履行全民艺术普及职能区分

文化馆的核心职能是开展全民艺术普及。一般认为，文化馆开展的全民艺术普及服务可以分为艺术知识普及服务、艺术欣赏普及服务、艺术技能普及服务和艺术活动普及服务。

（一）艺术知识普及

艺术知识涵盖音乐、舞蹈、戏剧、曲艺、绘画、书法、摄影等艺术门类，涉及各类艺术特征、艺术流派、著名艺术家、经典艺术作品等相关知识。文化馆的艺术知识普及主要通过讲座、演出、展览、媒体推介等方式进行，以提高公众的文化艺术素养、审美水平为宗旨。

（二）艺术欣赏普及

文化馆开展全民艺术普及欣赏服务，主要是提供古今中外文化艺术作品的鉴赏服务，建立在多载体古今中外经典文化艺术作品资源建设、空间场景和设备装备建设的基础上。

在面向"全民"的艺术普及中，知识普及和欣赏普及有区别，更有联系。一般公众的艺术知识、艺术素养主要通过文化艺术经典作品的鉴赏获得。传统上，文化馆主要通过讲座、展览、演出、分享等方式提供知识和欣赏普及服务。作品数字化和传播网络化，为文化馆开展全民艺术知识和欣赏普及服务开辟了新前景、拓展了新空间。文化馆树立知识类、鉴赏类文化艺术资源建设的理念和方式，是开展全民艺术知识普及和艺术欣赏普及服务的基础，文化馆提供古今中外经典文化艺术作品鉴赏服务，是艺术知识和欣赏普及服务走向常态化的重要方式。把文化馆打造成全民艺术知识和欣赏普及的资源中心、鉴赏阵地、服务窗口，是文化馆开展全民艺术知识普及、欣赏普及服务的目标。

（三）艺术技能普及

让更多的人基于兴趣爱好掌握一门或几门文化艺术创作、表演、演奏等实际技能，这既是公众文化艺术素养提升的标志，又反过来进一步促进了全民艺术普及的拓展和深化。文化馆开展艺术技能普及服务，主要方式是通过组织各门类

培训班,面向全社会不同类型人群,进行普及性、入门性的技能培训。文化馆开展艺术技能普及服务,仅靠自身的力量远远不够,需要整合全社会的艺术教育资源,包括艺术技能教学的人才资源、场馆资源、课程资源、设备装备资源等,文化馆在其中应充分发挥统筹协调、组织指导的作用。互联网为文化馆全民艺术技能普及拓展了新天地。网络直播、艺术慕课、远程指导等方式广泛运用,艺术技能普及进入了线上线下相结合的时代。

(四)艺术活动普及

活动是全民艺术普及的主要载体,是参与面最广的艺术普及形式。文化馆艺术活动普及形式多样,包括组织丰富多彩的广场文化活动,依托传统节日和重大节庆开展主题性文化艺术活动,策划开展艺术进校园、进社区、进农村、进企业等活动,开展形式多样的群众性才艺比赛活动,指导群众业余文艺团队开展艺术创作、表演活动,组织策划街头艺术表演活动,等等。各地已经创造出许多吸引公众广泛参与、融入百姓日常生活的群众文化品牌活动。

二、按文化馆提供服务的性质区分

《公共文化服务保障法》规定公益性文化单位"免费或者优惠"向公众提供服务。按照免费或者优惠的性质区分,文化馆提供的服务可以分为免费提供的基本公共文化服务和优惠收费提供的普惠性非基本公共文化服务两种类型,以免费提供的基本公共文化服务为主,优惠收费提供的普惠性非基本公共文化服务为辅。

(一)免费提供的基本公共文化服务

基本公共文化服务免费提供,是人民实现基本文化权益的制度保障,是人民精神文化生活共同富裕的基础,是人民文化获得感、幸福感的起点。目前,我国基本公共文化服务免费提供的范围、数量和程度,已经走在世界前列,走出了一条充分体现政府主导、主要由公共财政支持、以基本公共文化服务标准化促进均等化的中国式发展道路。

免费提供的基本公共文化服务,发挥保基本、兜底线、促公平的作用,其范围、内容随经济社会的发展动态调整、与时俱进。2011年1月,文化部、财政部印发《关于推进全国美术馆公共图书馆文化馆(站)免费开放工作的意见》,首次明确提出文化馆免费提供的基本公共文化服务的范围和内容,一是公共空间设施场地的免费开放,二是与其职能相适应的基本公共文化服务项目健全并免费向群众提供。主要包括:文化馆(站)的多功能厅、展览厅(陈列厅)、宣传廊、辅导培训教室、计算机与网络教室、舞蹈(综合)排练室、独立学习室(音乐、书法、美术、曲艺等)、娱乐活动室等公共空间设施场地的免费开放;普及性的文化艺术辅导培训、时政法制科普教育、公益性群众文化活动、公益性展览展示、培训基层文化队伍和业余文艺骨干、指导群众文艺作品创作等基本文化服务项目健全并免费提供;为保障基本职能实现的一些辅助性服务如办证、存包等全部免费。

2017年3月1日施行的《公共文化服务保障法》第二十九条规定,公益性文化单位应当完善服务项目、丰富服务内容,创造条件向公众提供免费或者优惠的文艺演出、陈列展览、电影放映、广播电视节目收听收看、阅读服务、艺术培训等,并为公众开展文化活动提供支持和帮助。

2015年,我国首次发布《国家基本公共文化服务指导标准(2015—2020年)》,提出读书看报、收听广播、观看电视、观赏电影、送地方戏、设施开放、文体活动等三大类14项22条基本公共文化服务国家标准。2021年,我国又发布了包括基本公共文化服务在内的《国家基本公共服务标准(2021年版)》,2023年更新发布《国家基本公共服务标准(2023年版)》,进一步明确了"十四五"时期我国基本公共文化服务覆盖的主要方面,以及相应的服务对象、服务内容、服务标准和保障责任。根据国家基本公共文化服务指导标准,省、市、县各级人民政府结合地方实际,制定本区域基本公共文化服务实施标准,明确和细化基本公共文化服务标准,构建起覆盖全国、上下衔接、既有基本共性又有特色个性的基本公共文化服务标准制度,以公共文化服务标准促进均等化。

(二)优惠收费提供的普惠性非基本公共文化服务

普惠性非基本公共文化服务是为满足人民群众多样化、多层次、多方面的文化需求所必需,是基本公共文化服务不能完全满足、市场自发供给不足时,由政府通过支持公共文化机构或市场主体提供的公共文化服务。2011年文化部、财政部《关于推进全国美术馆公共图书馆文化馆(站)免费开放工作的意见》中的一个简单定义是"基本公共文化服务以外的文化服务项目"。

普惠性非基本公共文化服务不是完全免费提供,而是"优惠"提供。所谓优惠,文化部、财政部《关于推进全国美术馆公共图书馆文化馆(站)免费开放工作的意见》中的说法是,"要与市场价格有所区分,降低收费标准,按照成本价格为群众提供服务"。国家《"十四五"公共服务规划》要求不断扩大普惠性非基本公共服务供给,确立了政府有支持、付费可享有、价格可承受、质量有保障、安全有监管的提供原则。

概括地说,普惠性非基本公共文化服务已经超出了保基本、兜底线的范畴,但它仍然具有普惠共享的性质,还不是完全市场化的文化服务,因此采取"受益者适当负担"的原则,也就是优惠收费提供。

推动公共文化服务高质量发展,发展普惠性非基本公共文化服务不是可有可无,而是不可或缺。首先,它是满足人民群众多样化、多层次、多方面的精神文化需求所必需,是让人民群众享受更加充实、更为丰富、更高质量的精神文化生活所必需。其次,它是伴随着经济社会发展在更高层次上体现社会公平正义所必需。如果说公共文化服务的一个重要社会功能是促进和体现社会公平正义,免费开放保基本、兜底线是促公平的重要标志,那么到了追求高质量发展、推进共同富裕的新阶段,人民群众的精神文化需求更多地转向多样化、多层次、多方面,适当的优惠收费、适当的受益者个人负担,是避免公共资金更多地流向小众服务的重要机制,所以它是促进和体现更高层次的社会公平正义的举措。再次,通过普惠性非基本公共文化服务优惠收费,也可以为政府筹集更多的保障基本公共文化服务的资金,具有拓宽基本公共文化资金来源渠道的作用。最后,发展普惠性非基本公共文化服务,是激发公共文化机构和社会运营主体创新活力、丰富服务内容、提高服务质量的重要动力,也为改革和完善收入分配机制带来了契机、提供了条件。

"十四五"以来,我国一些经济发达地区开始探索发展普惠性非基本公共文化服务的新做法、新路径,并加以总结提炼、上升为地方性政策规范。2021年以来,北京、上海、广州、成都等地相继出台地方性政策文件。各地探索发展普惠性非基本公共文化服务的做法不尽相同,但也对一些具有普遍性、共同性的问题进行了探索突破:一是因地制宜明确普惠性非基本公共文化服务的范围、内容;二是建立普惠性非基本公共文化服务优惠收费的约束机制;三是明确优惠收费的定价原则和方法;四是建立激励机制,探索优惠收费净收益的参与方分享机制。

三、按文化馆服务涉及的艺术门类区分

文化馆服务涉及的艺术门类,传统上可划分为文学、音乐、舞蹈、戏剧、曲艺、美术、书法、摄影。这些艺术门类总体上可以归纳为表演艺术、视觉艺术、文学艺术三大范畴。近年来随着数字信息技术发展应运而生的数字艺术,也逐渐进入

文化馆服务领域。

文化馆各艺术门类的普及方式，主要是组织开展艺术讲座、艺术分享、艺术培训辅导、创作采风与作品加工会，策划举办艺术展演展览活动，培育群众性文艺团队等。除了具有共性的艺术普及方式，不同艺术门类开展的艺术普及也各有特点。

（一）表演艺术普及服务

文化馆表演艺术主要包括音乐、舞蹈、戏剧、曲艺等艺术门类。文化馆既要致力于古今中外表演类经典艺术作品的欣赏传播，又要做好具有时代特征和民族特点、群众喜闻乐见的艺术作品的推广。文化馆表演艺术普及服务，除了常态化的讲座分享、培训辅导等方式，最典型的是组织开展群众性文艺演出、艺术赛事等表演艺术活动，群众参与性强，活动覆盖面广，社会影响力大。如广场舞示范展示活动、"大家唱"群众歌咏活动和"戏曲进乡村"活动，是近年来文化馆领域普及程度高、社会影响大的群众性文化活动，已经列入文化和旅游部《"十四五"公共文化服务体系建设规划》专栏项目，文化和旅游部、国家发展改革委、财政部《关于推动公共文化服务高质量发展的意见》的重点任务，是当前文化馆表演艺术普及服务的重点活动。

文化馆表演艺术普及服务要特别重视做好广场舞、合唱歌曲、戏曲等优秀作品的遴选、推广工作。要培育和扶持群众性的广场舞、合唱、戏曲等文艺团队，开展常态化的表演艺术普及活动，以市、县文化馆为主体组织群众性文艺展演活动，引导城乡群众当主角，展示表演艺术方面的才华。互联网平台直播群众文化活动，制作短视频在新媒体推送，可以促进群众性表演艺术活动的广泛传播。有条件的城市文化馆要将新兴的说唱、街舞、小剧场话剧、街头艺术表演等艺术形式纳入表演艺术普及服务范围。

（二）视觉艺术普及服务

视觉艺术包括美术、书法、摄影等艺术门类。文化馆的视觉艺术普及服务，主要是组织开展书画、摄影创作培训班，举办群众性书画、摄影展览活动，提高群众艺术审美素养；同时要根据自身的定位与工作优势，开展群众性视觉艺术普及服务。

中国书画艺术源远流长、博大精深，融合了中国人对于自然、社会和生命的认识，蕴藏着深厚的传统文化内涵。中国书画艺术所讲究的笔墨、意境、气韵等，是开展社会大美育、推进视觉艺术普及服务的生动载体。文化馆可通过组织开展中国传统书画艺术的学习、鉴赏活动,走进社区、走进乡村,开设书法、绘画等中国传统书画美育课程与活动,建设美育示范村,提高群众艺术审美能力,弘扬优秀传统文化。

农民画创作辅导,是不少文化馆视觉艺术普及服务的重要工作,也是文化馆助力中国民间文化艺术之乡建设的重要途径。1987—2003 年,文化部在全国命名了 486 个"中国民间艺术之乡"和"中国特色艺术之乡"①,2008—2010 年命名了 963 个"中国民间文化艺术之乡"②,2011—2013 年命名了 528 个"中国民间文化艺术之乡"③,2014—2016 年命名了 442 个"中国民间文化艺术之乡"④,2018—2020 年命名了 175 个"中国民间文化艺术之乡"⑤,2021—2023 年命名了 183 个"中国民间文化艺术之乡"⑥。在被命名的"中国民间文化艺术之乡"中,就有一定数量的书画之乡,包括农民画之乡。积极参与"中国民间文化艺术之乡"建设,是文化馆面向基层开展艺术普及的重要途径,是视觉艺术普及服务的重要平台。文化馆要通过组织农民画创作辅导,发现培养优秀农民画作者,策划举办农民画展览,推动农民画融入美丽乡村建设。

贴年画、写春联、拍"全家福"照片,是我国春节传统习俗,也是文化馆视觉艺术普及服务的传统项目。文化馆可组织人员进社区,到乡村送"福"写春联,拍"全家福"照片,开展新年画征集展示活动,营造传统佳节喜气洋洋的文化氛围。如 2023 年文化和旅游部全国公共文化发展中心联手全国各地文化馆,组织开展"新生活、新风尚、新年画"——我们的小康生活美术作品创作征集展示活动,国家公共文化云平台推出"赏年画过大年"云上年画展,展示了数百件木版年画、新年画、农民画等优秀作品。

摄影是文化馆视觉艺术普及服务不可或缺的内容。手机摄影开启了一个全

---

① 向柏松.中国民间文化艺术之乡建设的发展与规范[J].中南民族大学学报(人文社会科学版),2019(4):23.
② 文化部.文化部关于命名中国民间文化艺术之乡的决定.文社图发〔2008〕40 号.(2008-11-03).
③ 文化部命名 528 个"中国民间文化艺术之乡"[EB/OL].(2011-11-16).https://www.gov.cn/gzdt/2011-11/16/content_1994674.htm.
④ 文化部.关于命名 2014—2016 年度"中国民间文化艺术之乡"的通知[EB/OL].(2014-12-22).https://www.mct.gov.cn/whzx/bnsj/ggwhs/201412/t20141222_764627.htm.
⑤ 文化和旅游部.关于命名 2018—2020 年度"中国民间文化艺术之乡"的通知[EB/OL].(2019-02-15).https://www.gov.cn/xinwen/2019-02/15/content_5365884.htm.
⑥ 文化和旅游部命名 2021—2023 年度"中国民间文化艺术之乡"[N].中国文化报,2021-11-11(01).

民摄影时代,文化馆摄影艺术普及迎来了最好的历史机遇,摄影艺术普及的任务也更为繁重。文化馆的摄影艺术普及服务,主要是组织开展摄影艺术普及活动,引导群众用影像记录时代、记录生活、表达情感与思考。要鼓励群众用手机街拍,抓住日常生活中转瞬即逝的美好场景,享受摄影艺术带来的快乐。可以举办群众摄影大赛,推出群众优秀摄影艺术作品。在文旅融合发展的实践中,文化馆可组织开展以旅游风光、人文风情为主题的摄影创作活动,以摄影艺术宣传旅游资源,助力旅游产业发展。

（三）群众文学艺术创作服务

文学艺术通常有两层含义:一是指文学与艺术,二是指文学的艺术。文化馆的文学艺术创作服务是指后者。文学艺术的主要形式包括诗歌、小说、散文,也包括歌词、剧本等。歌词是音乐文学,剧本是戏剧文学。每一种文学形式都有其独特的艺术特点。

从文化馆中曾经走出过不少有影响的作家,但文化馆不是文学创作的专业机构。文化馆的群众文学艺术创作服务,主要包括群众文学创作辅导,指导组建群众性的文学社团,组织群众文学作品评选,举办文学艺术作品创作加工会,编辑文学内刊发表文学爱好者创作的作品,扶持群众文学作者的成长。

文化馆全民艺术普及的职能定位,决定了民间文学搜集与整理、群众音乐文学创作服务、群众戏剧文学创作服务等,是文化馆群众文学艺术普及的重要内容。

民间文学是我国传统文化的重要组成部分,各民族民间传统文学,包括神话故事、民间传说、民间歌谣等,都是中华民族珍贵的文化资源。在始于20世纪80年代的"中国民间文学三套集成"工作中,各级文化馆组织力量参与民间文学的普查、搜集、整理与编辑工作,经过二十多年的努力,出版了包括《中国民间故事集成》《中国歌谣集成》《中国谚语集成》三套书在内的省卷本90卷、县卷本4000多卷。

群众歌咏活动离不开歌曲创作,群众文艺晚会离不开歌曲创作,歌词创作是文化馆文学创作的重要内容。文化馆群众音乐文学创作服务,主要是培养歌词创作骨干,组织歌词创作培训,开展专题性的歌词创作活动,邀请歌词创作名家进行指导,提高群众文学作者歌词创作水平。群众音乐文学作者创作的歌词,经作曲者谱曲后,唱响在群众文艺舞台上,甚至成为家喻户晓、广泛传唱的歌曲。如湖南省邵阳市隆回县文化馆袁树雄作词、作曲的原创歌曲《早安隆回》,在2022年12月18日世界杯闭幕式上唱响后,风靡全国,流量持续飙升,全网播放量超

600亿次①,并出现在中央广播电视总台春节联欢晚会的舞台上。

剧本是一剧之本。戏剧文学创作,是文化馆文学艺术创作服务的重要内容之一。戏剧小品的剧本创作辅导,是各级文化馆常规的业务工作内容。文化馆可组织剧本作者深入基层体验生活,组织戏剧小品演出观摩,安排戏剧小品导演、演员与剧本作者切磋交流,指导戏剧小品剧本的修改,为优秀的戏剧小品提供展演的舞台。

文化馆群众文学艺术创作服务方式多样,常态开展,可为群众文学作者提供针对性服务与专业性辅导,为群众文学作者厚积薄发、脱颖而出,创造良好的条件。

四、按文化馆服务的主要方式区分

按服务的主要方式,文化馆服务可以分为辅导、培训、演出、展览、讲座、指导等。

(一)辅导

辅导一般是指文化馆组织实施的面向业余文艺团队、基层文艺骨干和社会公众的艺术普及指导。文化馆面向群众开展艺术辅导,是艺术普及的主要方式。从辅导内容来看,有创作辅导、表演辅导;从辅导对象来看,有文艺团队辅导、文艺爱好者个别辅导;从辅导的门类看,涉及各个艺术门类;从辅导的形式看,有现场面对面辅导和互联网平台的远程辅导。

(二)培训

培训是指文化馆组织实施的面向社会公众或从业人员,以艺术普及与艺术水平提高为目标的教学活动。面向社会公众主要是普及,面向从业人员主要是提高。培训有短期的,也有系统性的。

文化馆面向社会公众开展音乐、舞蹈、戏剧、曲艺、美术、书法、摄影、文学等文艺门类的公益培训,在内容上突出普及性,在服务对象上面向全年龄段人群,在培训方式上以现场培训、示范性教学为主。随着互联网的发展,文化馆文艺培训从现场教学发展到现场教学与线上培训相结合,利用互联网进行文艺培训的

---

① 人民论坛网.《早安隆回》的内因与外溢[EB/OL].(2023-01-23)[2024-09-20]. http://art.rmlt.com.cn/2023/0123/664747.shtml.

直播,通过微信群、钉钉群等建立文化社群,开展线上艺术培训。

(三)演出

演出是指文化馆组织开展的群众性表演艺术作品展示活动。文化馆策划组织的文艺演出有多种类型,主要有综合性文艺晚会和音乐、舞蹈等各个艺术门类的专场演出。综合性文艺晚会通常是在重大节庆、传统节日期间举行,如国庆文艺晚会、春节文艺晚会、乡村春晚等。深入基层的文艺演出,大多也属于综合性文艺晚会。各艺术门类专场演出,比较典型的如群众歌咏活动、广场舞展演活动、戏曲进乡村活动等。

文化馆组织开展的文艺演出具有鲜明的特点。一是演出主体是群众文艺团队和业余文艺骨干;二是演出节目的形式与内容是基层群众喜闻乐见的;三是演出场馆不一定非要选择在剧院,校园、军营、企业、街头等公共空间和乡村广场,都是文化馆开展文艺演出的舞台。

(四)展览

文化馆策划组织艺术展览,是展示群众美术、书法、摄影优秀作品,以及展示非物质文化遗产的主要形式。

文化馆可定期或不定期举办公益性艺术作品展览活动,展示群众美术、书法、摄影创作的优秀成果,展示基层群众的艺术创造力。文化馆举办的非物质文化遗产展览,富有地域特色和文化价值,是展示优秀传统文化的窗口。

(五)讲座

讲座是指文化馆组织实施的面向公众的艺术分享活动,以公益性、普及性为主要特点。文艺讲座一般由文化馆专业人员、当地文艺名家、民间文艺达人进行文化艺术分享,普及文艺知识,欣赏优秀文艺作品,让文化艺术走近公众,提高公众的文艺鉴赏水平,让文化馆成为公众学习文化艺术的终身课堂。传统上文化馆组织的文艺讲座,一般都在文化馆场馆里进行。如今,伴随着大量的公共文化新空间不断涌现,文化馆拓展了服务阵地,也在书院、茶馆、咖啡馆、商圈等新型公共文化空间举办艺术沙龙、文艺讲座等,将文化馆服务送到了老百姓身边。

(六)指导

指导是文化馆对基层文化馆(站)进行业务上的帮助和支持的活动,旨在交流工作经验,研究业务问题,更好地发挥文化馆的作用。指导对象是下一层级文化馆、乡镇(街道)综合文化站、村(社区)文化活动室。指导内容是根据文化馆高质量发展的要求,就进一步做好文化场馆免费开放工作、开展群众文化活动、建设特色文化团队、提高文化服务效能、打造文化服务品牌等方面,提出专业性的指导意见和建议。文化馆指导工作具有引领性、针对性和常态化的特点。

五、按文化馆服务的主要形态区分

(一)场馆服务

场馆服务是文化馆的常态化服务,主要包括两大方面的内容:一是文化馆空间场地的免费开放服务,包括多功能厅、排练厅、展览厅、活动室等空间场地的免费、有序开放;二是提供馆内公共文化服务项目,主要包括开展各类艺术知识和文艺技能普及培训,策划组织群众性书画摄影展览,举办专题讲座和艺术沙龙,举办各类文艺展演,辅导群众文艺骨干创作,提供数字文化服务项目,提供古今中外经典文化艺术作品鉴赏研习空间和条件等。场馆服务是文化馆的基础服务。做好场馆服务,让公众了解文化馆、走进文化馆、利用文化馆,对提高文化馆的社会知晓度和社会影响力、发挥文化馆的社会功能,具有重要意义。

(二)广场服务

充分利用城乡大型广场、社区口袋广场、街头公共空间等开放性空间场地开展群众性文化活动,是文化馆服务的鲜明特色。

文化馆的广场服务,常见的形式是组织广场文艺演出,如文艺晚会、群众才艺大赛等。与剧场演出相比,广场演出拉近了与群众的距离,接地气、互动感强,同时还节约了演出成本,是文化馆常见的服务之一。

近年来,文化馆的广场服务与时俱进、不断创新,涌现出一些新的活动形式。如由文化馆策划、组织和实施,体现人民群众自我创造、自我表现、自我服务特色的街头小型艺术表演,成为文化馆广场服务的新亮点。像四川成都、广东深圳等地的"街头艺术表演"、湖南株洲的"街头艺术站"、黑龙江哈尔滨的"阳台音乐会"等,既是全民艺术普及成果的展示,又营造了城市的文化氛围,提升了城市的文化品位,深受群众欢迎。又如在重大节庆日、公众休假日等时间节点公共场所出现的文艺快闪活动,通过短暂的艺术行为发挥了艺术融入生活、定格精彩瞬间、烘托气氛、激动人心的特殊作用,文化馆是各类艺术快闪活动的重要策划者、组织者。再如顺应我国城乡广场舞蓬勃发展的需要,各级文化馆普遍开展的广场舞领舞、广场舞骨干培训、广场舞展演等活动,对推广优秀广场舞作品、提高广场舞表演水平、推动广场舞持续健康发展,发挥了重要作用。

（三）流动服务

流动服务是文化馆面向农村、基层的重要服务方式,以文化馆服务走出场馆、紧密对接农村、满足基层实际需求为特征,是弥补设施、服务覆盖薄弱环节的有效途径。如各级文化馆组织"文艺小分队"走进社区,走进乡村,走进校园,走进企业,走进军营,为广大农村、基层群众送上精彩的文艺节目,为基层群众拍摄"全家福"、写春联,文化馆专业人员深入农村、基层开展文艺培训、文化讲座等活动,培育群众文艺团队,辅导基层群众文艺创作,指导文艺骨干提升艺术表演技能,文化馆举办流动展览等。截至2020年,全国各级文化馆已经拥有流动舞台车近2000辆,当年利用流动舞台车演出33 000多场次,直接服务农村、基层群众1530多万人次[①],为促进文化馆服务普遍均等、覆盖城乡做出了积极贡献。

（四）数字服务

数字服务是文化馆利用互联网和现代信息技术,将传统文化馆服务转化为数字化形式的服务。数字服务使文化馆服务更加便捷、高效、智能化。文化馆数字服务主要有三种类型:线上服务、线下数字体验服务、线上线下相结合服务。

首先是线上服务。文化馆通过互联网平台向群众提供线上艺术培训、艺术资源、艺术咨询、服务资讯等服务。各级文化馆普遍建立网站并对接"国家公共文化云",同时利用微博、微信公众号、抖音、快手、哔哩哔哩等新媒体平台开展线上服务。

其次是线下数字体验服务。近年来文化馆发展基于5G技术、全息呈现等新技术应用的数字服务类型,拓宽数字文化服务应用场景,探索发展数字艺术实体体验空间,加强数字艺术、沉浸式体验等新型文化业态在公共文化场馆的应用,使文化馆的空间阵地更具信息时代色彩,丰富了群众现场艺术体验。第五次全国文化馆评估定级数据显示,截至2019年,全国90%的地市级以上文化馆都已

---

① 中华人民共和国文化和旅游部.中国文化文物和旅游统计年鉴(2021)[M].北京:国家图书馆出版社,2021.

经有了数字化体验空间或体验项目。①

最后是线上线下相结合服务。信息时代的文化馆服务不能没有线上服务，但也不能没有人与人的直面互动、情感交流，线上线下相结合的方式是文化馆数字服务的常态方式、主流方式。群众性文艺展演、才艺大赛等活动，群众文化辅导等工作，采用线上线下相结合的方式，能够极大地拓展覆盖面、增强实效性。2017年开始逐渐兴起的群众文化活动网络直播，让乡村"村晚"、广场舞示范展示活动等群众参与度高的文化活动，通过线上线下相结合的方式，覆盖更多的地区和人群，已经成为文化馆服务线上线下相结合的重要载体，生动体现了"小活动、大传播"的现代传播理念。即便是文化馆的线下数字体验空间，发展方向也是线上线下一体化、在线在场相结合。大力发展线上线下相结合的文化馆服务，是文化馆数字服务的首要任务。

第三节　活动策划与组织

开展群众性文化活动，是文化馆实现自身职能的主要方式。活动需要事先进行科学、周密的构想、谋划、设计，即所谓"策划"；将策划、构想付诸实践的过程，就是活动的组织实施。群众文化活动的策划和组织实施，既是文化馆业务工作的重点内容，也是文化馆从业人员专业能力的重要体现。

一、群众文化活动策划

策划是设计、谋划、决策的意思。群众文化活动策划，指的是文化馆专业人员在调研群众文化需求的基础上，根据群众文化活动相关要求与当地文化艺术资源，遵循群众文化活动的规律，对群众文化活动进行系统、周密和富有创意的筹划与安排，制订具有科学性和可行性的方案。

（一）群众文化活动策划的基本原则

1. 注意力原则

注意力原则是群众文化活动策划的基本原则之一，是指为群众文化活动提供吸引人们关注的创意。成功的群众文化活动策划，要从内容编排、呈现方式等

---

① 北京大学国家现代公共文化研究中心.第五次全国文化馆评估定级主要指标统计分析报告[R].北京大学,2021:8.

方面,寻找激动人心的创意。注意力原则运用得当,能使策划事半功倍。

2. 针对性原则

针对性原则是指根据群众文化活动的主题,确定群众文化活动的内容和形式。重大节庆、传统节日的群众文化活动,策划时要体现节庆的主题,营造欢乐祥和的文化氛围;时政宣传方面的群众文化活动,要设置体现宣传内容的主线,体现活动的主题。

3. 整合性原则

群众文化活动策划的整合性原则,体现为根据活动的主题,将分散在所在地域的文化资源,包括文化场景、艺术资源、文艺团队等,有机地融入群众文化活动。

4. 可行性原则

群众文化活动策划的可行性原则,要求创意能够落到实处,群众文化活动的经费投入在经费预算范围内,有执行力较强的活动组织团队,群众文化活动安全可以得到有效保障。

(二)群众文化活动策划的步骤

群众文化活动类型多样,有主题性群众文艺演出、群众文艺赛事、街头文艺演出,还有群众艺术展览活动等。不同类型的群众文化活动,策划步骤大同小异。以常见的主题性群众文艺演出策划为例,策划步骤如下。

1. 确定主题

群众文艺演出有不同的主题,文化馆策划开展群众文艺演出,必须根据活动性质确定主题。如组织"七一"文艺晚会,以展示党的发展历程、改革开放取得的成就为主题;春节文艺晚会以喜迎新春佳节,祝福祖国繁荣富强、各族人民新春快乐为主题。

2. 激发创意

策划团队应集思广益,让智慧火花碰撞,寻找有价值的点子,确定群众文艺演出活动的创新亮点,包括但不限于运用舞台美术、数字技术等手段的创新构想。

3. 精选节目

根据群众文艺演出活动的主题和创意,精选优秀群众文艺节目,是十分重要的工作环节。一般来说,综合性文艺晚会,要求节目形式多样,包括歌舞、小品、戏曲,乃至于诗朗诵、情景剧等串联组合,以适应观众多样化的审美需求。如果是新春音乐会,则应选择体现新春主题的中外优秀音乐作品。

4. 编排结构

群众性文艺演出活动,既要紧扣主题,又要创新编排形式。如国庆文艺晚会、"七一"文艺晚会等,通常采用时间顺序分板块编排节目,比如可分为"历史回顾""今日礼赞""未来展望"几个板块。中国农民丰收节文艺晚会,通常采用组合式编排形式,按"春""夏""秋""冬"四个板块整合、编排节目,体现四时节序、春种秋收的农耕文明和丰收喜悦。

5. 撰写方案

群众文艺演出活动的策划方案,通常包括文艺演出活动的名称、举办机构、活动背景、活动目的、活动时间、演出场馆、活动创意、节目构成、板块设计、经费预算、安全要求等。策划方案要求简洁准确,逻辑清晰,富有创意,实用性强。

不同类型的群众文化活动策划,有一定的区别。群众文艺赛事的策划,重点是明确参赛对象、赛事规则、奖项设置、赛事创意等;群众艺术展览的策划,重点是确定展览的主题、明确参展主体、确定作品样式、体现展览特色等。

二、群众文化活动组织实施

群众文化活动组织实施,是从群众文化活动策划方案确定后开始付诸行动,到群众文化活动最终达到预期目标,完成评估总结的全过程。

群众文化活动策划是基础,组织实施是关键环节,它决定了群众文化活动是否能达到预期目标,是否精彩、圆满。

(一)群众文化活动组织实施的步骤

群众文化活动类型不同,组织实施步骤也会有一定区别。以群众文艺演出活动为例,组织实施步骤主要有以下几个环节。[1]

1. 制订组织实施计划

内容包括群众文艺演出的活动目的、组织机构、活动形式、节目内容、时间地点、职责分工、时间进度、工作要求等。群众文艺演出活动的组织实施计划,要求科学、合理、周密、可行。

---

[1] 王全吉.文化馆(站)服务与管理[M].北京:北京师范大学出版社,2013:76-83.

2. 建立职能组分工协作

根据群众文艺演出活动的规模和工作要求,组建统筹协调组、演出活动组、宣传秘书组、后勤服务组、安全工作组等相关职能组。各职能组开展工作,既要分工明确,责任到人,又要互相协作,协同推进。各职能组要细化实施计划,如演出活动组确定演出活动的总导演、舞台监督、后台主任等岗位人选,确定详细的工作日程。

3. 演出活动前期准备

文化馆应组织专业人员进行节目审核,履行意识形态责任,把好政治思想关和艺术质量关。根据演出活动实施方案,各个职能组分头推进各项前期工作。演出活动组在文艺演出活动前,应召开节目领队会议、舞台工作人员会议,布置落实具体工作任务;安装、调试音响灯光设备,组织节目彩排走台,发现问题及时整改,以确保演出活动顺利进行。宣传秘书组负责编印演出活动手册,内容包括文艺演出活动时间、演出地点、演出节目等,并负责营造演出现场的宣传气氛。后勤服务组负责落实餐饮、住宿、交通等各项保障工作。安全工作组负责制订活动全周期安全及应急预案。

4. 组织实施文艺演出

应建立完善协同系统和指挥系统,科学有效地运行,保证演出活动安全有序地运转。在群众文艺演出活动期间,文化馆全体工作人员应做到各就各位、各司其职,互相协作、密切配合。现场导演组统揽工作调度,舞台监督具体执行,道具、灯光、音响落实到位,主持人现场把控节奏。宣传秘书组主要做好新闻宣传工作。安全工作组重要的工作是消除赛事的安全隐患,确保赛事活动全程的安全。后勤服务组主要做好相关的保障工作。

5. 文艺演出活动评价总结

在文艺演出活动结束后,应进行活动的评价总结,主要是从策划创意、组织实施、活动成效、社会影响等方面,对群众文艺演出活动的成功之处、不足之点进行分析研判、评价总结,为今后开展同类活动积累经验、提供借鉴。

在开展群众文化活动的过程中,有可能会出现突发情况或意外事件,比如天气变化对广场活动的影响,应提前制订应急预案。群众文化活动的现场直播,要做好网络安全工作。

如果是组织开展群众文艺赛事,事先要广泛宣传动员,畅通报名参赛渠道,落实文艺赛事场馆;安排赛事主持人,帮助主持人熟悉情况;组织参赛团队或选手有序进行比赛,安排赛事评委进行现场评审,安排赛事颁奖活动。

文化馆艺术展览活动的组织,通常根据展览方案,征集展览作品,组织专家遴选,装裱作品并布展,举办展览开幕仪式。

第四节 数字化服务

数字化服务是文化馆服务的重要组成部分,是数字化、网络化环境下文化馆服务的新平台、新阵地,是利用现代信息技术拓展文化馆服务能力和传播范围的重要方式,对于文化馆提高服务效能、满足人民群众不断增长的精神文化需求具有重要意义。文化馆数字化服务主要包括数字化平台建设、数字资源建设、数字化服务手段等内容。

一、文化馆数字化平台建设

数字化平台是指利用数字技术构建的用以支持不同类型数字化服务的基础架构,由硬件、软件和网络设备组成。文化馆数字化服务平台,就是文化馆开展数字化服务的基础架构,它既是集合文化馆数字化资源、服务的空间,也是公众利用文化馆数字化资源和服务的窗口。常见的文化馆自建网站,利用微信公众号、微博,以及抖音、快手、哔哩哔哩等开设的公共平台,都属于文化馆数字化服务平台。目前我国文化馆(站)系统规模最大的数字化服务平台是"国家公共文化云"。

(一)文化馆数字化平台的主要功能

文化馆数字化平台以向公众提供资讯、资源、服务、活动与管理为主要功能。如"国家公共文化云"通过各类终端,向公众提供汇资讯、看直播、享活动、学才艺、订场馆、看好书、赶大集等服务,全面覆盖了文化馆的主要服务,还可以通过互动式、预约式、菜单式服务提高服务精准度,提升服务效能。

(二)文化馆数字化平台的主要类型

文化馆数字化平台,主要是网站和新媒体平台。目前,新媒体服务平台主要包括微博、微信公众号、抖音、哔哩哔哩、小红书等。

文化馆网站建设起步早,运营多年积累了大量数字资源。一般来说,文化馆网站栏目设置丰富,网站导航清晰,不需要下载、安装、关注等程序,只要打开浏览器,随时都可以查看利用。

文化馆微博平台具有发布信息便捷、信息传播速度快的特点。微博既可以发布文字、图片,也可以分享视频。微博用户基数大,互动性强,网络影响力大,是文化馆提供数字化服务的新媒体平台。

文化馆微信公众号是目前广泛使用的数字化服务平台。微信公众号具有传输文字、图片、声音、视频的传播能力,便于分享。它的最大优势是有超过10亿的微信用户数量,有基于熟人网络的、高有效性的小众传播渠道,信息针对性强、到达率高、互动性好。

近年来,不少文化馆利用影响力大的网络公共平台开展数字化服务。如文化馆抖音号平台。抖音 App 是一款社交类软件,特点是平台日活量高,通过这款软件选择歌曲、拍摄和推送艺术普及短视频,运行成本低,适合文化馆开展艺术技能培训、艺术知识分享、优秀文艺作品传播等数字化服务。视频类的新媒体平台还有快手、哔哩哔哩等,音频类的新媒体平台有喜马拉雅等,它们各自具有独特之处。

(三)文化馆服务数字化平台的主要特点

文化馆服务数字化平台的特点,主要体现为在线服务的便捷性、集成性、智能化、交互性等。

1. 便捷性

文化馆数字化服务平台通过网络技术,向群众提供在线艺术普及服务和功能。人们可以通过个人电脑、智能手机等终端设备,通过网络访问和使用平台上的各种功能,随时随地获取所需的文化服务,不受地点和时间的限制。

2. 集成性

文化馆数字化服务平台集成了多种功能和工具,如文艺演出直播、艺术资源共享、线上艺术辅导、数据分析等。它可以满足群众多样化的文化需求,提供一站式的解决方案。

3. 智能化

文化馆数字化服务平台借助人工智能和大数据等技术,能够自动化地识别和分析用户的文化需求,提供智能化的推荐。

4. 交互性

文化馆数字化服务平台以在线平台的形式存在,用户可以在平台上接受老师的艺术辅导,分享自己艺术学习的经验,与其他学员进行交流和互动,形成文化社群和艺术学习生态系统。

(四)文化馆数字化平台的运行管理

1. 文化馆网站运行管理

首先要确定网站定位,明确文化馆网站面向公众开展全民艺术普及数字化服务的核心任务。一般来说,网站按照文化馆开展全民艺术普及的形式布局栏目板块,设置栏目导航。一级栏目下可以做进一步细分形成二级栏目,但网站栏目不宜做出过于纵深的层次区分,即应确保层级不超过三级。不断优化网站的整体设计、栏目设置和内容输入输出方式,是文化馆网站运行管理的重要任务。

2. 文化馆微博运行管理

文化馆运行管理微博,要利用微博的平台优势,发布图片、音频、视频等全民艺术普及资源,开放留言功能,加强与公众的互动,将艺术普及内容与微博热点有机结合,提升阅读量。

3. 文化馆微信公众号运行管理

文化馆的微信公众号应聚焦全民艺术普及策划内容、推送信息。要掌握微信公众号运行管理的技巧、方法,提高公众号的黏性和内容到达率。要精心撰写公众号推文标题,借助"眼球效应"让推文在信息海洋中脱颖而出。应优化公众号推文的设计感,让公众有更好的阅读体验。要分析用户画像,增强公众号推文的精准性。要分析公众号推文的阅读量、转化率等阅读数据,改进推文选题,提高推文质量。要加强留言管理,增进与公众的交流互动。

4. 文化馆抖音号运行管理

要提高视频的质量。艺术知识普及、艺术技能指导、优秀作品分享等短视频,内容有价值,短视频有品质,才能吸引公众点赞和关注。要持续进行短视频创作,保持短视频有规律地发布,保持抖音号的活跃度。要熟悉抖音号的特点,了解抖音平台的算法推荐规则,吸引公众关注、留言,提高短视频的完播率、复播率和转发率。要通过打造爆款视频、参与热门话题,获取更多的粉丝关注。

近年来,一部分文化馆顺应"垂直化""视频化""分众化"等传播趋势,构建起微博、微信、抖音、哔哩哔哩等新媒体矩阵,协同推广,扩大传播范围,以低成本获得高曝光、高转化,扩大了公共文化服务受益面,增强了文化馆社会影响力。

（五）文化馆数字化服务平台的优化与展望

1. 强化数字平台协同治理，打破"平台孤岛"

数字化服务依赖数字化平台，但如果各级文化馆各自为政、平台林立，反倒会造成信息割裂、服务分散，给公众利用数字化服务带来困难。因此，文化馆数字化服务平台建设要强化一盘棋意识，以"国家公共文化云"为龙头，加强协同治理，实现服务平台的跨层级、跨地域、跨系统、跨业态互联互通，联合打造覆盖城乡、开放共享的全民艺术普及数字化服务"一张网"，打破数字化服务的"平台孤岛"，让公众能够方便快捷"一站式"地享用文化馆数字化服务。

2. 接入国家文化专网，融入"数据超市"

2022年5月，中共中央办公厅、国务院办公厅印发《关于推进实施国家文化数字化战略的意见》，提出公共文化数字化建设跃上新台阶的总要求。该意见部署的重点任务，居于首位的是"关联形成中华文化数据库"。所谓关联，就是统筹利用已建或在建的数字化工程和数据库所形成的成果，按照统一的标准将不同领域、不同载体、不同出处的零散文化资源数据关联起来，打造全景呈现式的中华文化数据库。同时，依托有线电视网络设施、广电5G网络和互联互通平台，建设国家文化专网，开设"数据超市"，依法合规开展文化数据交易，将凝结文化工作者智慧和知识的关联数据转化为可溯源、可量化、可交易的资产，健全文化资源数据分享的动力机制。文化馆数字化服务平台的发展，要朝着接入国家文化专网、融入"数据超市"的方向努力。

二、文化馆数字资源建设

（一）数字资源类型

文化馆的服务资源都可以转化为数字资源。从不同的角度、按不同的方法，可以对文化馆的数字资源类型做出不同的区分。如按照文化艺术门类区分，可分为文学、音乐、舞蹈、戏剧、曲艺、美术、书法、摄影等类型；按照服务方式区分，可以分为文艺演出类、艺术培训类、文艺讲座类、文学创作类等类型；按照资源载体区分，则可以分为视频资源、文字资源、图片资源、音频资源等。

1. 视频资源

文化馆数字资源中，视频资源越来越受到重视。文化馆视频资源来源广泛，如群众文艺演出、艺术赛事的直播录播，文艺讲座、艺术沙龙的视频，艺术慕课以及文艺培训视频,群众文艺视频大赛资源等,都是文化馆数字资源的重要来源。为适应新媒体传播的需要,各级文化馆应把视频资源建设纳入常态化工作范畴。

2. 文字资源

文字资源是文化馆数字资源的重要组成部分。文化馆年报、群众文艺创作的文字稿,群众创作的歌曲曲谱,文艺晚会演出节目单、主持词,微信公众号上的推文等,都是文化馆的文字类型数字资源。

3. 图片资源

文化馆数字资源中,图片资源数量可观。数字图片资源包括群众美术、书法、摄影作品的数字版本,还包括由文化馆艺术档案转化而来的图片资源,以及文化馆各项文化艺术活动拍摄的图片资源等。

4. 音频资源

文化馆数字资源中,音频资源主要来自民间文化艺术田野调查录制的音频、录音棚录制的舞蹈音乐音频、演唱伴奏音频、开展有声阅读的音频资源、非物质文化遗产代表性传承人录制的专题音频等。

(二) 数字资源建设方式

文化馆数字资源建设方式,主要有自主建设、合作建设、政府采购、公开征集等。文化馆应通过多措并举的数字资源建设方式,形成本馆有系统、有特色、成规模的文化艺术数字资源馆藏体系。

1. 自主建设

自建资源是文化馆数字资源的重要组成部分。文化馆是在地公共文化服务机构,又具有全民艺术普及的专业优势,因此,自建数字资源应抓好两个重点。

一是当地特色文化艺术资源的数字化。非遗资源、民间文化艺术之乡资源、地方性名人名胜资源、地方性民俗节事资源、地方性舞台艺术表演等,都是文化馆自建数字资源的源泉。文化馆需要摸清地方特色文化资源的家底,打通与地方特色文化数据源的联系,把地方特色文化艺术资源的数字化纳入常态化工作范畴。

二是全民艺术普及慕课(MOOC)建设。慕课是基于互联网开放支持大规模人群参与的,由讲课短视频、作业练习、小测试、论坛活动、通告邮件、考试等要素交织的、有一定时长的教学过程。慕课具有基于互联网、开放并支持大规模人群参与、具有一定时长、教师及教学团队全程参与、构成要素丰富等特点。从这些特点看,慕课是一种非常适合社会教育的教学形式,在文化馆服务中大有作为,是改变文化馆全民艺术普及辅导、培训工作方式的重要载体和手段。近年来,各级文化馆建设了一大批全民艺术普及慕课,成为文化馆特色鲜明的文化数字资源。2017年,中国文化馆协会理论研究委员会和北京大学国家现代公共文化研究中心联合发布了《全民艺术普及慕课建设指南》,对全民艺术普及慕课建设的意义、制作流程、实施要点等作出了指引。

2. 合作建设

文化馆在数字资源建设中,往往面临着文化艺术普及专业能力强而现代信息技术保障能力弱的困境。与信息技术能力强的企事业单位、社会力量合作建设数字资源,是突破这一困境的有效方式。近年来有不少文化馆通过招投标与地方广播电视台、信息技术公司、视频制作专业公司等合作,进行数字资源的开发、录制、剪辑、宣传推广,取得了良好的效果。合作建设是文化馆数字资源建设的重要方式之一。

3. 政府采购

在文化馆数字资源建设中,政府采购是常见的方式。政府采购数字资源,依据《中华人民共和国政府采购法》规定的程序和流程进行。文化馆需要在了解国内外文化艺术数字产品生产现状、本馆的数字资源馆藏特色,以及公众需求的基础上,研究提出政府采购文化艺术数字资源清单。通过政府采购,可以增加优质文化艺术数字资源存量,增强文化馆数字资源供给能力。

4. 公开征集

广泛开展的群众文化活动会形成丰富多彩的文化艺术数字资源,如群众文艺赛事活动中文艺节目视音频上传参赛,群众美术、书法、摄影、文学作品的上传参赛,形式多样的群众性文化活动实况录制等。对这类资源,文化馆应通过公开征集的方式加以收集,这样既可以增加文化馆的数字资源存量,又可以使之成为文化馆新建资源的基础素材。公开征集是文化馆数字资源建设的有益补充渠道。

(三)数字资源建设要求

1. 统一数字资源建设技术标准

数字资源建设的技术标准,是数字信息制作、处理、传输和服务过程中必须遵循的规范,也是数字资源存储、访问和管理过程中的关键因素。各级文化馆数字资源建设中,必须进一步确立按照既有标准建设数字资源的理念,进一步推进数字信息标准化建设,确保信息系统之间的兼容性、可用性和互操作性,促进全民艺术普及数字资源的共建共享。

2. 新建资源与既有资源改造两端发力

在全民艺术普及数字资源建设中,各级文化馆既要重视优质数字资源建设,也要重视对既有存量资源的改造。所谓改造,是指对已经建成但不适应移动互联环境利用的文化艺术数字资源进行适用性改造。如将数字化的舞台演出、文艺专题片、艺术讲座等既有视频资源,根据新媒体传播的特点,进行分解、剪辑、提炼、加工,制作成适应移动互联环境传播的精粹信息、短视频资源等,增强适应性,扩大传播面。与新建数字资源相比,对既有数字资源的改造是一种多快好省的数字资源建设方式。

3. 加强统筹规划,避免重复建设

当前,文化艺术数字资源建设存在重复建设的现象。文化馆要将数字资源建设纳入基础业务范畴,省、市文化馆统筹规划、合理布局,分门类、分阶段、有计划、整体性地推进文化艺术数字资源建设。对具体文化馆来说,需要逐步建立有特色的馆藏文化艺术数字资源体系;对全国文化馆系统来说,需要逐步形成各级文化馆分工协作、相互补充、共建共享的分布式文化艺术数字资源库群,为文化馆数字化服务奠定坚实的资源基础。

三、数字化服务手段

文化馆的数字化服务,主要有线上服务、线上线下相结合的服务,以及线下数字化场景服务。

(一)线上服务

线上服务是指利用互联网技术,向公众提供在线服务的方式。文化馆线上服务,是指建立数字化服务平台,包括文化馆网站和新媒体服务平台,面向公众提供信息资讯、文化活动直播、数字艺术资源分享、在线艺术指导等在线文化服务。以国家公共文化云为例,其主要功能包括看直播、享活动、学才艺、订场馆、读好书、赶大集六大板块。看直播板块重点推送群众文化活动、专题讲座、艺术普及分享、展览导赏、非遗项目讲解展示等资源;享活动板块汇聚全国性、区域性、地方性的全民艺术普及品牌活动;学才艺板块推出八大文艺门类课程,提供在线培训、课程点播、在线直播、作品上传、互动社区等服务;订场馆板块主要采集、审核、发布各级文化馆场馆的基础信息及活动信息;读好书板块将逐步建成全国最大的全民艺术普及图书数据库;赶大集板块则依托全国及区域性公共文化和旅游产品交易平台,开展包括文化内容生产、决策咨询、公共文化设施运营与管理、第三方绩效评价以及非物质文化遗产等产品交易在内的多样活动,开发文创产品,促进艺术普及、文创消费。

（二）线上线下相结合的服务

文化馆线上线下相结合的数字化服务,有效提高了艺术普及效能。线上线下相结合的服务主要包括群众文艺演出的直播录播、线上线下相结合的文艺讲座等。

群众文艺演出线上直播录播。在现场演出的同时,进行网络直播,是近年来文化馆数字化服务的重要方式。原本在文化场馆空间内进行的活动,借助互联网直播,可有效扩大群众文化活动覆盖面,增强文艺演出活动服务效能。

线上线下相结合的文艺赛事活动。文化馆举办的群众文艺赛事,通常分成线上视频初赛、线下淘汰赛阶段,决赛阶段线下比赛、线上直播。

线上线下相结合的文艺讲座。文化馆利用网站和新媒体平台,直播文艺讲座、文化沙龙,让不能在现场听讲座、参与沙龙的公众,可以便捷地收看互联网直播。

（三）线下数字化场景服务

文化馆数字化场景服务是文化馆利用大数据、人工智能、云计算、物联网、5G、虚拟现实等技术打造的全民艺术普及服务或产品的数字化表现形式。从这个角度来看,文化馆所提供的任何服务或产品都可以打造为数字化场景。

文化馆数字化应用场景具有交互性、想象性、感受性、用户体验个性化等特点。交互性主要体现为用户的亲身参与,实现人与虚拟场景的交互,并在交互中回应用户的参与热情与需求,增强用户的体验感,这与文化馆传统的服务手段相比更加凸显了用户的主动性。想象性则是指在通过技术处理的数字化虚拟环境下,通过场景的渲染以及用户与场景间的主动交互,对用户内心产生一定的心理影响,强化用户理解,拓展出更多个人想象空间,从而实现数字化场景更丰富的功能。感受性则是用户在数字化场景中,不再是单纯地通过眼睛、耳朵、手等感觉器官欣赏艺术作品、学习艺术技能,甚至可以通过鼻子、皮肤等嗅觉和触觉器官来感受数字化场景的刺激,真正获得"身临其境"的感觉。用户体验个性化表现为通过数字技术,文化馆可以快速、直接、精准地了解用户的需求与偏好,从而提供个性化的产品与服务。

数字化场景在文化馆开展的全民艺术普及与优秀传统文化传承工作中已经得到广泛应用,为文化馆服务增添了更有品质、更加多元、更重体验的服务形态。以下是一些常见的应用形态。

1. 数字体验

文化馆充分利用全息呈现、渲染处理、感知交互、数字孪生等新型体验技术,建设高逼真、跨时空的线下数字文化体验场景,形成了形式多样的书法、绘画、摄影、舞蹈、戏曲、诗文鉴赏、VR 体验、远程辅导等数字服务新空间、新方式。如目前已有一些文化馆开辟数字文化体验厅,设置了全民艺术普及数字资源鉴赏区、广场舞普及互动区、沉浸式文化体验区等线下互动体验区域。市民可以便捷地应用虚拟场景、AR 技术、影像捕捉等现代技术手段,自主开展美术、书法、舞蹈等方面的学习。

2. 数字展览

和传统的文化馆静态展览展示相比,数字展览可以展示动态的影像、音频和视频等多媒体内容,丰富了展览形式,增强了用户体验感,发挥了跨越时空传播等优势。文化馆线下数字展览除了运用传统的信息展示技术外,还大量应用人机交互、沉浸式技术,营造展览氛围,加深用户理解。线上数字展览还可以通过大数据分析技术,精准推送观众感兴趣的文艺作品,实现共享与独有同步,各寻所爱、各取自需。

3. 全息舞(戏)台

全息舞(戏)台将 3D 虚拟技术与 LED 屏幕融合,使演员与背景、舞台与画面巧妙地结合在一起,从而实现虚拟与现实的无缝连接。全息舞(戏)台在视觉上更具有立体感,能为演员提供更大的表演空间,激发观众的想象力,具有更强的艺术感染力。全息舞(戏)台上可以同时展现出多个角色,多个场景,为观众呈现出一个神奇而又奇幻的世界,辅之以全息技术独特的艺术表现形式和丰富的视觉效果,给观众带来强烈的视觉震撼。如有的文化馆设置了利用全息技术实现的乡村戏台数字化场景,用户可以随时站在戏台前沉浸式地欣赏地方戏剧。戏台采用仿古式乡村戏台建筑,结合虚拟演员表演,达到了真假难辨的效果。全息舞(戏)台场景建设,不但生动地记录、保存、再现了当地特色剧种,而且通过增加符合现代审美需求的元素,实现了优秀文化的创新性发展。

4. 虚拟情景

虚拟现实技术应用于文化馆服务,特别是在优秀传统文化传承与保护方面,实现了数字传播与数字媒体的有效融合,拉近了观众与传播内容的时空距离,同时辅之以角色穿越、非遗体验、文化展演、VR等丰富的情景体验,利用VR、AR、AI、全息互动投影等科技手段展示中国传统文化艺术,让观众从视觉、听觉、感觉上感受传统文化艺术的魅力,剖析艺术品的内涵与价值,体会传统文化的艺术感染力。比如,由凤凰卫视与故宫博物院基于北宋画家张择端的《清明上河图》联合推出的《画游清明上河》,是一幅长宽为原画20倍的高清动态数字长卷,同时提供"鱼书传送""寻找画中人"两大交互体验场景。观众可随画卷的流动,细细欣赏画中的精巧细节与人文色彩浓郁的生活场景描绘,了解千年前的繁华都市盛景。在"鱼书传送"交互项目中,观众可以扫描二维码,跟随操作提示将手机摇一摇,学习画中各种知识点,或者通过"弹幕上墙"功能为画中小场景中的人物选取台词,让一句句充满幽默感的话语实时呈现在动态数字长卷中,让整个画面变得生动起来。"寻找画中人"交互项目可以引领观众穿越到画中世界,"遇见"千年前的另一个自己。观众可以通过人脸识别与原画中的人物角色进行匹配,对应找到自己在宋代的模样和职业,通过这种趣味性的互动体验了解《清明上河图》所画、所讲与当时的社会风貌。①

文化馆依托数字化场景提供服务,应明确以下几个基本原则。首先,无论文化馆打造何种数字化应用场景,都离不开丰富的文化艺术数字资源,它是各类场景应用的基础,决定着场景服务的内容,因此要高度重视数字资源建设。其次,数字化场景应用的本质,是通过利用数字技术,改善用户对文化馆所提供的全民艺术普及产品与服务的体验,其根基还在于文化馆的业务水平,所以提升文化馆基础业务能力是根本。再次,数字化场景应用要体现本土文化特色,通过现代数字化技术提高优秀传统文化的创造性转化、创新性发展的效率,提高文化馆服务的特色化水平。最后,数字化场景建设是推动文化馆业务流程再造、资源整合、数据共享的变革契机。

---

① 李静怡.6分钟游遍《清明上河图》、零距离"触摸"国宝,来文旅博览会感受数字文化魅力[N/OL].(2023-09-05)[2024-04-30].https://sdxw.iqilu.com/w/article/YS0yMS0xNTAwOTYyOQ.html.

小　结

　　提供服务是文化馆履行职能的灵魂。空间和阵地,既是文化馆提供服务的载体,也是公众享用文化馆服务的载体。目前我国有关文化馆设施空间的标准规范主要有两类,一是有关文化馆设施建设的标准规范,二是文化馆评估定级标准中有关设施面积的规定。近年来,我国城乡广泛出现的新型公共文化空间类型多样,具有理念新、形态新、机制新、技术新、服务新的特点。文化馆服务按照某些共同的属性和特征可以区分为不同的类型。常见的区分维度主要是按文化馆履行全民艺术普及职能区分、按文化馆提供服务的性质区分、按文化馆服务涉及的艺术门类区分、按文化馆服务的主要方式区分、按文化馆服务的主要形态区分。群众文化活动的策划和组织,既是文化馆业务工作的重点内容,也是文化馆从业人员专业能力的重要体现。群众文化活动策划的基本原则,主要包括注意力原则、针对性原则、整合性原则、可行性原则。群众文化活动策划的步骤,主要包括确定主题、激发创意、精选节目、编排结构、撰写方案。群众文化活动组织实施的步骤是,制订组织实施计划、建立职能组分工协作、演出活动前期准备、组织实施文艺演出、文艺演出活动评价总结。数字化服务是文化馆服务的重要组成部分,主要包括数字化平台建设、数字资源建设、数字化服务手段等内容。

扩展阅读

　　1. 高书生.文化数字化:关键词与路线图[M].北京:北京联合出版公司,2022.

　　2. 焦延杰,朱欣娟,罗云川.公共文化云平台共建共享与智能服务[M].北京:社会科学文献出版社,2023.

　　3. 李国新,张皓珏,等.国外公共文化服务概览[M].北京:北京师范大学出版社,2021.

　　4. 王全吉.文化馆服务与管理[M].北京:北京师范大学出版社,2013.

　　5. 于群,冯守仁.文化馆(站)业务培训指导纲要[M].北京:北京师范大学出版社,2012.

主要概念

《文化馆建设用地指标》　《文化馆建设标准》　文化馆评估定级标准
新型公共文化空间　　　艺术知识普及　　　　艺术欣赏普及
艺术技能普及　　　　　艺术活动普及　　　　基本公共文化服务
普惠性非基本公共文化服务　　　　　　　　　表演艺术
视觉艺术　　　　　　　群文创作　　　　　　场馆服务
广场服务　　　　　　　数字化服务平台　　　数字资源
数字化应用场景

思考题

1. 目前我国有关文化馆设施建设的标准规范有哪几类？主要规范了什么内容？
2. 新型公共文化空间主要有哪些类型？具有什么突出特点？
3. 文化馆服务一般从什么维度加以分类？主要可以区分为哪些类型？
4. 文化馆活动策划和组织的主要原则、步骤是什么？
5. 文化馆数字服务的平台、资源、场景建设主要包括哪些内容？建设过程中应注意什么问题？

第七章　文化馆治理

治理理论在 20 世纪 90 年代兴起于西方。1995 年,联合国全球治理委员会(Commission on Global Governance)在题为《我们的全球伙伴》的报告中对治理做出如下界定:治理是各种公共的或私人的个人和机构管理其共同事务的诸多方式的总和。它是使相互冲突的或不同的利益得以调和并且联合采取持续行动的过程。简单地理解,治理就是利益相关方的协商共治。现代治理和传统管理有明显区别。一般认为,二者的主体不同。管理的主体是政府,治理的主体是利益相关方。二者的权源不同。管理权来自权力机关的授权,治理权则由利益相关方直接行使,即所谓自治、共治。二者的运作模式不同。管理的运作模式是单向的、强制的、刚性的,治理的运作模式是复合的、合作的、包容的。①

在我国,2013 年党的十八届三中全会提出全面深化改革的总目标是完善和发展中国特色社会主义制度,推进国家治理体系和治理能力现代化。2019 年党的十九届四中全会通过《中共中央关于坚持和完善中国特色社会主义制度 推进国家治理体系和治理能力现代化若干重大问题的决定》,指出我国国家治理体系和治理能力是中国特色社会主义制度及其执行能力的集中体现。治理体系集中体现为制度体系,治理能力集中体现为执行能力。推动治理体系和治理能力现代化,需要构筑起中国特色鲜明的党委领导、政府负责、社会协同、公众参与的现代治理格局。文化馆事业由传统管理向现代治理转型,厘清作为事业发展主要相关方的政府、社会力量和文化馆三者的制度体系、权责关系和治理方式,是基本和重要的问题。

---

① 江必新.推进国家治理体系和治理能力现代化[N].光明日报,2013-11-15(01).

第一节 政府主导

公共文化服务由政府主导,是我国发展公共文化事业的基本原则。政府主导不是政府包办,主导作用主要体现在政府对公共文化服务的规划、保障和监管三个方面。

一、规划:文化发展与公共文化服务体系建设"五年规划"

规划是对未来全局性、方向性、战略性、基本性问题的思考和谋划。一般来说,规划由指导思想、基本原则、发展目标、重点任务等内容构成。政府对一项事业发展的主导作用,首先体现在形成谋划全局的宏观规划,通过规划明确方向、引领发展、部署任务、指导实践,体现出国家意志对事业发展的把控。目前,我国各级政府出台专门的文化馆事业发展规划还比较少,多数是在文化发展或公共文化服务体系建设的规划中部署文化馆事业发展。

《公共文化服务保障法》在规定各级政府的保障职责时,首先提到的就是"县级以上各级人民政府应当将公共文化服务纳入本级国民经济和社会发展规划"(第四条)。之所以突出强调纳入国民经济和社会发展规划,首先是因为这一规划统筹安排和指导区域内经济社会发展工作,指引一个时期内区域经济社会的发展方向,是各类事业、各项工作的总纲领。纳入国民经济和社会发展规划,意味着公共文化服务是经济社会发展的重要内容,也意味着公共文化服务在未来一个时期发展方向和重点任务的明确。其次是因为各级政府的国民经济和社会发展规划是具有法定约束力的政策文件。我国宪法和中央、地方人民政府组织法明确规定,国民经济和社会发展规划由县级以上人民政府编制、提出,经同级人民代表大会审查、批准,再由同级人民政府组织实施。规划的内容经过了广泛深入的研究论证,规划的产生经过了完整严格的法律程序,规划的执行还要接受同级人民代表大会的监督,因此,公共文化服务纳入国民经济和社会发展规划,是把公共文化服务纳入法治化轨道的体现,是全面依法治国战略在公共文化服务中的体现。

在我国,"五年规划"是国民经济和社会发展规划的重要形式,是党和政府治国理政的重要方式,也是体现我国经济社会发展稳定性、连续性、可预期性的重要标志。我国从1953年开始制定国民经济和社会发展五年规划。文化领域的专项五年规划,始于2006年中共中央办公厅、国务院办公厅印发的《国家"十一五"时期文化发展规划纲要》,此后,2012年出台了《国家"十二五"时期文化改革发展规划纲要》,2017年出台了《国家"十三五"时期文化发展改革规划纲要》,2022年出台了《"十四五"文化发展规划》。通过分析"十一五"以来国家文化发展规划中与文化馆发展相关的重要部署,可以看到政府规划对事业发展的促进和引领作用,如表7-1所示。

表7-1 "十一五"—"十四五"国家文化发展规划中有关文化馆的内容

国家"十一五"时期文化发展规划纲要	国家"十二五"时期文化改革发展规划纲要	国家"十三五"时期文化发展改革规划纲要	"十四五"文化发展规划
●完善大中城市公共文化设施,加强图书馆、博物馆和文化馆(中心)建设 ●在巩固县县有图书馆、文化馆的基础上,基本实现乡镇有综合文化站,行政村有文化活动室 ●建设网上剧场和群众文化活动远程指导网络 ●编制图书馆、博物馆、文化馆(站)等公共文化设施建设的国家标准 ●政府要保障文化馆(站)开展业务必需的经费 ●实施"国民艺术教育推进工程"	●以公共财政为支撑,以公益性文化单位为骨干,以全体人民为服务对象,以保障人民群众看电视、听广播、读书看报,进行公共文化鉴赏、参与公共文化活动等基本文化权益为主要内容,完善覆盖城乡、结构合理、功能健全、实用高效的公共文化服务体系 ●加强文化馆、博物馆、图书馆、美术馆、科技馆、纪念馆、工人文化宫、青少年宫等公共文化服务设施和爱国主义教育示范基地建设并完善向社会免费开放服务	●鼓励各地按照国家基本公共文化服务指导标准,自主制定富有特色的地方实施办法,健全各级各类公共文化基础设施 ●做好公共文化馆、图书馆、博物馆、美术馆、乡镇(街道)综合文化站、村(社区)综合性文化服务中心等的规划建设 ●以县级图书馆、文化馆为中心推进总分馆制 ●推进公共文化设施免费开放 ●推进数字图书馆、文化馆、博物馆建设 ●为贫困地区配备或更新多功能流动文化服务车	●加强各级各类公共文化设施建设,打造新型城乡公共文化空间 ●持续做好公共图书馆、文化馆(站)、美术馆、博物馆等公共文化场馆免费开放 ●建设智慧图书馆体系和国家公共文化云,积极发展云展览、云阅读、云视听、云体验 ●健全支持开展群众性文化活动机制,加大对基层的扶持引导力度,培育一批扎根基层的群众文艺团队 ●开展全民艺术普及 ●发挥"群星奖"等群众文艺评奖导向作用,推动群众文艺精品创作

（续表）

国家"十一五"时期文化发展规划纲要	国家"十二五"时期文化改革发展规划纲要	国家"十三五"时期文化发展改革规划纲要	"十四五"文化发展规划
• 加强群众文化创作，发挥文化馆（站、中心）等文化机构的组织作用 • 引导和鼓励社会力量捐助和兴办图书馆、博物馆、文化馆等	• 尽快把农民工纳入城市公共文化服务体系 • 把社区文化中心建设纳入城乡规划和设计，拓展投资渠道 • 以农村和中西部地区为重点，加强县级文化馆和图书馆、乡镇综合文化站、村文化室建设 • 国家兴办的图书馆、博物馆、文化馆（站）、群众艺术馆、美术馆等公益性文化事业单位，要创新公共文化服务设施运行机制，探索建立事业单位法人治理结构，吸纳有代表性的社会人士、专业人士、基层群众参与管理	• 推动公共文化馆、图书馆、博物馆、美术馆等建立事业单位法人治理结构	• 发挥群艺馆、文化馆（站）的积极作用，扶持引导业余文艺社团、民营剧团、演出队、老年大学及青少年文艺群体、社区和企业文艺骨干等广泛开展创作活动，展示群众文艺创作优秀成果 • 加强群众文化活动品牌建设，开展广场舞、"村晚""快闪"等演出，大众歌咏、书画摄影创作等活动。 • 稳步推进公共文化机构法人治理结构改革和内部运行机制创新

从"十二五"开始，我国公共文化领域开始编制和出台专门的五年规划。2013年文化部印发《"十二五"时期公共文化服务体系建设实施纲要》；2015年，配合国家脱贫攻坚战略，文化部等七部门联合印发《"十三五"时期贫困地区公共文化服务体系建设规划纲要》；2022年文化和旅游部印发《"十四五"时期公共文化服务体系建设规划》。新世纪以来，还出现了一些虽未称为规划但实际上具有

中长期规划性质的重要政策文件,如 2007 年中办国办印发《关于加强公共文化服务体系建设的若干意见》,2015 年中办国办印发《关于加快构建现代公共文化服务体系的意见》,2021 年文化和旅游部、国家发展改革委、财政部印发《关于推动公共文化服务高质量发展的意见》。近年来,我国文化馆领域一些重要的改革进展,上述规划和重要政策文件的部署都明显地发挥了指引方向、明确任务、推动发展的作用。2013 年文化部《"十二五"时期公共文化服务体系建设实施纲要》提出"将文化馆的数字化建设纳入文化共享工程建设体系",由此拉开了我国数字文化馆建设的序幕。2015 年中办国办印发《关于加快构建现代公共文化服务体系的意见》,部署"以县级文化馆、图书馆为中心推进总分馆制建设",推动总分馆制在我国由公共图书馆延伸到文化馆;该文件还首次提出"积极开展全民艺术普及",引领文化馆聚焦核心功能、转型发展驶入快车道。到 2021 年文化和旅游部印发《"十四五"公共文化服务体系建设规划》,已经形成了通过"实施全民艺术普及工程",把文化馆打造成为"城乡居民的终身美育学校"的发展目标,"做大做强全民艺术普及品牌"成为推动公共文化服务高质量发展的重点任务。

二、保障:设施、经费、人员与组织体系

作为公共文化服务的责任主体,为公共文化服务提供保障条件,是政府主导公共文化服务的又一重要标志。保障条件主要涉及设施、经费、人员和组织体系四个方面。

1. 设施

各级政府对公共文化服务设施的保障,主要体现在设施建设和设施保护两个方面。

关于公共文化设施建设,《公共文化服务保障法》规定的政府责任,一是应当将公共文化服务设施建设纳入本级城乡规划,结合当地经济社会发展水平、人口状况、环境条件、文化特色四大要素,合理确定公共文化设施的种类、数量、规模以及布局,形成场馆服务、流动服务和数字服务相结合的公共文化设施网络(第十五条)。目前我国法定公共文化设施共有 16 种,一些地方性公共文化保障法规还有所拓展。二是保障公共设施建设用地,包括设施建设用地、预留地的确定、调整应符合法定程序。三是新建、扩建、改建居民住宅区应规划和建设配套的公共文化服务设施(第十六条)。

关于公共文化设施保护,《公共文化服务保障法》规定的政府责任,一是确保任何单位和个人不得擅自拆除公共文化设施,不得擅自改变公共文化设施的功

能、用途或者妨碍其正常运行,不得侵占、挪用公共文化设施,不得将公共文化设施用于与公共文化服务无关的商业经营活动,简称"四个不得"。因城乡建设确需拆除公共文化设施或改变其功能、用途的,坚持先建设后拆除或者建设拆除同时进行的原则,且不得降低设施的配置标准和建筑面积(第十九条)。二是确保任何单位和个人不得侵占公共文化设施建设用地或者擅自改变其用途。因特殊情况需要调整公共文化服务设施建设用地的,应当重新确定建设用地,且不得少于原有面积(第十六条)。

2. 经费

改革开放以来,政府对包括文化馆在内的公共文化服务的经费保障,经历了由"以文养文、以文补文"到"增加幅度不低于财政收入增长幅度",再到"增加幅度高于财政收入增长幅度",直到法律化的依据事权责任确定支出责任的变化。《公共文化服务保障法》第四十五条对各级政府公共文化服务经费保障责任的规定的思路和方式发生了重要变化,不再简单地强调线性增加,而是朝着现代政府治理事权和财权相适宜、相匹配的方向迈出了重要一步。第一,明确本级政府提供基本公共文化服务的事权责任;第二,依据事权责任测算支出责任;第三,纳入本级政府财政预算;第四,安排所需资金。体现的逻辑思路是,政府的基本公共文化服务事权责任是确定支出责任的基础和依据;事权责任通过本级政府的基本公共文化服务实施标准/目录加以明确,并向全社会公开。相比于一味简单地强调线性增加而有时又难以实现,这项规定更为科学、合理、规范,体现了政府治理理念、治理能力、治理方式的进步。

3. 人员

各级政府对文化馆的人员保障,主要从数量和质量两个方面体现出来。

关于人员数量。文化馆属于公益一类事业单位。我国对事业单位工作人员实行分级分类管理体制,因此,各级政府举办的文化馆的人员编制数量,由同级政府事业单位人事综合管理部门确定。《公共文化服务保障法》对公共文化设施确定人员数量的依据做了原则规定:一是公共文化设施的功能、任务,二是服务人口(第五十一条)。在《公共图书馆法》中,确定公共图书馆人员数量的原则依据被细化为五大要素:服务功能、馆藏规模、馆舍面积、服务范围、服务人口(第十九条)。一些地方性公共图书馆法规在人员数量上出现了量化指标,如《广州市公共图书馆条例》规定,市区人民政府应当按照服务的常住人口每一万至一万五千人配备一名工作人员的标准配备相应数量的工作人员。此外,公共图书馆领域还开创了通过国家标准提出从业人员数量要求以供地方政府决策参考的做法,如《公共图书馆服务规范》(GB/T 28220-2011)提出每服务人口 10 000—25 000 人应配备 1 名工作人员。① 在现行事业单位人员编制管理体制下,包括文化馆在内的公共文化机构人员数量的细化、量化、刚性化问题,需要通过地方性法律法规、政策规范解决,公共图书馆领域的做法具有启发和借鉴意义。

关于人员质量。《公共文化服务保障法》尚缺乏对公共文化机构从业人员质量要求的条款。《公共图书馆法》对公共图书馆馆长、馆员应具备的基本素养、专业水平提出了原则性要求,规定"政府设立的公共图书馆馆长应当具备相应的文化水平、专业知识和组织管理能力","公共图书馆工作人员应当具备相应的专业知识和技能"(第十九条)。这一规定虽然是原则性的,但明确了公共图书馆馆长的质量要求主要从文化水平、专业知识和组织管理能力三个方面衡量,对公共图书馆从业人员则强调了专业化要求。近年来,一些地方性公共图书馆法规对馆长、馆员的质量要求进一步走向细化、具体化。如 2015 年施行的《广州市公共图书馆条例》规定,市级公共图书馆的馆长应当具有相应专业的正高级专业技术职称或者具有五年以上图书馆工作经验的相应专业副高级专业技术职称。区域总馆的馆长应当具有相应专业副高级以上专业技术职称或者具有三年以上图书馆工作经验的相应专业中级专业技术职称(第二十四条)。还规定公共图书馆新进管理人员和专业技术人员应当具备大学本科以上学历和与工作岗位相适应的专业知识与技能(第二十三条)。2021 年施行的《贵州省公共图书馆条例》规定,政府设立的公共图书馆馆长,应当具有三年以上图书馆工作经验。地方性公共图书馆法规中的这类规定,既是结合当地实际对国家法律规定的细化、具体化,也体现了提升从业人员专业化水平、制约管理层行政化倾向的鲜明导向,值得文化馆人员队伍建设参考、借鉴。

4. 组织体系

总分馆体系是文化馆的组织体系。政府主导构建起上下联通、高效运行的文化馆组织体系,是政府保障文化馆事业发展的重要标志,也是政府对文化馆实施有效治理的重要方式。

(1) 政府是文化馆总分馆制建设的责任主体。

文化馆总分馆制是文化馆组织体系的重组与变革,涉及不同层级文化馆实体的管理体制、资源配置、运行机制改革,因此必须高位统筹,依靠强有力的"政府行为"才能有效实施,仅靠文化馆自身的"职业行为"难以圆满实现。2016 年文化部等五部门印发《关于推进县级文化馆图书馆总分馆制建设的指导意见》,

---

① 全国图书馆标准化技术委员会.公共图书馆服务规范[S].北京:中国标准出版社,2012:4.

明确指出总分馆制建设实行"政府主导、统筹实施"的原则,由"县级人民政府具体组织实施",充分发挥县级人民政府在总分馆制建设规划、组织和推进方面的统筹作用。《公共图书馆法》明确规定县级人民政府是公共图书馆总分馆制建设的责任主体(第三十一条)。

(2)文化馆总分馆制以县域为基本地域单元。

这是与我国国情和文化馆现实管理体制相适应的选择。在我国,从行政区划层级看,县域是统筹城乡均衡发展的重要枢纽节点;从行政管辖权限看,县级政府拥有统筹城乡均衡发展的完整权力;从财政管理体制看,县级财政是财政收支独立运作的基本单位。因此,我国形成了以县域为基本单元推进城乡融合发展,充分发挥县城连接城市、服务和辐射带动乡村的作用的城镇化建设战略。① 文化馆总分馆制以县域为基本地域单元实施,是推动文化馆服务走向城乡一体、与国家城镇化建设战略相适应的选择。在理论界,经过长期研究,以县域为地域单元构建文化馆图书馆总分馆制,也是共识程度较高的看法。早在我国总分馆制研究和实践兴起初期,有学者针对公共图书馆总分馆体系的地域单元和建设主体选择就提出:一是以县域为覆盖范围、以县政府为建设主体;二是以地市级城市的城区为覆盖范围,以地市级政府为建设主体;三是以直辖市的区为覆盖范围、以直辖市的区政府为建设主体。② 总体上看是以县域和准县域为基本地域单元。自2015年中办、国办印发《关于加快构建现代公共文化服务体系的意见》,部署"以县级文化馆、图书馆为中心推进总分馆制建设"以来,县域作为实施总分馆制的基本地域单元在我国得以确立。

(3)文化馆总分馆制应构建六大工作体系。

文化馆总分馆制的内容建设,重点是构建六大工作体系。

一是资源采购配送体系。面向全体公众提供符合社会主义核心价值观的各类文化产品和服务,丰富基层公共文化服务供给。一般而言,县级文化主管部门、镇街政府是资源采购配送的责任主体,总馆是采购配送的实施主体,资源由总馆配送至各分馆、服务点。

二是群众艺术培训体系。建立面向全体公众的公益性群众文化艺术辅导和培训体系,让文艺培训惠及基层、走进社区,促进公益文化艺术培训内容多样化、

---

① 中共中央办公厅,国务院办公厅.关于推进以县城为重要载体的城镇化建设的意见[EB/OL]. http://www.gov.cn/zhengce/2022-05/06/content_5688895.htm.

② 邱冠华,于良芝,许晓霞.覆盖全社会的公共图书馆服务体系:模式、技术支撑与方案[M].北京:北京图书馆出版社,2008:204.

参与主体多元化。一般由总馆负责牵头协调、统筹安排总分馆公益文艺培训计划,内容包括培训科目、课程设置、培训期数、人数规模等;建立文化艺术培训师资库,提供示范性教学,并且根据公众需求,合理调配师资到总馆、分馆、服务点承担授课工作和教学指导工作。

三是群众文化活动联动体系。提高总分馆的策划和组织能力,扩大群众文化活动的参与面和受益面。一般由总馆统筹组织全县域重大文化活动,建立总馆、分馆、服务点多级联动机制,重点培育发展市民参与度高、影响广、品质高的全域性文化活动,如乡村春晚、广场舞展演、大众合唱节等群众喜闻乐见的文化活动。

四是群众文艺创作体系。建立群众文艺创作工作网络,健全创作生产和展演展示机制,推动形成群众创造活力迸发、优秀作品不断涌现、创作队伍日益壮大的总分馆文艺创作联动共享新局面。一般由总馆负责设立群众文艺创作联盟,开展总馆、分馆创作活动联动工作,承担全县群众文艺创作规划、指导、联合开展等工作;建立群众文艺创作专家库,加强群众文艺理论研究和创作工作,提高群众文艺专业化水平;建立群众文艺作品提升机制,为新创作的作品搭建演出展示平台,加强交流研讨,帮助打磨、提升作品品质。

五是服务绩效考核体系。以群众需求和满意度为导向,建立服务绩效考核评估制度。一般由总馆对分馆、服务点进行日常业务监督检查和绩效考核评价。考核内容包括服务标准、服务内容、服务方式、免费开放程度、经费投入、人员配备、技能培训、设施环境、机制保障、公众参与情况和满意度等方面。在总馆指引下,分馆可参与辖区内服务点的日常业务监督检查和考核评价。

六是数字服务平台体系。建立服务体系内各级各类设施或机构的信息管理系统和绩效评价系统,逐步实现总馆、分馆、服务点日常管理的互联互通,实现绩效评价结果的公开、实时、动态发布,推动各项工作规范有序、长效运行。数字服务平台一般由总馆统筹建设,分馆、服务点按要求完成相应的管理和服务工作。①

(4)文化馆总分馆制的实现方式探索。

2016年文化部等五部门印发《关于推进县级文化馆图书馆总分馆制建设的指导意见》,确立了目前我国文化馆总分馆制的基本模式,即以县域为基本地域单元,以县级文化馆为总馆,乡镇(街道)综合文化站、村(社区)文化室等为分馆或者基层服务点的三级架构,人、财、物保持原有的分级管理体制,总馆对分馆的主要功能是业务指导和资源调配。实践中,各地在总分馆制基本模式上积极探

---

① 金武刚.文化馆总分馆制建设:目标设定、组织架构与科学运行[J].中国文化馆,2021(01):25-31.

索、不断创新,使我国文化馆总分馆制建设呈现出方向一致、因地制宜、各具特色、形式多样的特点。

第一,垂直管理模式。该模式的基本做法是借鉴西方总分馆制的经验,打破原有的人、财、物分级管理体制,将保障责任上移到县(区)级。县(区)级政府将经费统一拨付到总馆,由总馆统一管理,人员和其他资源也由总馆统一调配和使用,实现经费统一安排、人员统一管理、资源共建共享、读者活动联动开展。重庆市渝中区的文化馆总分馆体系采用了垂直管理模式。

第二,"双向委托"模式。2011年,重庆市大渡口区"图书馆文化馆总分馆建设"获得第一批国家公共文化服务体系示范项目创建资格,开启了探索文化馆总分馆"双向委托"模式的实践。其基本做法是"一个总馆+多个分馆+若干服务点",由区文化馆作为总馆,镇街文化站作为分馆,社区文化室为服务点。"双向委托"是指在不改变现有管理体制的前提下,分馆所在街镇政府通过签订委托协议,委托总馆对分馆进行统一管理,包括对分馆业务建设进行规划和指导,对分馆工作人员进行业务培训和辅导。分馆馆长由街镇选派文化专干担任,分馆业务副馆长由总馆统一选派业务干部担任。同时,总馆委托街镇政府对派驻业务副馆长和所辖区域公共文化设施设备进行统筹管理考核。总体上说,分馆接受总馆和街镇政府的双重管理。"双向委托"解决了区域内文化馆总分馆不同主管部门之间的统筹合作问题,实现了体制机制的突破。

第三,"两员制度"模式。总分馆制建设,"人"是关键。为了解决基层从业人员专业性不强、服务不规范的问题,浙江省嘉兴市首创了文化馆总分馆的"两员"制度。所谓"两员制度",是指县级政府根据需要给总馆增加人员编制或购买岗位经费,由总馆向镇(街)分馆派驻1名"文化下派员",并定期轮换,同时协同分馆为村(社区)基层服务点(支馆)配备、培训1名由政府提供薪酬的专职"文化管理员"。"两员制度"较好地解决了总分馆建设中"人"的问题,有人管事、有人干事、有人上联下达,保证了总分馆制的常态化有效运行。

第四,"分馆+"模式。该模式是指除了将政府主导建设的文化馆(站)纳入文化馆总分馆体系外,还将社会力量兴建或参与建设的文化设施作为分馆或服务点纳入文化馆总分馆体系。近年来,伴随着公共文化服务社会化发展的推进,"分馆+"模式异军突起、发展迅速。社会力量独立兴建的文化设施被纳入文化馆总分馆体系,社会力量参与建设分馆,文化馆分馆或服务点嵌入商圈、园区、景点、广场、街角、民宿等做法和机制日趋成熟。"分馆+"形式多样、业态多元、分布广泛,成为总分馆制建设的新亮点。浙江省温州市文化驿站、浙江省嘉兴市文化馆总分馆体系的企业分馆、广东省中山市的共享型文化馆总分馆体系,都是有特色的"分馆+"模式。"分馆+"模式大大减少了建设主体的投入成本和空间占用成本,实现了文化活动多元化、覆盖范围最大化,形成了政府、社会、市场协调推进的共建共享的新时代公共文化服务建设格局。

第五,"中心馆—总分馆"模式。在县级总分馆制的基础上进行拓展,由地市级文化馆担任全市的"中心馆",统筹、协调、指导、援助县级总分馆体系,促进更大范围的资源共享、互联互通。目前,中心馆—总分馆模式在我国多地已经实现,具体做法不完全相同。浙江省杭州市和嘉兴市,江苏省苏州市,湖南省长沙市,广东省广州市、深圳市、佛山市、东莞市等地的中心馆—总分馆模式,各具特色。中心馆—总分馆模式以地级市文化馆为中心馆,通过统筹协调等方式,将各个相对独立的区县总分馆制联结起来,形成覆盖全域的文化馆服务体系。①

(5)文化馆总分馆制建设面临的问题与发展前瞻。

截至2022年6月,全国已有2674个县(市、区)建成文化馆总分馆制,占全国县级区划总数的94.02%,已建成文化馆分馆3.8万多个,推进速度快,覆盖面广。② 文化馆总分馆制建设推进过程中显现出来的问题主要是:政府主体责任和主导作用尚有缺失;缺乏专项财政经费保障;总分馆制发展不均衡;存在"翻牌式"分馆;总馆带动能力与分馆服务能力不足;社会力量参与建设的分馆持续运营服务存在风险;等等。

推动公共文化服务高质量发展,拓展和深化总分馆制建设是重点任务。立足发展现状,需要在以下问题上创新探索、寻求突破:一是推动中央和地方财政设立专项补助资金,为文化馆总分馆制的常态化运行、可持续发展提供保障。二是做强县级总馆,强化总分馆体系的"龙头"功能。三是建立分馆软硬件标准,保证分馆的基本质量,确保分馆能够提供与总馆质量大体相当的服务。四是充分发挥省级文化馆的指导协调功能、地市级文化馆的"中心馆"功能,强化专业指导,拓展总分馆体系互联互通服务范围。

三、监管:文化馆评估定级

以恰当的方式对文化馆的建设、运行和服务进行监管,是政府对文化馆实施有效治理的重要内容。改革开放以来,伴随着政府职能的转变,计划经济体制下

---

① 李国新,李斯,苗美娟.我国图书馆文化馆总分馆制建设的现状、问题与发展建议[J].文化和旅游决策参考,2022(10):26-33.

② 同上.

形成的自上而下通过指令性计划和行政性手段直接管理文化馆的做法逐步退出历史舞台，取而代之的是稳步走向以宏观调控、政策引导、目标导向、法治手段为特色的服务型政府的监管方式。开展文化馆评估定级，就是改革开放以来政府创新文化馆监管方式最主要的成果之一。

文化馆评估定级，从本质上说是政府对其举办的文化馆的发展引导、调控手段和监管方式。政府通过制定统一的评估标准、实施分级评估，贯彻落实党和政府发展文化馆事业的战略思想、厘清文化馆工作的根本目的与主要要求，引导和指导文化馆的建设与发展，评价文化馆的服务效能和社会效益。评估定级工作为各级文化馆的建设和发展提供了方向指引和实践指南，为改善文化馆发展的社会环境和保障条件提供了外部动力，也是政府监管方式走向科学化、标准化、法治化的具体体现。

我国的文化馆评估定级工作始于2002年，2020年进行了第五次全国文化馆评估定级。2021年，文化和旅游部公布了第五次全国评估定级结果，在当年全国3447个各级文化馆中，上等级文化馆2734个，其中一级文化馆1449个，二级文化馆683个，三级文化馆602个。

文化馆评估定级工作的依据是评估标准。评估标准是政府用于指导、规范和监管文化馆建设、运行和服务的一项政策工具。[1] 历次评估定级工作的评估标准内容大体保持相对稳定，体现了政府发展文化馆事业政策的连续性和稳定性；同时，评估标准内容的调整和优化也伴随着每一次评估定级工作，体现了评估工作对文化馆事业发展和变革的适应，也体现了政府发展文化馆事业的阶段性部署和任务。评估标准的结构和内容，以第五次全国文化馆评估定级工作的评估标准为例，首先是分层级设置评估标准。整体上区分为省级文化馆、副省级和地市级（含直辖市所辖区县）文化馆、县级（含县级市和副省级城市所辖区县）文化馆三个层级。不同层级文化馆的评估项目和指标值有所区别。其次是区分重点内容和一般内容设置评估项目与指标。所有评估项目和指标分为"等级必备条件"和"评估指标"两大类，"等级必备条件"体现了政府对文化馆建设和发展关键要素的理解和认识；"评估指标"体现了政府对文化馆建设和发展的整体性要求，实行"按项目指标值赋分制"。

第五次全国文化馆评估定级工作评估标准的"等级必备条件"包括8个项目指标，分别是馆舍面积、人均财政投入、业务门类配置、具备数字化服务能力、举

---

[1] 李丹.我国公共图书馆评估制度研究[M].北京：国家图书馆出版社，2022：2.

办文化馆人员辅导培训班、专业技术人员占职工总数比例、服务满意度评价、执行党的方针政策和落实意识形态责任制情况。必备条件项目指标各层级文化馆相同,区别是项目指标值随文化馆所处层级和所达等级而异,如馆舍面积指标,省级一、二、三级馆分别需达到6500平方米、5500平方米、4500平方米,县级一、二、三级馆分别需达到2500平方米、2000平方米、1500平方米。

第五次全国文化馆评估定级工作评估标准的"评估指标"包括五个方面30多个指标,不同层级文化馆的具体指标有所不同。表7-2是省级文化馆"评估指标"的概要,可以略窥"评估指标"的概貌。在具体实施过程中,评估采取根据指标实际情况赋分评价的方法。设定的指标值主要有两种情况:一是以"有没有"为赋分评价,如"数字平台建设",只要"有"互联互通的数字平台就可以得分;二是设置节点指标值,对比文化馆所达到的实际指标值并赋分,如"每周开馆时间"设置56、49、42三个节点指标值,对应相应的分数,节点指标值之间的实际指标值,按照"直线内插法"的原理相应赋分。

表7-2 第五次全国文化馆评估定级省级馆"评估指标"概要

项目	指 标
业务建设	1. 业务门类配备 2. 免费开放及馆内常设服务项目 3. 服务内容公示 4. 本馆培养、辅导的作者、演员获省级及以上奖励数量 5. 数字平台建设(互联互通/线上需求征询与服务评价反馈/馆内免费网络覆盖) 6. 数字化服务(数字服务类型/线上线下相结合的服务活动数/数字化体验) 7. 音视频资源时长 8. 志愿服务活动数量 9. 社会化合作 10. 理论成果数量 11. 组织各类理论研讨论坛或交流活动 12. 跨地区文化交流项目 13. 开展民族民间文化宣传推广展示活动年均次数 14. 协(学)会与协作组织建设 15. 馆办刊物 16. 年报制度 17. 大众媒体宣传 18. 文化馆自建媒体宣传推介

(续表)

项目	指 标
业务效能	1. 每周开馆时间 2. 形成品牌活动或特色项目数量 3. 本地开展大型文化活动年均次数 4. 馆外活动服务人次 5. 数字服务人次 6. 举办文化馆人员辅导培训班(期/年) 7. 辅导培训文化馆人员人次占比 8. 开展基层文艺创作作品推广活动年均次数 9. 下基层业务指导人均时长 10. 服务满意度评价
保障条件	1. 馆舍面积 2. 人均财政投入 3. 职工人均教育培训时长 4. 专业技术人员占职工总数比例 5. 中级(含)以上职称人员占业务人员总数比例
改革创新	落实中央文化和旅游公共服务重点改革任务、推动公共文化服务方面有创新性做法
表彰奖励	1. 命名、表彰 2. 全国性文艺评奖 3. 全国性群众文化活动或国家公共文化云直播

评估定级是一项政府引导、监管文化馆建设和发展的常态性工作,是政府对文化馆实施有效治理的重要方式,不论评估标准还是评估组织、流程、方式等,都需要因时因势不断调整优化,因此,需要以扎实的理论研究和实践总结为创新发展奠定基础。目前,文化馆领域对评估定级工作以及评估标准的研究还比较薄弱。相对而言,公共图书馆领域的评估定级工作历史更长、经验更多,研究也较为深入,已经出现了专门研究公共图书馆评估制度的专著——《我国公共图书馆评估制度研究》。该书认为,我国公共图书馆评估制度进一步完善、深化的方向和任务是,推动评估制度纳入政府绩效考核,建立健全多元评估体系,完善评估过程的公众参与机制,合理有序吸纳第三方参与评估,加强评估过程的规范管

理,促进评估结果的分析与利用。① 所论虽然直接针对的是公共图书馆,但对进一步完善文化馆评估定级工作有参考借鉴价值。

第二节　社会化发展

在公共文化领域,社会化发展是相对于传统体制下的"政府包办""就文化论文化"而言。社会化发展的内涵,是强调将全社会一切适宜的主体、产品和服务导入公共文化服务,实现公共文化服务和全社会力量、资源的有机衔接,从而增强公共文化服务发展动力,丰富公共文化服务内容和形式,满足人民群众多样化、多层次、多方面的精神文化需求。社会化发展是现代公共文化服务体系的重要标志,是公共文化服务供给侧结构性改革的重要方式,是公共文化治理体系和治理能力现代化的重要体现。

一、由社会力量参与到社会化发展的政策演进

在我国,对公共文化服务社会化发展的理解、认识和政策演进经历了不断发展跃升的过程。在我国大力推动公共文化服务体系建设初期,2007年中央政治局专题研究加强公共文化服务体系建设,就明确提出了"坚持政府主导、鼓励社会力量积极参与"的总方针。当年8月,中办、国办印发《关于加强公共文化服务体系建设的若干意见》,提出了积极引导社会力量参与公共文化服务的三种主要方式:兴办实体、赞助活动和免费提供设施。② 2011年党的十七届六中全会通过《中共中央关于深化文化体制改革推动社会主义文化大发展大繁荣若干重大问题的决定》,引导和鼓励社会力量参与公共文化服务的主要方式扩展为兴办实体、资助项目、赞助活动和提供设施四种类型,体现出了一些新变化。到2013年党的十八届三中全会通过《中共中央关于全面深化改革若干重大问题的决定》,在部署构建现代公共文化服务体系时,首次提出推动公共文化服务社会化发展,涉及的主要要素,一是引入竞争机制,二是鼓励社会力量、社会资本参与,三是培育文化非营利组织。2015年,落实党的十八届三中全会的部署,中办、国办印发《关于加快构建现代公共文化服务体系的意见》,对公共文化服务社会化发展做出了较为全面的阐述和部署。首先,将社会化发展提升到增强公共文化服务发

---

① 李丹.我国公共图书馆评估制度研究[M].北京:国家图书馆出版社,2022:162-186.
② 中共中央办公厅,国务院办公厅.关于加强公共文化服务体系建设的若干意见[R]//中国图书馆学会,等.基层图书馆馆长培训参考资料.中国图书馆学会,2009:3-7.

展动力的高度,体现了对社会化发展理解和认识的飞跃。其次,较为全面地阐述和部署了公共文化服务社会化发展的主要方面、重点任务:一是培育和促进文化消费,促进公共文化服务实现标准化和个性化的有机统一;二是引导和鼓励社会力量参与,建立健全政府购买公共文化服务机制,探索开展公共文化设施社会化管理运营;三是培育和规范文化类社会组织,引导其依法依规开展公共文化服务;四是大力推进文化志愿服务,探索建立具有地方或行业特色的文化志愿服务模式。2017年施行的《公共文化服务保障法》将"国家鼓励和支持公民、法人和其他组织参与公共文化服务"写入总则,将社会力量参与公共文化服务的主要方式,总结提炼为兴办实体、资助项目、赞助活动、提供设施、捐赠产品五种类型,并从设施建设、服务提供、政府引导鼓励等多方面对公共文化服务社会化发展做出规定。

上述十多年来的政策演进体现了公共文化服务社会化发展的特点。第一,表述变化。由引导和鼓励社会力量参与公共文化服务到推动公共文化服务社会化发展。社会化发展比社会力量参与内涵更为丰富、动能更为内生、行为更加自觉。第二,认识提升。社会化发展不仅是通过社会力量参与增加公共文化产品和服务的数量,更重要的是创新了公共文化服务管理运行机制,健全了公共文化服务供给体系,增强了公共文化服务发展动力。构建现代公共文化服务体系,社会化发展是重要的内生动力。第三,方式拓展。政府引导和鼓励社会力量参与公共文化服务的方式,由最初的三种主要类型扩展到《公共文化服务保障法》规定的五种主要类型。近年来,政府购买公共文化服务、基层公共文化设施社会化管理运营又成为新的社会化发展方式。在推动公共文化服务社会化发展的总体格局中,社会力量参与的方式进一步走向多样化。

二、社会化发展方式创新

我国大力推动公共文化服务体系建设以来,政府通过引导和鼓励社会力量兴办实体、资助项目、赞助活动、提供设施、捐赠产品参与公共文化服务一直是主要方式,取得了显著成效。党的十八届三中全会部署构建现代公共文化服务体系以来,伴随着推动公共文化服务社会化发展理念的确立,社会力量参与公共文化服务出现了一些新模式、新路径、新做法。

(一)政府购买公共文化服务

政府购买公共文化服务是指国家机关、事业单位和团体组织使用公共财政资金向法人、其他组织或自然人购买公共文化产品、服务、活动和管理等事项的行为。按照我国《政府采购法》的规定,政府采购通过公开招标、邀请招标、竞争性谈判、单一来源采购、询价等方式进行,公开招标是主要采购方式(第二十六条)。政府购买公共文化服务是政府转变职能、建设服务型政府的重要环节,是规范和引导社会组织健康发展、鼓励和支持社会力量广泛参与、推动公共文化服务社会化发展的重要途径,对于进一步深化文化体制改革、丰富公共文化服务供给、提高公共文化服务效能具有重要意义。

在我国,政府购买公共文化服务是2013年党的十八届三中全会之后快速发展起来的。2015年5月,国务院办公厅转发文化部等部门《关于做好政府向社会力量购买公共文化服务工作意见的通知》,提出到2020年在全国基本建立比较完善的政府向社会力量购买公共文化服务体系,形成与经济社会发展水平相适应、与人民群众精神文化和体育健身需求相符合的公共文化资源配置机制和供给机制。该文件对政府购买公共文化服务过程中明确购买主体、科学选定承接主体、明确购买内容、制定指导性目录、完善购买机制、提供资金保障、健全监管机制、加强绩效评价等主要事项作出了部署。同时还发布了《政府向社会力量购买公共文化服务指导性目录》,将公益性文化体育产品的创作与传播、公益性文化体育活动的组织与承办、中华优秀传统文化与民族民间传统体育的保护传承与展示、公共文化体育设施的运营和管理、民办文化体育机构提供的免费或低收费服务等五大类近40项公共文化服务纳入政府购买目录。为推动政府购买公共文化服务发展,文件要求逐步加大现有财政资金向社会力量购买公共文化服务的投入力度,对新增的公共文化服务内容,凡适于以购买服务实现的,原则上都要通过政府购买服务方式实施。2017年施行的《公共文化服务保障法》,把"国家采取政府购买服务等措施,支持公民、法人和其他组织参与提供公共文化服务"写入法律(第四十九条),政府购买公共文化服务上升为法律制度。到"十三五"末,全国各级政府已经普遍开展了政府购买公共文化服务工作,向社会力量购买公共文化服务使用资金占公共文化服务体系建设资金总量的比例,开始被纳入公共文化服务绩效考核指标体系,政府购买成为我国公共文化服务社会化发展最主要的形式。

"公共文化产品和服务采购大会"(简称"文采会"),是近年来出现的政府购买公共文化服务创新方式。"文采会"发端于2017年上海市浦东新区创建国家公共文化服务体系示范区的创新实践,它借鉴经济领域供需双方直接见面的采购交易方式,将公共文化产品、服务、活动的供需两端组织起来,以现场展示、洽谈、交易的方式实现政府采购。这种方式为供需有效对接搭建了平台,为激活竞争机制创造了条件,为吸引社会力量参与畅通了路径,为提高政府采购的针对性和精准性奠定了基础,同时现场丰富多彩的路演、展示等宣传推广活动又成为当地群众的一场文化"嘉年华",很快由上海浦东辐射到成都、东莞、马鞍山等地,目前已经形成了从省域到区域到全国、线上线下相结合的多层次、多样化"文采会"格局。进入"十四五","举办全国性或区域性公共文化产品和服务采购大会"被写进文化和旅游部等三部门推动公共文化服务高质量发展的政策文件,被列入"十四五"公共文化服务体系建设规划的专栏项目,"文采会"创造了政府购买公共文化服务的新模式。

政府购买公共文化服务在发展进程中也显现出一些问题。如政府行政机关购买和作为事业单位的文化馆购买的权责区分,政府购买承接主体的培育和选择,政府购买方式、流程、规范与公共文化产品和服务特点的适配,新增公共文化服务内容是否通过政府购买方式得到落实与保障,政府购买绩效的跟踪与评价机制等,这些都是需要进一步研究和探索的问题。

二、公共文化设施社会化管理运营

公共文化设施社会化管理运营,是指政府举办的公共文化设施通过契约的方式交由企业、社会组织等社会力量进行日常管理运营、向公众提供公共文化服务的方式,俗称"服务外包"。社会化管理运营是公共文化设施设备所有权和管理运营权的分离,从本质上说,依然属于政府购买公共文化服务,不过购买的是特殊类型的管理运营服务。目前我国公共文化领域出现的社会化管理运营案例主要有两种类型:一种是整体场馆的社会化管理运营,一种是部分项目的社会化管理运营。

公共文化设施社会化管理运营在发达国家早已有之。如美国在20世纪初就有图书馆部分服务"外包"的事例。英国20世纪90年代实施"公私合作伙伴制"改革,也催生了一些"整体外包"或"混合运营"的公共图书馆。[1] 但总体来看,英美国家公共文化设施采用部分业务项目"外包"的较多,设施整体交由公司企业管理运营的则不多。日本是公共文化设施社会化管理运营数量较多的国家。20世纪60年代,日本开始推动"公共设施委托经营",主要内容是将公共设施的非主干业务(如保安、卫生等)委托具有一定资质的社会组织管理运营。20世纪90年代以来,日本进一步推动公共事业向民间开放。2003年,日本政府

---

[1] 关思思.我国公共文化机构社会化管理运营研究[D].北京大学,2018:72-74.

在"公共设施委托经营"的基础上进一步推出"公共设施指定管理者制度"。① 该制度的主要内容是,进一步放宽承接主体的范围,非政府组织、企业、社团法人、民间组织等都可以成为公共设施的"指定管理者"。据日本文部省的调查统计,截至2021年,在日本实行指定管理者制度的公共文化设施占同类设施总数的比例,公民馆为10.7%,公共图书馆为20.8%,博物馆为26.5%,青少年教育设施为46.3%,妇女教育设施为36.2%,社会体育设施为46.1%,占比最高的是剧场和音乐厅,为60.1%。② 从发展趋势上看,日本实行指定管理者制度的公共文化设施呈逐步增加态势。

我国在构建现代公共文化服务体系的进程中开始倡导公共文化设施社会化管理运营。2015年中办、国办《关于加快构建现代公共文化服务体系的意见》中,首次提出创新公共文化设施管理模式,有条件的地方可探索开展公共文化设施社会化运营试点,通过委托或招投标等方式吸引有实力的社会组织和企业参与公共文化设施的运营。2017年施行的《公共文化服务保障法》将"鼓励公民、法人和其他组织依法参与公共文化设施的运营和管理"写入法律(第二十五条),公共文化设施社会化管理运营有了法律依据。"十三五"期间,公共文化设施社会化管理运营发展较快。据2019年的一项调查,当年全国实行社会化管理运营的公共文化设施已达1.1万家,其中约90%是乡镇(街道)村(社区)层级的公共文化设施,文化馆(群艺馆)有近100家。③ 进入"十四五",公共文化设施社会化管理运营在持续推进,重要政策文件均有部署。总体上看,目前我国宏观政策对推进公共文化设施社会化管理运营持较为慎重的态度,如文化和旅游部等三部门《关于推动公共文化服务高质量发展的意见》所做的部署是,"稳妥推动基层文化设施社会化运营。存在人员缺乏等困难的县级特别是乡镇(街道)、村(社区)文化场馆,可根据实际,通过政府委托运营整体场馆或部分项目的形式,引入符合条件的企业和社会组织,提高运营效率和服务水平"。《"十四五"公共文化服务体系建设规划》所做的部署是,"稳妥推进县以下基层文化设施社会化管理运营,对存在人员缺乏等困难的公共文化设施,鼓励通过服务外包、项目授权、财政

---

① 曹磊.日本公共图书馆社会化运营发展历程及问题[J].中国图书馆学报,2017(3):119-131.
② 文部科学省.令和3年度社会教育統計調査結果のポイント・種類別指定管理者別施設数.[2024-04-30].https://www.mext.go.jp/content/20220727-mxt_chousa01-100012545_1.pdf.
③ 北京大学国家现代公共文化研究中心.我国公共文化机构社会化发展调研报告[R].北京大学国家现代公共文化研究中心,2019.

补贴等方式,引入符合条件的企业和社会组织进行运营或连锁运行"。

公共文化设施社会化管理运营在创新公共文化设施管理运行机制、激发社会力量参与公共文化服务活力、促进公共文化服务供给要素均衡发展、降低公共文化服务成本等方面取得了积极成效。但实践过程中也显现出一些问题,如合格的承接主体比较缺乏、尚未建立起科学合理的政府购买经费保障机制和监管评价机制、面临着世界各国社会化运营普遍存在的人才队伍专业化水平降低问题、有些地方政府对社会化管理运营的认识还不到位等。推动公共文化服务社会化高质量发展,需要研究和建立公共文化设施社会化管理运营合格承接主体的基本条件,需要研究和建立支撑社会化管理运营可持续发展的政府购买经费测算和保障机制,需要构筑适应社会化管理运营需求的专业人才养成体制,需要建立社会化管理运营承接主体的发展共同体,也需要政府正确认识社会化管理运营的功能作用,理性把握社会化管理运营的适用范围,实现监管理念和方式由行政管理向契约管理的转变,从而使公共文化设施社会化管理运营真正发挥出创新机制、激发活力、提升服务、惠及百姓的功效。

三、文化志愿服务

文化志愿服务是指社会公众不以获取物质报酬为目的,自愿贡献自己的时间、文化知识、文艺技能等,为社会和他人提供各类文化服务的行为。文化志愿服务从本质上说是社会公众参与文化服务实践的自觉行为。对文化志愿者来说,通过弘扬"奉献、友爱、互助、进步"的志愿服务精神,可在奉献社会、服务他人、完善自我的过程中,营造社会的文明进步环境,增进公众的精神文化福祉,体现自身的社会价值。对公共文化事业来说,文化志愿服务体现了公共文化人民群众自我创造、自我表现、自我服务、自我教育的特点,健全了政府、市场、社会共同参与现代公共文化服务体系建设的格局,增强了公共文化服务发展动力,是公共文化现代治理的重要内容。

(一)我国文化志愿服务的发展历史

相对于其他类别的志愿服务,我国文化志愿服务起步较晚。20世纪末出现了一些地方自发组建的文化志愿服务队开展活动,新世纪初年出现了一些公共文化机构招募专门的文化志愿者开展服务。2010年以后,伴随着我国志愿服务的蓬勃发展,文化志愿服务快速普及、全面发展、成效显著。

一般认为,我国文化志愿服务的发展历程分为三个主要阶段。① 2010年以前是从民间自发到各地自觉探索的初期发展阶段。改革开放后,具有现代意义的文化志愿服务活动逐步推进。20世纪80年代末到20世纪90年代初,在共青团、民政部、中央文明办等部门的推动下,具有一定文化专业知识或文艺专长的人加入志愿者行列,文化志愿者的专门类别初现端倪。20世纪90年代中期,有较多的公共文化机构开始招募具有专业服务特长的志愿者。21世纪初,我国大力推进公共文化服务体系建设,特别是2008年北京奥运会,极大地促进了文化志愿服务的发展。这一阶段的特点是,早期发端于民间的自发性群众文化团队以自娱自乐为主,以地方特色鲜明的文化活动为主,活动团队处于自我发展和消亡的状态。

2010—2014年是我国文化志愿服务组织化、体系化建设快速推进的阶段。2010年,文化部组织开展"春雨工程——全国文化志愿者边疆行"活动,"文化志愿者"的名称首次出现在官方重大志愿活动中,标志着"文化志愿者"已经成为志愿者中的专门类别。2011年党的十七届六中全会通过的《中共中央关于深化文化体制改革推动社会主义文化大发展大繁荣若干重大问题的决定》,部署壮大文化志愿者队伍,鼓励专业文化工作者和社会各界人士参与基层文化建设和群众文化活动,形成专兼结合的基层文化工作队伍,为文化志愿服务的发展指明了方向。2012年,文化部、中央文明办联合印发《关于广泛开展基层文化志愿服务活动的意见》,首次对文化志愿服务做出全面系统部署。2014年,文化部、中央文明办联合启动"文化志愿服务推进年"系列活动,发布了"中国文化志愿者"标识,推出了"文化志愿者注册服务证",将文化志愿服务纳入国家公共文化服务体系示范区创建标准,文化志愿服务的组织化、体系化格局基本形成。

2015年以后,我国文化志愿服务走上制度化、社会化发展道路。在2013年党的十八届三中全会提出构建现代公共文化服务体系、2014年中央文明委发布《关于推进志愿服务制度化的意见》的背景下,2015年初中办、国办印发的《关于加快构建现代公共文化服务体系的意见》,将大力推进文化志愿服务提升到增强公共文化服务发展动力的高度,提出了坚持志愿服务与政府服务、市场服务相衔接,奉献社会与自我发展相统一,社会倡导和自愿参与相结合,构建参与广泛、内容丰富、形式多样、机制健全的文化志愿服务体系的发展目标。文化部将2015年确定为"文化志愿服务制度建设年",完善文化志愿者注册招募、服务记录、管

---

① 良警宇,李国新.中国文化志愿服务事业的回顾与展望[C]//张永新,良警宇.中国文化志愿服务发展报告(2016).北京:社会科学文献出版社,2016:1-18.

理评价和激励机制成为制度建设的重点任务,探索具有地方或行业特色的文化志愿服务模式成为发展方向。近年来,随着公共文化数字化、网络化的发展,文化志愿服务领域涌现出了大量与互联网紧密结合的新形态、新方式。据统计,截至 2020 年,全国文化馆(站)、公共图书馆和博物馆共有文化志愿者队伍 5 万多支,文化志愿者 1200 万人,其中省地县三级文化馆拥有文化志愿者队伍 3.8 万支,文化志愿者 156 万人。[①] 文化馆(站)、公共图书馆和博物馆的文化志愿者约占全国志愿者总数 2.17 亿的 5.5%[②],文化馆拥有的文化志愿者约占文图博三馆和乡镇街道文化站文化志愿者的 13%。

(二) 文化志愿服务的功能

文化志愿服务的功能,主要可以从社会动员功能、资源整合功能、文化促进功能、社会倡导功能、文化扶助功能和自我完善功能等方面加以理解。[③]

第一,社会动员功能。随着"互助、友爱、奉献、进步"的志愿精神不断深入人心,奉献社会、服务他人的文化志愿服务方式,以及自主选择、平等参与、不计报酬、力所能及的志愿服务特征,使文化志愿服务成为一种广泛采用的社会动员手段,为不同群体、不同年龄、不同职业的社会公众参与文化志愿服务、运用文化艺术专长服务社会提供了有效的渠道,为人们实现自身的社会价值、促进文化志愿者个人和志愿服务组织的自我完善,提供了重要的实践平台。当前蓬勃发展、不断壮大的文化馆志愿服务组织,展现了文化志愿服务在当代中国社会强大的社会动员功能。

第二,资源整合功能。文化志愿服务的感召力和强大的社会动员功能,有效地聚合了全社会富有奉献精神、具有文化艺术专长的志愿者投身于公共文化服务。文化志愿者个人具有的文化艺术学识和专长、拥有的文化资源,通过参与文化志愿服务形成组织化的力量,发挥了优化公共文化服务资源配置的作用。

第三,文化促进功能。文化志愿者是公共文化服务队伍中的生力军。文化志愿团队或个人通过实施文化志愿服务项目、依托文化馆等公共文化服务机构开展形式多样的文化志愿服务活动,促进了全民艺术普及和优秀传统文化传承,

---

① 中华人民共和国文化和旅游部.中国文化文物和旅游统计年鉴(2021)[M].北京:国家图书馆出版社,2021.
② 新时代文明实践志愿服务的工作布局和开展情况[C]//张翼.中国志愿服务发展报告(2021—2022).北京:社会科学文献出版社,2022:9.
③ 王全吉.文化和旅游志愿服务与管理[M].北京:北京师范大学出版社,2021:9.

提升了公共文化服务效能,为文化事业的繁荣发展贡献了力量。

第四,社会倡导功能。文化志愿服务体现的"互助、友爱、奉献、进步"精神,助人为乐的传统美德,激发了公众内心深处的邻里守望、团结友爱、助人自助、仁者爱人的文化情怀和精神品质,营造了全社会团结互助、甘于奉献的良好风尚。文化志愿者不计报酬、无私奉献的精神,深入基层、不辞辛苦的作风,潜移默化地感染着每个服务对象,影响着身边的人们,为形成良好的社会风尚树立了标杆。

第五,文化扶助功能。残疾人、老年人、少年儿童等特殊群体是文化志愿服务的重点人群。精准对接特殊人群的文化需求,有针对性地提供文化服务,改善了特殊群体的精神文化生活,促进了公共文化服务的均等化,鲜明地体现了文化志愿服务的文化扶助功能。

第六,自我完善功能。文化志愿者在奉献社会、服务他人的实践中,自身的思想境界得以提升,文化艺术专长得以锻炼,社会实践能力得以增强,人与人之间的理解和沟通得以升华,文化志愿服务的过程也是自我不断完善的过程。

(三)文化志愿服务的内容

在文化馆领域,文化志愿服务的内容较为丰富,涉及文化馆服务的各个方面,文化志愿者全面参与文化馆的服务和管理。

首先,协助开展免费开放服务。文化志愿者协助文化馆开展场馆免费开放服务的主要形式包括:一是场馆的咨询服务、指引帮助;二是在文化馆展厅为公众提供艺术展览讲解、导赏志愿服务;三是维持馆内秩序。

其次,协助开展文化艺术培训。文化志愿者协助文化馆业务人员开展群众文艺培训的主要形式为:一是作为艺术培训师资,基于自身的艺术特长,承担艺术培训教学工作;二是作为业务人员的助手,在教学过程中承担要领、技巧、细节示范工作;三是与文化馆业务人员一起,对群众文艺团队进行常态化的培训指导。

最后,协助开展群众文化活动。文化志愿者协助文化馆开展群众文化活动的主要形式为:一是参与各类群众文化活动演出;二是参与群众文化活动策划工作;三是协助进行群众文化活动现场秩序管理。

(四)文化志愿服务的管理

完善志愿服务管理制度建设、加强文化志愿者培训、组织开展文化志愿服务活动、规范文化志愿服务记录等,是文化馆志愿服务管理的主要内容。

第一,完善志愿服务管理制度建设。建立健全文化志愿服务管理制度,是文化志愿服务持续健康发展的基础。文化志愿服务管理制度,主要包括文化志愿者注册招募、服务记录、服务评价与反馈、激励表彰等方面的制度。文化馆应建立文化志愿者登记注册制度、文化志愿者服务记录制度、文化志愿服务项目管理制度、文化志愿者权益保障制度、文化志愿者激励表彰制度等,逐步形成比较完善的管理制度体系。

第二,加强文化志愿者培训。常态化的文化志愿者培训,是提高文化志愿服务水平的有效途径。《志愿服务条例》规定,志愿服务活动需要专门知识、技能的,志愿服务组织应当对志愿者开展相关培训(第十六条)。文化志愿服务培训,可强化志愿服务理念,提升志愿服务技能,促进文化志愿服务组织发展。文化馆要把志愿者培训纳入常态化工作,建立文化志愿者培训师资队伍,编写文化志愿者培训教材,定期开展文化志愿者培训活动,形成先培训后上岗的文化志愿服务制度。

第三,组织开展文化志愿服务活动。文化部2016年印发的《文化志愿服务管理办法》规定了文化志愿服务组织单位的职责(第三章)。文化馆作为文化志愿服务组织单位,应当制订文化志愿服务计划,组织开展面向公众的文化志愿服务活动,并为文化志愿者开展文化志愿服务提供必要的工作条件。文化馆要聚焦全民艺术普及和优秀传统文化传承等工作任务,组织开展常态化、多样化的文化志愿服务活动。如正在推进的"春雨工程"——全国文化和旅游志愿服务行动计划、"阳光工程"——中西部农村文化志愿服务行动计划、"圆梦工程"——农村未成年人文化志愿服务计划,就是持续时间长、影响比较大、文化馆参与程度较高的文化志愿服务项目。深入城乡基层,为老年人、未成年人、残疾人、农民工和生活困难群众提供文化志愿服务,是文化馆志愿服务应重点关注的方面。

第四,规范文化志愿服务记录管理。志愿服务记录是指志愿服务组织或依法开展志愿服务活动的其他组织,通过志愿服务信息系统或者纸质载体等形式对志愿者服务情况的记载。文化志愿服务记录是评价文化志愿者服务的重要载体,也是激励表彰文化志愿者的依据。早在2012年10月,民政部印发《志愿服务记录办法》,要求加快建立志愿服务记录制度,推动志愿服务持续健康有序发展。2017年12月1日起施行的《志愿服务条例》第十九条明确规定,志愿服务组织安排志愿者参与志愿服务活动,应当如实记录志愿者志愿服务信息,按照统一的信息数据标准录入国务院民政部门指定的志愿服务信息系统,实现数据互联互通。2021年2月1日起施行的民政部《志愿服务记录与证明出具办法(试行)》第三条规定:"记录志愿服务信息、出具志愿服务记录证明,应当遵循真实、准确、完整、无偿、及时的原则。"文化馆要加强文化志愿服务记录规范管理,指导文化志愿服务组织依法做好志愿服务记录与证明出具工作,妥善管理志愿服务记录。

(五)文化志愿者权益

2017年施行的《志愿服务条例》是目前我国规范志愿服务的行政法规。条例规定的志愿者权益,同样适用于文化志愿者。文化志愿者在提供文化志愿服务过程中依法享有如下主要权益。

第一,人格尊严受保护权。未经志愿者本人同意,不得公开或者泄露其有关信息(第二十条)。

第二,志愿服务与自身能力相适应权。志愿服务组织安排志愿者参与志愿服务活动,应当与志愿者的年龄、知识、技能和身体状况相适应,不得要求志愿者提供超出其能力的志愿服务(第十五条)。

第三,志愿服务必要条件获得保障权。志愿服务组织应当为志愿者参与志愿服务活动提供必要条件,解决志愿者在志愿服务过程中遇到的困难(第十七条)。

第四,人身安全受保护权。志愿服务组织安排志愿者参与可能发生人身危险的志愿服务活动前,应当为志愿者购买相应的人身意外伤害保险(第十七条)。

第五,获取本人志愿服务信息权。志愿服务组织应当如实记录志愿者个人基本信息、志愿服务情况、培训情况、表彰奖励情况、评价情况等信息,按照统一的信息数据标准录入国务院民政部门指定的志愿服务信息系统,实现数据互联互通。志愿者需要志愿服务记录证明的,志愿服务组织应当依据志愿服务记录无偿、如实出具(第十九条)。

第三节 文化馆机构治理

文化馆机构治理是指文化馆内部的组织体系、管理方式、制度体系、运作机制的科学化、规范化、高效率。机构治理的目标,是与时俱进地圆满实现机构职能。健全现代公共文化服务体系、实现全民艺术普及高质量发展,为文化馆服务转型升级指明了方向,也要求文化馆不断完善内部治理机制。文化馆是文化馆事业发展的重要利益相关方,机构内部的善治是整个文化馆事业善治的基础。

一、文化馆的管理体制与组织架构

（一）文化馆的管理体制

文化馆作为政府举办的文化事业单位，机构内部的管理体制遵循一般事业单位的基本体制架构。

1. 党组织的核心作用

文化馆党组织是党的基层组织。在文化馆的日常管理运行中，党组织发挥核心作用。核心作用体现在三个方面。一是政治核心，即牢牢把握文化馆的发展方向，贯彻落实党的路线方针政策，坚持以人民为中心的服务理念，弘扬中华优秀传统文化，传承革命文化，发展社会主义先进文化，传播社会主义核心价值观。二是战斗堡垒，即凝聚全馆干部职工面向长远发展，积极参与各项管理与服务工作，形成发展合力。三是先锋模范，即率领全体党员以身作则，率先垂范，在文化馆日常服务中发挥先锋模范作用，各项工作走在前列，善作善成。

党组织的主要职责是：认真贯彻党的路线方针政策，紧密围绕文化馆各项工作，推进政治建设、思想建设；参与文化馆重要决策，落实意识形态工作责任制，牢牢把握文化馆改革和发展的正确方向；加强组织建设；开展"三会一课"常态化的支部活动，支持和指导工会、共青团、妇联等组织开展活动；推进作风建设；密切联系群众，深入基层，下沉部门，做好干部职工政治思想工作；推进纪律建设；加强制度建设，发扬党内民主，强化党内监督，形成风清气正、积极进取的机构文化生态。

党组织的组织领导实行党政领导班子集体决策制。党组织参与文化馆"三重一大"以及与群众利益密切相关重要事项的决策。党政领导班子成员落实"一岗双责"。党组织与理事会主要负责人实行"双向进入、交叉任职"的配备方式。理事会研究涉及文化馆改革发展稳定和事关职工群众切身利益的重大决策、重要人事任免、重大项目安排、大额度资金使用等事项，党组织负责人参与，或理事会在作出决定前，征得党组织同意。

2. 馆长负责制

馆长负责制是指馆长对文化馆工作全面负责，党组织起决策参与和监督作用，干部职工参与民主管理、民主监督的领导体制。馆长实行任命制，由举办单位按干部管理权限任命。馆长是文化馆的法人代表。

馆长的主要职责包括：贯彻执行党的方针政策和国家的法律法规，全面负责本馆日常业务和管理工作;领导制定、组织实施文化馆的发展规划、年度工作计划、经费预决算、各项规章制度;组织实施文化馆理事会决议;负责文化馆人事、财务、资产等管理;在发生突发事件需要应急处置的情况下,对本馆事务行使符合法律、法规规定和单位利益的特别处置权;法律、法规和规章等规定的其他职权。

管理层会议制度主要有党政联席会议制度和馆长办公会议制度。党政联席会议制度是文化馆领导班子集体议事的会议形式,是加强党的领导、促进决策民主化的有效机制。党政联席会主要讨论研究文化馆重大事项决策、重要干部任免、重大项目决策、大额资金使用等方面的事项。馆长办公会议制度的议事决策范围,主要是研究决定文化馆的年度工作安排,确定经费预算决算,制定规章制度和服务规范,研究落实上级党委和文化行政主管部门交办的工作,讨论确定干部职工年度考核、奖励惩处等事项。

3. 职工大会

我国《劳动法》对职工大会有明确的规定:劳动者依照法律规定,通过职工大会、职工代表大会或者其他形式,参与民主管理或者就保护劳动者合法权益与用人单位进行平等协商(第八条)。文化馆建立职工大会制度,是依法保障职工参与民主管理和监督、维护职工合法权益的基本形式。

职工大会的职权是:贯彻执行党和国家的方针政策,正确处理国家、单位和职工三者的利益关系,具体讨论和审议文化馆章程草案和章程修正案,听取文化馆发展规划、改革方案,提出意见和建议;审议文化馆馆长所作的年度工作报告,讨论通过管理层提出的与职工利益直接相关的福利、分配等实施方案,审议通过文化馆工作人员的岗位聘任、考核和奖惩办法,通过多种方式对本馆工作提出意见和建议,监督文化馆章程、规章制度的落实。

(二)文化馆的内部组织

内部组织又称内设机构。构筑内部组织体系的目的,是方便内部管理,畅通内部运行,有利于实现机构的职能目标。内部组织的布设原则是,优化结构、内部整合、精干设置。① 我国各级文化馆的内部组织,有体现文化馆职能特点的共性,也有结合各地实际、体现各馆优势的特色。总体上看,各级文化馆的内部组

---

① 中央编办副主任黄文平谈落实国务院部门"三定"规定,深化行政管理体制改革[EB/OL].(2008-10-16).http://www.gov.cn/zxft/ft139/.

织体系一般包括以下业务部门。

第一，文化活动部门。主要负责本馆大、中型文艺活动的方案策划、组织实施；负责送戏下乡演出；承担由本馆承办的各类文艺演出活动。

第二，艺术培训部门。主要负责策划和组织开展公益文艺培训活动；组织开展群众文化骨干业务培训活动；策划开展文化馆（站）工作人员理论与专业培训活动。

第三，数字信息部门。主要负责文化馆数字化建设工作，包括：门户网站的日常维护管理和信息对外发布；文化馆新媒体运营、内容策划、用户管理；提供文化馆数字资源建设和数字化服务的技术保障、音视频摄录、后期制作、传播发布等工作。

第四，非物质文化遗产（民间文化艺术）保护与传承部门。主要负责开展当地非物质文化遗产的普查、保护、传承、研究工作，组织开展非物质文化遗产展演展示活动，协助有关部门开展非物质文化遗产名录及项目代表性传承人的申报与评议工作。在一些非遗资源尚不够丰富的地区，一般设置民间文化艺术部门，以民间文化艺术的视野，搜集、整理、保护、传承、研究当地的传统文化艺术特色资源。

第五，群众文艺创作指导部门。指导群众文艺创作，组织群众文艺作品展演、展览、评论、推广、选拔、推荐优秀群众文艺作品参加各级文艺赛事和展览活动。

第六，理论调研部门。负责文化馆的理论研究、实践调研工作，组织开展学术研讨活动，编辑文化馆业务研究和工作交流期刊。

综观我国各级文化馆的内部组织体系架构会发现，和快速发展的文化馆事业需求相比，有两个比较明显的短板。一是文化馆数字化建设和服务工作在内部组织中薄弱，有的文化馆有内设机构，但力量不足，更多的基层文化馆尚未设置专门的内设机构。国家文化数字化发展战略要求促进文化机构数字化转型升级，推动文化机构将文化资源数据采集、加工、挖掘与数据服务"纳入经常性工作"。[①] 没有专门的内设机构，意味着没有专门的人才团队，没有专门的工作计划和落实，令数字化建设成为文化馆的"经常性"工作也无从谈起。二是文化馆理论研究和实践调研工作在内部组织中薄弱。多数省地级文化馆有理论调研部门，但往往力量不足；多数基层文化馆还没有意识到需要有这样的内设部门。理

---

① 中共中央办公厅,国务院办公厅.关于推进实施国家数字化战略的意见[EB/OL].(2022-05-22)[2024-04-30].http://www.gov.cn/xinwen/2022-05/22/content_5691759.htm.

论研究和实践调研是事业高质量发展的基础。文化馆不是研究机构,但文化馆不能没有理论研究,更不能没有对事业发展中重大现实问题的调查研究,文化馆的理论调研部门应成为当地政府发展文化馆事业的智库。从完善文化馆内部组织架构体系的角度看,数字化建设和理论调研是两个应进一步加强的方面。

二、文化馆法人治理结构改革

法人治理(Corporate Governance)又称"公司治理",是现代企业发展的产物。法人治理结构是由利益相关方共同参与治理的组织架构与运行机制。二战以后,伴随着席卷全球的政府改革浪潮,法人治理被引入公共机构。公共机构的法人治理和公司企业的法人治理并不完全一样,二者的基本原理是相通的,但公共机构的法人治理弱化了资本和财产属性,强化了公共利益和公共目标。

(一)我国公共文化机构法人治理结构改革的政策演进

我国公共机构建立法人治理结构的探索实践始于21世纪初。2007年,我国开启了事业单位分类改革,少数公共文化机构被纳入建立法人治理结构试点。2008年,中共中央、国务院印发《关于深化行政管理体制改革的意见》,要求主要从事公益服务的事业单位,强化公益属性,整合资源,完善法人治理结构。2011年,中共中央、国务院印发《关于分类推进事业单位改革的指导意见》,推进政事分开、管办分离成为事业单位改革的重要方向,探索建立理事会、董事会、管委会等多种形式的治理结构,健全决策、执行和监督机制成为事业单位改革的重要任务。同年,国务院印发《关于建立和完善事业单位法人治理结构的意见》,对事业单位建立法人治理结构的基本原则、总体要求、主要内容、组织实施提出了具体指导意见。2013年,党的十八届三中全会将"建立法人治理结构,推动公共图书馆、博物馆、文化馆、科技馆等组建理事会"作为全面深化改革、构建现代公共文化服务体系的重点任务,随即中央文化体制改革和发展工作领导小组于2014年把文化馆等公共文化机构组建理事会列入改革试点任务,文化部于当年选定10家公共文化机构开展法人治理结构改革试点,其中包括山东省济南市群众艺术馆、广西壮族自治区桂林市临桂县文化馆两家文化馆。2015年中办国办印发《关于加快构建现代公共文化服务体系的意见》,将公共文化机构建立法人治理结构作为创新公共文化管理体制和运行机制的重点任务加以部署。2017年3月施行的《公共文化服务保障法》将"推动公共图书馆、博物馆、文化馆等公共文化设施管理单位根据其功能定位建立健全法人治理结构"写入法律(第二十四条),公共文化机构推广法人治理结构改革有了法律依据。2017年9月,中宣部、文化部等七部门印发《关于深入推进公共文化服务机构法人治理结构改革的实施方案》,在总结试点经验的基础上,对推广公共文化机构法人治理结构改革做出部署,提出到2020年年末,全国市(地)级以上规模较大、面向社会提供公益服务的公共图书馆、博物馆、文化馆、科技馆、美术馆等公共文化机构,基本建立以理事会为主要形式的法人治理结构的工作目标。中央七部门实施方案印发后,中央和地方相关政府部署了本地区的公共文化机构法人治理结构改革任务,全国共有370多家地市级以上文化馆承担了改革任务。截至2020年,全国已经成立理事会、初步建立法人治理结构的文化馆有260多个。[①]

(二)公共文化机构法人治理结构改革的主要任务

根据中宣部等七部门《关于深入推进公共文化服务机构法人治理结构改革的实施方案》部署,公共文化机构法人治理结构改革重点推动在以下问题上取得突破。

1. 成立理事会

理事会是公共文化机构法人治理结构中决策层的组织形式,简言之,理事会是公共文化机构的决策机构。理事会由政府有关部门、文化馆、服务对象和其他相关方面的代表组成,一般遵循"外部理事占多数"的原则,以确保理事会成员代表的广泛性、理事会决策的公共利益优先。作为理事会成员的理事,应当热心公共文化事业,政治素质好,具备相应的知识和能力,遵纪守法,能够忠实、诚信、勤勉地履行职责。为了给理事会的决策提供专业支持,具备条件的理事会可设立咨询或专业委员会。法人治理结构要求有监督机构,结合我国公共文化机构的实际,具备条件的可单独设立监事会,也可以监事会理事会合一,明确若干名理事承担监督职能。

2. 明确相关方职责

从内部治理的角度看,公共文化机构的主要相关方是政府行政主管部门、理事会和管理层。政府行政主管部门作为文化馆的举办单位,负责对文化馆和理事会建设进行监督指导、绩效考核。理事会负责文化馆的发展规划、财务预决算、重大业务、章程拟订和修订等决策事项,按照有关规定履行人事管理和监督职责。管理层按照理事会决议自主履行日常业务管理、财务资产管理和一般工

---

① 北京大学国家现代公共文化研究中心.公共文化领域重点改革任务落实情况调研报告[R].2020.1.

作人员管理等职责。

3. 制定机构章程

章程是法人治理结构的制度载体,是理事会、管理层的运行规则,是有关部门对文化事业单位进行监管的依据。章程的内容,主要包括理事会的职责、构成、会议制度,理事的产生方式和任期、权利和义务,管理层的职责和产生方式等。法人治理必须强化章程在依法实施管理和履行职能方面的基础作用。按要求,国家文化行政主管部门制定本系统的公共文化机构章程范本,公共文化机构结合本单位实际起草本馆章程。章程草案由理事会审议通过,经行政主管部门同意后报登记管理机关备案。

4. 规范管理运行

政府行政主管部门、公共文化机构的理事会和管理层,各司其职、各负其责,保证公共文化机构的日常管理运行科学、规范、有序推进。政府行政主管部门重点加强宏观管理,指导组建理事会和管理层,按章程规定对理事会的重大决策进行审查,对理事会以及理事进行监督和评价,并建立理事责任追究机制。理事会实行集体审议、独立表决、个人负责的决策制度,依法依章程行使决策权和监督权,对举办单位负责,接受政府监管和社会监督。管理层对理事会负责,定期向理事会报告工作,接受理事会监督。

5. 加强党的建设

在法人治理结构中加强党的建设,探索实践的主要做法包括以下几个方面。一是将党建工作要求纳入机构章程。结合实际,明确基层党组织在决策、执行、监督各环节的权责和工作方式,落实意识形态工作责任制。二是领导干部配备实行"双向进入、交叉任职"的方式。党组织领导班子成员按照章程进入理事会和管理层,理事会和管理层中的党员领导人按照党内有关规定进入党组织领导班子,探索党管干部原则与理事会行使人事管理自主权有机结合的途径和方式。三是重大事项党组织提前介入机制。凡涉及文化馆改革发展稳定和事关职工群众切身利益的重大决策、重要人事任免、重大项目安排、大额度资金使用事项,党组织参与讨论研究,或理事会作出决定前征得党组织同意。

6. 推进关联制度改革

组建理事会、搭建管理层、制定机构章程等,只是法人治理结构的形式和载体,法人治理的实质内容是以完善服务、提高质量为目标进行管理运行制度与机制改革创新。根据中宣部等七部门实施方案的部署,关联制度改革的突破重点,一是落实人事管理自主权。公共文化机构在机构编制部门核定的编制数额内,自主决定本单位的内部机构和岗位设置,自主制定公开招聘工作人员方案和竞聘上岗办法,按程序报备。推动符合条件的公共文化机构按照职称评审权限自主开展职称评审,相关部门加强监管。二是扩大收入分配自主权。建立健全有利于提高竞争力的内部分配政策、分配机制。在核定的绩效工资总量内,向关键岗位、高层次人才、业务骨干和作出突出成绩的工作人员倾斜。可以开展优惠收费的文化服务和文化创意产品开发,取得的收入用于事业发展、设施维护管理、对相关人员予以绩效奖励等。给予公共文化机构一定的资金统筹配置权,同时加强财政资金使用绩效考评。三是加强民主管理和社会参与。完善内部管理制度,对于事关全体职工切身利益的重大事项,在提交理事会决策前,按有关规定提请职工代表大会讨论。完善吸引社会力量参与法人治理的相关政策,鼓励有关方面代表、专业人士、各界群众按章程规定进入理事会,参与决策、管理、运营和监督。畅通监督渠道,发挥社会公众、媒体等力量的监督作用。

(三)进一步完善公共文化机构法人治理结构改革

公共文化机构法人治理结构改革,是深化管理体制和运行机制改革的一项重要内容,是推进国家治理体系和治理能力现代化的一项重要举措,也是推进公共文化服务社会化发展的一个重要途径。但建立法人治理结构对于我国公共文化机构来说还是一项新任务,实践中取得了一些成效,也显现了一些问题,如有的地方政府和公共文化机构认识尚不到位、理事会性质定位不统一、理事会运行机制不健全、关联制度改革滞后等。党的二十大做出健全现代公共文化服务体系的部署,"十四五"公共文化服务体系建设规划要求进一步完善公共文化机构法人治理。在健全现代公共文化服务体系进程中进一步完善公共文化机构法人治理,需要进一步加强党委政府对公共文化机构法人治理结构改革的重视和统一领导,需要进一步厘清理事会的性质定位,需要推动理事会构成和运行机制走向规范化、制度化,需要健全理事会决策支撑体系,需要深化关联制度改革,在用人自主权、收入分配自主权和民主管理机制建设等方面取得突破。公共文化机构法人治理结构改革的目的,是通过吸引社会公众参与、落实法人自主权,变革体制机制,激发创新活力,提升管理水平和服务能力,以使公共文化机构更好地履行社会功能和职业使命,为人民群众提供更加充实、更为丰富、更高质量的公共文化服务。

三、文化馆规章制度建设

文化馆规章制度是规范文化馆服务、管理、运行过程的行为准则,是文化馆科学管理的依据,是文化馆机构治理的制度载体。

一般地讲,文化馆规章制度应具有如下特点。一是规章制度制定过程的民主性。规章制度与文化馆从业人员、服务对象的权益密切相关,制定过程中应充分听取各方面的意见与建议,最终经职工(代表)大会审议表决通过。规章制度的制定过程充分体现各方协商共治的现代治理理念,这是规章制度成为组织机构内所有人职务行为准则的基础。二是规章制度内容的科学性。规章制度严格遵守国家法律法规的相关规定,符合国家文化政策,在此基础上,紧密结合文化馆工作实际,覆盖文化馆服务、管理和运行的各方面、全环节,符合文化馆服务一般规律,体现本馆的特色。三是规章制度落实的可操作性。规章制度的生命在于落实。规章制度必须体现权利与义务相统一、愿景与现状相衔接、激励与约束相结合的原则,表述清晰、简明扼要、宽严适度、明确可行,具有很强的可操作性。

从机构治理的角度看,文化馆应构筑既符合一般发展规律又具有本馆特点的规章制度体系,主要包括三个方面:一是行政管理方面的规章制度。主要有岗位责任制度、人员管理制度、财务管理制度、年度考核制度等。二是业务管理方面的规章制度。这是文化馆内部规章制度的主体,涉及业务工作的各个方面、各个环节,有共性,也有特色个性。一般来说,综合性的业务工作规章制度最主要的是本馆的服务规范。2016年,我国出台了推荐性国家标准《文化馆服务标准》,内容主要涉及:(1)服务条件,包括设施设备、服务要求、人员要求;(2)基本要求,包括基本服务、流动服务、数字服务、综合服务;(3)服务安全,包括健全制度、防范措施、应急预案、饮食安全;(4)服务评价与持续改进,包括服务评价、服务改进、服务监督。该标准是文化馆制定本馆服务规范的重要指导性参考。除综合性的服务规范外,文化馆围绕主要业务工作常见的规章制度还涉及培训辅导管理、大型群众文化活动管理、文化志愿服务管理、数字资源建设管理、网络直播管理、新媒体运行管理、总分馆运行管理等。三是安全管理方面的规章制度。主要包括场馆日常服务安全、大型文化活动安全、消防安全、网络安全、公共卫生安全、突发事件处置等。

四、文化馆年报

年报是年度报告的简称。文化馆年报是指由文化馆自主编制的,以本单位或本区域内总分馆体系服务、管理和运行情况为主要内容的总结性报告文书①,通常以一个自然年为编制周期。

公共服务机构编制年报的做法起源于欧美。美国大都会艺术博物馆自1870年成立之初开始编制年报,美国图书馆协会也是自1876年成立开始编制年报,至今已有150多年的历史。② 美国史密斯学会图书馆/博物馆、纽约公共图书馆等编制年报的历史也都在百年以上。③ 公共服务机构之所以编制并公开年报,体现的基本理念是,主要由公共财政支持的公共服务机构,有责任和义务向全体纳税人报告服务开展情况和服务业绩。

在我国,2017年施行的《公共文化服务保障法》首次确立了公共文化服务机构的年报制度。该法第二十一条规定,公共文化设施管理单位应当建立反映公共文化服务开展情况的年报制度。确立这一制度,既是对国际经验的借鉴,也是对我国公共文化设施管理经验的总结,对完善公共文化机构内部管理、接受公众监督、提升运营管理能力、提高服务效能有积极的促进作用。④

《公共文化服务保障法》确立公共文化机构年报制度之前,我国还有一种事业单位的"年报"制度。根据国务院2004年修订的《事业单位登记管理暂行条例》和国家事业单位管理局2014年发布的《事业单位登记管理暂行条例实施细则》的规定,事业单位应当于每年3月31日前向登记管理机关报送上一年度施行本条例情况的报告,并向社会公示。其要求报送并公示的内容,主要是有关事业单位管理和运行的合规性情况,如开展业务活动情况、资产损益情况、绩效和奖惩情况、涉及诉讼情况、社会投诉情况、接受捐赠资助及使用情况等,是政府监管事业单位管理运行的一种手段,与《公共文化服务保障法》确立的公共文化机

---

① 科技教育司.文化馆年报编制与公开指南(征求意见稿)[EB/OL].(2022-07-07)[2023-05-27]. https://www.cpcca.org.cn/cultural-center/20220707/W020220707150003369.pdf.
② 北京大学国家现代公共文化研究中心,中山大学资讯管理学院.公共文化机构年报制度研究报告[R].2018.10.
③ 广东省文化馆.文化馆年报编制与公开制度研究(中期报告)[R].2021.2.
④ 柳斌杰,雒树刚,袁曙宏.中华人民共和国公共文化服务保障法解读[M].北京:中国法制出版社,2017:98-99.

构年报制度性质、功用不同。

《公共文化服务保障法》施行之后，年报制度在各级文化馆得以迅速落实。2018年初公开的《成都市文化馆年报(2017年)》是我国首份依法编制公开的文化馆年报。2020年开始的第五次全国文化馆评估定级工作，已经将"编制年报并向社会公众公开"纳入各级文化馆的评估定级标准，促进各级文化馆将年报编制和公开纳入经常性工作。2020年，由广东省文化馆主持的"文化馆年报编制与公开制度研究"获文化和旅游部全国公共文化发展中心重点研究课题立项。2023年年初，中国文化馆协会开展了全国各级文化馆年报征集展示活动，并探索建立纸质年报交存制度。① 2021年，文化和旅游部科技教育司批准《文化馆年报编制与公开指南》作为行业标准立项，2022年7月，该标准草案向全社会公开征求意见。《文化馆年报编制与公开指南(征求意见稿)》对文化馆年报编制的工作机制、编制流程和公开与反馈作出了指引，提出了文化馆年报的框架主要包括基本信息、年度总结、业务数据、重点工作、大事记等事项，并附有资料性附录《文化馆年报框架模板》，是文化馆年报编制与公开工作的基本规范。

小　结

治理是利益相关方的协商共治。文化馆事业由传统管理向现代治理转型，需要厘清作为事业发展主要相关方的政府、社会力量和文化馆三者的制度体系、权责关系和治理方式。政府主导是我国发展公共文化事业的基本方针。主导作用主要体现在政府对公共文化服务的规划、保障和监管三个方面。"十一五"以来的历次国家中长期文化发展规划都对文化馆发展做出部署。保障主要涉及设施、经费、人员和组织体系四个方面。总分馆制是文化馆组织体系的重组与变革。评估定级是政府对文化馆的发展引导、调控手段和监管方式。社会化发展的内涵，是强调将全社会一切适宜的主体、产品和服务导入公共文化服务，实现公共文化服务和全社会力量、资源的有机衔接，从而增强公共文化服务发展动力，丰富公共文化服务内容形式，满足人民群众多样化、多层次、多方面的精神文化需求。公共文化服务由鼓励社会力量参与到推动社会化发展，既是表述的变

---

① 中国文化馆协会.关于开展全国各级文化馆2022年度年报征集展示工作的通知[EB/OL].(2023-02-22)[2023-05-27].https://www.culturedc.cn/web2.1/news-detail.html?resId=10454676.

化,又体现了认识的提升,还标志着方式的拓展。近年来,我国公共文化服务社会化发展出现了一系列新模式、新做法,以政府购买公共文化服务、公共文化设施社会化管理运营、文化志愿服务的完善和提升为代表。文化馆机构治理,需要健全内部管理体制与组织架构、完善法人治理结构改革、加强规章制度建设、履行好编制和公开文化馆年报的法定责任。

扩展阅读

1. 曹爱军.公共文化治理导论[M].北京:中国经济出版社,2019.
2. 曹树金,韦景竹,王惠君,刘翔,等.文化馆总分馆制研究[M].北京:国家图书馆出版社,2019.
3. 凯文·马尔卡希.公共文化、文化认同与文化政策:比较的视角[M].何道宽,译.北京:商务印书馆,2017.
4. 李丹.我国公共图书馆评估制度研究[M].北京:国家图书馆出版社,2022.
5. 祁述裕,等.国家文化治理现代化研究[M].北京:社会科学文献出版社,2019.
6. 叶菁.文化志愿服务[M].南京:南京出版社,2022.

主要概念

政府主导　　　　　　社会化发展　　　　文化馆总分馆制的基本模式/"垂直管理"模式/"两员制度"模式/"中心馆—总分馆"模式
文化馆评估定级　　　政府购买公共文化服务
公共文化设施社会化管理运营　　　　　　文化志愿服务
文化志愿者权益　　　馆长负责制　　　　文化馆法人治理结构
文化馆年报

思考题

1. 政府对文化馆设施、经费、人员保障承担的主要责任是什么?
2. 文化馆总分馆制主要包括哪些制度要素?目前我国文化馆总分馆制建设实践主要有哪些方式?

3. 文化馆评估定级标准涉及哪些方面、哪些主要指标?

4. 以你所在地区或你熟悉的情况为例,分析政府购买文化馆服务、文化馆(站)社会化运营管理取得的成效、存在的问题以及发展前瞻。

5. 文化志愿服务有哪些社会功能?文化馆的文化志愿服务涉及哪些内容?体现什么特点?文化馆怎样保障文化志愿者权益?

6. 结合实际,思考总结文化馆内部管理体制的主要做法、主要特点。

第八章 文化馆职业

人类社会开展的各类经济社会活动主要由各种职业行为构成。职业随着社会分工的不断细化而发展变化。当文化馆服务发展成为社会系统中的一项专门工作时,事实上文化馆职业就产生了。在我国,各种政策文件、学术表达以及日常工作中经常说到"文化馆行业",但很少使用"文化馆职业"的概念。确立文化馆职业理念,有助于文化馆从业人员树立正确的职业伦理、建立良好的职业规范、掌握系统的职业知识、创造积极的职业声誉。

第一节 文化馆职业概述

一、职业与文化馆职业

职业一词有广泛的内涵,从社会学、经济学、心理学、人类学、政治学、历史学等不同学科角度,被赋予了各具特色的解释。有学者将职业研究称为"融合学科",可见职业并不是一个简单的概念。

在汉语中,"职业"一词经常也被表达为"行业",两者在口语中的差别很小,但从科学角度来看,两者还是有差异的。职业显示出从业人员对其工作的依赖性,个人从事职业的能力与素质,处理工作的规范性、专业性,所从事工作社会需要的持续性等丰富内涵,而行业则仅从国民经济类别划分角度,显示出是其中的某一类。在西方语境中,"职业"总体上强调专业性,具有区别于其他职业的专业独特性,而不是一个简单的工作岗位或职位。比如英国、美国等英语国家,就用 occupation 和 profession 两个不同的单词表达"职业"概念,前者更多的是从"岗位、职位"角度去理解,而后者更多地蕴含着"专业"的意义。在德国,特别强调学术知识在"职业"中的意义,把需要掌握高度专业化知识的"职业"与一般的"行业"区分开来。

一般来说,任何职业都具有经济性、社会性和专业性特点。任何职业都在参与人类的经济活动,为人类社会的发展创造价值,所有职业共同推动人类社会的进步、促进人类生活水平的提高。任何职业也都无法独立存在于社会中,总是要与其他职业发生各种各样的联系,实现特定的社会职能。任何职业在社会中生存,都有其独特的专业领域与方法,是其他职业无法替代的。

职业还可以从个体与社会两个角度加以认识,其内容与功效亦不相同。从个体角度来看,《中华人民共和国职业分类大典(2022年版)》指出,职业是指"从业人员为获取主要生活来源所从事的社会工作类别",具有目的性、社会性、稳定性、规范性和群体性特征。[①] 这种定义认为职业是为了满足人们生活需要而从事的工作类别,突出了职业的经济性。从社会角度来看,则更强调职业的社会性和专业性特征。文化馆职业的社会性,体现为它是社会发展到一定阶段,为提升人们的文化艺术素养、满足人们的文化艺术追求的产物;文化馆职业的专业性,则是指从事文化馆工作必须具有特定的知识与技能。

按照工作分析方法,职业是根据工艺技术、工具和设备、原材料产品用途和劳动工作对象相似性的原则进行的社会分工归并。那么,文化馆职业就可以认为是按照群众文化工作的基本规律和方法,在社会中履行全民艺术普及和优秀传统文化传承职能的职业,它反映了文化馆职业的从业人员必须具备群众文化工作的基本素质,包括道德理念、职业价值观念、知识技能、基本行为方式等,这是对文化馆职业主体(从业人员)的规定。同时,文化馆职业活动并不是任何一个人就可以随意完成的,必须为其提供工作所需要的基本条件,包括工具设备、原材料等工作资源,且必须遵守一定的程序与专业方法,这是对文化馆职业客体(工作对象)的规定。主体与客体因素是文化馆职业的两大基本内在构成条件。

文化馆职业体现文化馆业务工作的职业要素特征和职业活动特性,职业名称背后隐含着文化馆从业人员"做什么、怎么做"的职业规范,同时向社会宣示文化馆的社会价值。对于文化馆从业人员来说,文化馆职业要求具备从事全民艺术普及和优秀传统文化传承工作的基本知识与方法、思维方式与价值理念、文化修养与行为习惯。从这个意义上看,确立文化馆职业概念,就是在明确文化馆的

---

① 国家职业分类大典修订工作委员会.中华人民共和国职业分类大典:2022年版[M].北京:中国劳动社会保障出版社,2022:11,19.

权利与职能,规范从业人员的行为与责任,促进文化馆事业持续健康发展,也为文化馆从业人员创造了实现职业价值的舞台,向社会宣示了文化馆职务行为的专业性、独特性与不可替代性,不可谓不重要。

二、文化馆职业构成的基本要素

职业具有价值性、延续性以及专门性特点。[1] 根据职业构成要素的基本理论,一个成熟的职业需要具备五要素:作为职业符号特征的职业名称;工作的对象、内容、劳动方式和场所;承担职业所需要的资格和能力;有固定的收入;在工作中建立的与其他部门或社会成员的人际关系。[2] 文化馆工作发展到今天,已经具备了作为职业的五大基本要素。

1. 具有共同的职业特征符号

在我国,面向社会公众、以社会教育方式实现的艺术普及工作、群众文化工作,可以追溯到民国时期的民众教育馆、社会教育馆。发展到今天,虽然经历了不同时期、不同称谓,但"文化馆"被普遍视为开展全民艺术普及、群众性文化活动的机构名称。近年来,全国一些未以"文化馆"命名的群众文化机构纷纷回归"文化馆"称谓,说明社会对这一具有共同职业特征的载体符号日益达成共识,文化馆已经成为一个具有鲜明特色的职业共同体表达,在社会中具有独特性和不可替代性。

2. 具有独特的工作对象、内容、方式和场所

文化馆的服务对象是全体人民,是保障人民基本文化权益的一种制度安排,它主要通过展览、培训、辅导、演出、讲座等多种形式,开展群众文艺创作、舞蹈、音乐、绘画、书法、摄影、戏剧、戏曲、表演等多种艺术门类的培训普及、宣传推广等工作,涉及文化艺术政策法律、文化艺术专业技能、群众性文化艺术活动策划组织和指导推广等业务领域的专门知识,以及灯光、音响、录音、配音、舞台设计等多种技术领域的专门技能。截至2022年底,全国共有县以上文化馆3503个,还有作为文化馆延伸的乡镇(街道)综合文化站40 116个,村(社区)综合文化服务中心100多万个[3]……,这是我国文化馆开展业务活动的主要阵地。文化馆具

---

[1] 孙一平.职业社会学[M].北京:中国社会科学出版社,2021:5-13.
[2] 秦朝钧,冯方,邹文娜.职业化养成理论与实践[M].武汉:华中科技大学出版社,2009:5.
[3] 中华人民共和国文化和旅游部.中国文化文物和旅游统计年鉴:2022[M].北京:国家图书馆出版社,2022.

有区别于其他职业的工作对象、内容、方式和固定的设施空间场所。

3. 具有体现专业性的职业资格和能力

在我国,文化馆已经具有了体现专业能力、反映专业水平的专业技术职务系列——群众文化专业技术职务系列,已经全面实行专业技术职务聘任制度,规范了不同级别专业人员的任职资格及业务能力要求。表8-1显示,2021年全国各级各类群众文化机构从业人员数量达到190 007人,文化馆和文化站的专业技术人员分别占从业人员的75%和26%。其中,文化馆拥有高级(含正高级和副高级)和中级职称的人员分别占专业技术人员的18%和44%。①

表8-1 2022年全国文化馆(站)专业技术人员数量(单位:人)

机构	从业人员	专业技术人员	正高级	副高级	中级
文化馆	55 753	41 820	1 139	6 729	18 262
其中:省级	1 809	1 507	149	424	599
地市级	10 587	8 775	504	1 926	3 873
县级	43 357	31 538	486	4 343	13 790
文化站	139 079	35 308	—	—	—
合计	194 832	77 128	1 139	6 729	18 262

4. 具有获得固定收入的保障

国内外相关学科领域的研究一致认为,从业人员是否可以获得固定的收入,是衡量职业是否成熟的重要标志。换言之,任何一个"职业"的从业者,都应当而且能够通过自己的职业行为得到报酬,从而满足自身的社会生活需要。从业人员无法取得固定收入的工作类型不能称为职业。在我国,文化馆属于事业单位,而且被列为公益一类事业单位。事业单位是国家为了实现社会公益目的举办的提供社会公共服务的机构,而公益一类事业单位是指承担义务教育、基础性科研、公共文化、公共卫生及基层的基本医疗服务等基本公益服务,不能或不宜由市场配置资源,完全由公共财政予以保障的事业单位。文化馆的这一定位,决定了文化馆的从业人员有稳定的来自政府公共财政的工资福利保障。根据表8-1和表8-2数据测算,2022年全国文化馆和文化站从业人员人均年工

---

① 中华人民共和国文化和旅游部.中国文化文物和旅游统计年鉴:2022[M].北京:国家图书馆出版社,2022.

资福利支出分别为 13.32 万元和 5.22 万元。①

表 8-2　2020 年全国文化馆(站)工资福利支出情况(单位:千元)

机构	总支出	工资福利支出	占比
文化馆	15 043 583	7 426 982	49.37%
其中:省级	1 460 421	377 222	25.83%
地市级	3 768 322	1 771 830	47.02%
县级	9 814 840	5 277 930	53.77%
文化站	19 294 786	7 260 372	37.63%
合计	34 338 369	14 687 354	—

5. 具有开放性的社会联系

社会是一个开放的有机体,文化馆工作也不可能在社会系统中孤军奋战、单打独斗,同样具有开放性。首先,文化馆作为现代公共文化服务体系的组成部分,其建设、服务、运营和管理已经有了较为广泛的社会力量参与。社会力量与政府合作或单独建设的公共文化设施延伸了公共文化服务触角,各地以文化驿站为代表的新型公共文化空间建设提升了设施品质;社会组织通过政府购买等形式提供公共文化服务与产品、参与公共文化设施管理运营,促进了服务效能的提升。其次,全民艺术普及是一项社会性事业,文化馆在统筹协调、指导推动全社会开展全民艺术普及工作中发挥了重要作用。县域文化馆总分馆制建设以及全民艺术普及联盟的建立,壮大了文化馆全民艺术普及的社会体系,提升了文化馆的服务能力,扩大了文化馆区域影响力,拓展了全民艺术普及的覆盖面与可及性。最后,融合发展是公共文化服务高质量发展的重要方向。文化馆以开放的姿态大力推动和相关公共文化服务机构的功能融合,取得了长足进展。文化馆、公共图书馆、博物馆、美术馆、演艺团体等通力合作,以广大人民群众喜闻乐见的形式共同开展活动,内容积极向上、表现形式生动形象、群众易于参与的公共文化产品展现了文化馆开展全民艺术普及工作的新思路。

按照现代职业构成基本要素理论衡量,文化馆工作已经具备了现代职业的基本特征,所以可以成为现代社会系统中的专门职业。

---

① 中华人民共和国文化和旅游部.中国文化文物和旅游统计年鉴:2022[M].北京:国家图书馆出版社,2022.

三、文化馆职业的准专业性

在现代职业体系中,专业性是职业之间相互区分的核心要素。"专业"一词最早来自拉丁语,是公开表达自己的观点或信仰的意思。社会学认为,专业主要指一部分知识含量高的职业,从事该职业需要较丰富的专门知识和技能。与普通熟练型工作相比,专业更加强调"智慧"的运用,因而需要长期的专业训练才能养成。文化馆工作之所以可以成为职业,关键就在于文化馆工作不是简单的熟练型工作,不是随便一个人就可以从事的工作,其从业人员都应当经过专门训练,执业过程中应当接受持续不断的继续教育,职业资格晋升有专业化的考核标准。专业化是成就职业的标志,是职业不可替代性的根基,也是职业赢得社会声誉的源头。

1. 职业专业性一般要求

英国学者卡尔·桑德斯(Carr Saunders)认为,专业是指一群人从事一种需要专门技术的职业,这种职业需要特殊的智力来培养和完成,其目的是提供专门性的社会服务。日本法律社会学家石村善助认为,专业是指通过特殊的教育或训练来掌握业经证实的知识或具有一定基础理论的特殊技能,从而按照大多数公民自发表达出来的具体要求,开展具体的服务工作,为全社会利益效力的职业。他认为专业应具备三个特征:(1)以公共服务为目的,掌握被科学或高度的常识所印证的专门技术,拥有一般性理论;(2)其服务面向所有社会成员,不是以追求营利为目的的活动,服从和服务于公共利益;(3)职业人员接受严格的专业教育和训练,同时还要遵守职业伦理,实行自我规制。

美国人力资源管理协会和康奈尔大学于20世纪60年代提出,职业专业性主要表现为:(1)有国家级专业组织;(2)有成型的道德规范;(3)有成熟的专业技能;(4)有完整、成型的知识体系;(5)有依据职业准则提供考试的职业资格认证组织。

梳理概括国外学者有关"专业"的界定和专业特征的阐述,可以提炼出专业化职业必不可少的条件:(1)有比较系统的专业知识体系;(2)有比较正规的、大学水平的专业教育系统;(3)有较为正规、权威的行业协会组织;(4)有明确、系统的职业伦理规范。

2. 文化馆职业专业性表现

依据职业专业化的一般原理分析,文化馆职业的专业性主要表现在以下几个方面。

(1) 文化馆从业人员开展工作依赖专业知识体系。

我国目前尚未建成公认的"文化馆学",但文化馆所涉及的工作领域,是有多个目前已经获得承认的学科理论和知识支撑的,如管理学、艺术学、戏剧学、音乐、舞蹈、美术、戏曲等。文化馆从业人员主要依靠这些学科门类的知识体系,奠定职业素养和专业技能的基础,并将其应用于专业服务之中。未来的任务,是整合升华相关学科门类中的有关理论、知识和技能,建设文化馆学的知识体系,强化文化馆职业的专业性。

(2) 文化馆职业初步建立起比较正规、完善的在职专业培训体系。

人才队伍建设是任何职业高质量可持续发展的灵魂。文化馆职业作为现代公共文化服务体系的重要组成部分,从业人员的在职培训对于提升专业素养、完善知识结构、更新服务理念、提高服务水平、创新服务手段起到重要的促进作用。《国家基本公共文化服务指导标准(2015—2020年)》对公共文化机构从业人员的培训时间作出了明确要求。目前,文化馆职业基本形成了从中央到地方、从文化和旅游行政主管部门和全国文化馆行业组织到县级文化馆、从专门业务技能到文化馆服务理念的相对完整的面向一线从业人员的在职专业培训体系。中央文化和旅游管理干部学院近年开展了基层公共文化服务能力提升、公共文化服务高质量发展、文化和旅游数字化转型与领导力提升、艺术培训机构高级管理人才培训、声乐爱好者线上培训、群众舞蹈编创能力提升等在职培训项目,涉及文化馆发展政策、服务理念、管理运营、艺术技能等多个方面。各级文化和旅游主管部门、文化馆(群艺馆)也相应开展本地区的文化馆业务人员专业培训。中国文化馆协会每年根据文化馆职业发展需求、重点任务以及热点问题,组织专家、一线工作者、文化志愿者等开展面向文化馆工作者的讲座、培训,其中全国县级文化馆馆长培训、文化馆标准化建设与应用、文化馆事业高质量发展以及全民艺术普及业务技能培训等主题是其培训体系特色,凸显了文化馆职业的特点,满足了文化馆事业发展的需求。

(3) 文化馆职业建立起了"一业两会"的行业组织体系。

拥有正规、权威的行业组织是职业专业性的重要表现之一。我国文化馆职业在行业组织建设方面呈现出"一业两会"、协同发展的特点,共同搭建文化馆职业交流平台,凝聚行业发展共识。当前有两个国家级行业组织——中国群众文化学会和中国文化馆协会。中国群众文化学会是以群众文化工作者、群众文化单位为主的行业学术性组织,其任务侧重于群众文化基础理论与创新实践研究、推动文化馆(站)社会化发展、促进文化馆(站)国际合作与交流。中国文化馆协会则是以文化馆(站)、群众艺术馆、文化活动中心、与文化馆(站)相关的企事业单位、社会组织及个人为主的行业组织,其中机构会员占比90%以上,凸显出其作为我国文化馆职业行业协会的属性。中国文化馆协会根据文化馆核心业务工作特点,成立了音乐创作、曲艺、小戏小品、书法、摄影、合唱、广场舞、数字文化、青少年美育、基层文化馆(站)建设、文化志愿服务、期刊与知识服务、设计与展陈等专业委员会,主要任务就是在全国范围内发挥行业代表、行业指导、行业自律、行业协调的作用,推动文化馆行业科学、全面、可持续发展。

(4)文化馆职业开始建立伦理体系。

成熟的职业都有从业人员在实施职业行为时必须遵守的职业伦理,比如医生职业的尊重病人生命、人格与平等权利的人道主义原则,律师职业的坚守法治、正义、诚信、敬业、忠诚等道德规范等。文化馆职业的职业伦理、行业自律建设起步较晚,至今尚无成型的职业伦理表述。目前,文化馆领域对职业伦理的讨论限于意义与概念方面,如认为文化馆从业人员的道德理念就是为人民服务,职业伦理就是遵守职业道德。[①] 也有人认为,文化馆从业人员的职业伦理内容应当包括相应的职业技能、职业精神、职业良心与职业态度要求,应从建立正确的职业观、认识文化馆工作的社会功用、加强职业道德修养建设等方面完善文化馆职业伦理体系。[②]

文化馆工作涉及诸多艺术门类,有些分支门类对自身范围内的行为准则、伦理规范进行了专题研究,如国内就有专门研究音乐从业人员[③]、电视舞蹈真人秀节目应遵守的职业伦理等问题的专门论著和学位论文。[④]

综上可见,依据职业专业性的一般原理分析,对照职业专业性的一般衡量标准考量,文化馆职业近年在专业知识体系、专业培训体系、行业组织体系、职业伦理体系四个核心方面都有所推进,但距离成熟的、健全的职业专业性要求还有一定的差距,学科理论体系构建滞后和职业伦理体系建设水平不高是突出的表现。从严格意义上说,文化馆在职业专业性方面的表现尚处于"准专业性"水平,其职业建设还面临着艰巨的任务。

[①] 马萍.论述文化馆的社会职能、服务理念与职业伦理[J].神州,2018(32):283.
[②] 任宇华.关于文化馆从业人员职业伦理建设的探讨[M]//魏大威.新时代文化馆:改革 融合 创新——2019中国文化馆年会征文获奖作品集.北京:国家图书馆出版社,2019:200-204.
[③] 刘明一,杨贺,刘文文.音乐从业人员伦理学[M].哈尔滨:黑龙江大学出版社,2014.
[④] 宋菲.艺术伦理视野下的电视舞蹈真人秀节目[D].北京大学,2014.

第二节 文化馆职业能力

从宏观上说,职业能力一般包括两个层面的含义:一是针对职业集团,即一个职业集团在社会系统中的核心能力;二是针对从业人员,即职业集团中的个体从业者应具备的履行职务的能力。具体到文化馆,前者针对文化馆职业,即作为职业的文化馆在社会系统中的立足之本、核心竞争力,能够确保文化馆在竞争中获得优势并持续稳定发展的能力;后者针对文化馆的从业人员,即文化馆员为了实现文化馆的使命、价值,保证各项工作的高质量开展而应具备的能力。本节集中讨论文化馆员的职业能力。

一、文化馆职业能力研究

1985年出版的由文化部群众文化事业管理局编写的《文化馆工作概论》,对文化馆工作者应具备的素质进行了描述。文化馆干部应具备:(1)思想政治觉悟、责任感、事业心;(2)群众创作、游艺活动、戏剧、音乐、舞蹈等方面有一种或多种专长,具有文化馆学、群众文化学以及和本职工作有关的基础理论和业务知识;(3)文化馆工作门类庞杂,项目繁多,需要干部一专多能;(4)与客观需要相适应的知识结构,干部具有高中及以上的学历,馆长具有大专或相当的学历。[①] 文化馆馆长除了要具备一般干部的基本素质之外,还应具有组织领导才能、熟悉工作规律并具备多方面的知识,具有群众文化艺术的鉴赏能力,有优良的工作作风。文化馆专家则要对文化馆工作有专门研究,能撰写论文、著书立说,或能总结出文化馆某一专业和业务的理论知识。

1988年出版的吉林省群众文化学会编写的《文化馆学》认为,文化馆从业人员需要具备三类知识修养:(1)共同知识修养,即学习文艺、哲学、政治、经济方面的理论和国家有关政策方针,忠于党的文化馆事业、大公无私、做开拓者、遵守职业道德;(2)专业知识修养,即熟知文化馆的性质、任务、社会地位和作用、工作特点,掌握本职能部门的任务、活动内容和工作特点,掌握某一艺术门类的专业基础知识、技能、技巧及与之相关的艺术的理论知识和技巧;(3)基础知识修养,即掌握一定的文学、艺术、历史、自然科学、心理学、美学、教育学、演讲学、逻辑学、

---

① 文化部群众文化事业管理局.文化馆工作概论[M].延吉:延边人民出版社,1985:122-132.

社会学相关的综合知识,具备组织才能。①

除此之外,也有研究者关注了文化馆从业人员职业能力的问题,但都没有进行深入的研究,只作出了概括性的描述,如:文化馆应该有一批素质过硬、业务精通、德艺双馨的优秀专业人才②;文化馆业务干部应该增强服务的自觉意识,树立团队意识和学习意识,加强民间文化和非物质文化遗产的传承③;文化馆人应具有广博的知识和一定的文艺特长,能为社会提供普及性的和高端的文化艺术服务④。

职业能力是文化馆员赖以生存和发展的技能,也是文化馆各项工作顺利开展的重要依托。对文化馆职业能力及其核心要素进行深入的探讨、研究,并基于此进行文化馆职业教育和评价,对于文化馆事业的长远发展意义重大。

二、文化馆职业能力构成

目前对文化馆职业能力构成的研究尚未展开,不过国内外图书馆界围绕职业能力建设已经进行了大量理论研究与实践探索,可为文化馆职业能力建设提供参考。

在实践中,美国的图书馆员职业能力建设走在世界的前列。2009年,美国图书馆协会颁布了《ALA图书馆员核心能力》,作为馆员通用性的职业能力标准,定义了所有从美国图书馆协会认可的图书馆与信息研究硕士培养计划毕业的人员需要掌握的基本知识。它从职业基础、信息资源、知识与信息组织、技术知识与技能、咨询与用户服务、研究、继续教育与终身学习、行政与管理八种类型的图书馆工作面对的业务方面,分别规定了图书馆员需要掌握、了解的相关基本理论知识、技能与方法。比如在"职业基础"部分,需要图书馆员:①具备图书馆与信息职业的基本原理与道德、价值观;②了解图书馆与信息职业在促进民主与智识自由方面的作用;③掌握图书馆及图书馆事业发展历史;④掌握人类交流历史及其对图书馆的影响;⑤清楚不同类型的图书馆(学校、公共、学术、专门等)及与其相关的信息机构;⑥理解国家及国际的社会、公共、信息、经济及文化方面的政策、

---

① 吉林省群众文化学会.文化馆学[M].长春:吉林大学出版社,1988:221-232.
② 张晓利.新形势下文化馆专业人才的培养与建设[J].东方艺术,2005(20):103.
③ 吴灵巧.新形势下文化馆业务干部推行的"三个转变"[M]//中国文化馆协会.全民艺术普及:文化馆的责任与使命.北京:国家图书馆出版社,2015:201-202.
④ 彭泽明.中国文化馆(站)发展之路[M].重庆:重庆出版社,2012:200.

趋势对图书馆及信息职业的重要影响;⑦了解图书馆与信息机构工作的法律框架,包括著作权、隐私法、表达自由、权利平等、知识产权等方面相关法律;⑧清楚对图书馆、图书馆员以及其他图书馆工作者、图书馆服务进行高效推广的重要性;⑨掌握分析复杂问题和提出适当解决方法的技术;⑩具备有效沟通的技巧(口头和书写);⑪拥有职业特殊领域需要的认证或许可[①]。概括地说,美国图书馆协会对图书馆员的职业能力要求表现在四个方面:一是图书馆及信息职业的基础知识、价值观、理念以及一般通用方法与技能;二是图书馆业务工作理论及方法;三是学习与研究能力可持续发展;四是行政管理。

除了通用型核心职业能力要求外,美国图书馆协会还对特定类型图书馆员,甚至提供专门类型图书馆服务的馆员,提出了特定职业能力要求,如《信息专业人员能力》《FLICC联邦图书馆馆员职业能力》《法律图书馆馆员职业能力》《核心能力与音乐图书馆馆员》《健康科学图书馆馆员职业能力》等。还有对提供专项服务的馆员的职业能力要求,如《美国青年图书馆服务协会图书馆馆员能力》《公共图书馆、儿童图书馆馆员能力》《参考咨询与用户服务图书馆馆员职业能力》《教学图书馆馆员与协调员能力标准》等。

我国图书馆职业能力建设在参考国外研究实践的基础上,结合自身发展现状与特色,围绕图书馆员职业能力构成提出了二要素、三要素、四要素、五要素、六要素、七要素、八要素、十要素、十三要素等不同的观点,见表8-3。虽然要素的划分各有不同,但总体而言,仍可归为专业能力和个人能力两大类,其中个人能力既包括管理、规划、解决问题等行为性的能力,也包括践行使命和价值观、诚信热情等态度性能力。

表8-3 图书馆员职业能力构成"要素说"

类型	主要观点
二要素	专业能力、个人能力
三要素	个人能力、业务能力、知识能力
四要素	知识资源组织能力、技术利用能力、人员与资源管理能力、客户服务能力
五要素	存取能力、核心知识能力、营销能力、合作能力、资源与服务评价能力

---

① American Library Association. ALA's core competences of librarianship[EB/OL].(2009-01-27)[2024-04-30].https://www.ala.org/educationcareers/careers/corecomp/corecompetences.

（续表）

类型	主要观点
六要素	哲学能力、技术能力、教育与个人能力、客户服务能力、管理与领导能力、信息素养技能
	基本知识和业务能力、相关学科知识、计算机运用能力、职业态度和服务精神、情绪适应能力、组织沟通能力
	人际交流技能、管理技能、馆藏管理技能、信息素养技能、专业研究技能、信息技术技能
七要素	领导能力与职业素养、客户群体知识、交流和营销与推广、管理、资料知识、信息获取、服务
八要素	职业基础能力、信息资源能力、知识和信息的组织能力、技术知识和技能、咨询和用户服务能力、研究能力、继续教育和终身学习能力、管理能力
十要素	基本知识储备、复合学科知识储备、现代信息技术、业务技能、个人潜能、职业素质、动机、角色定位、自我认知、个人品质
十三要素	图书馆馆员职业素养、组织管理能力、自我管理能力、信息服务能力、用户服务能力、馆藏管理能力、知识管理能力、学习能力、信息技术能力、合作能力、教学培训能力、学术交流能力、财产管理能力

资料来源：盛小平，刘泳洁.图书馆职业能力研究[M].武汉：武汉大学出版社，2020：4.

除了图书馆职业之外，法律、教育、公共管理等各专业性职业都对自己的职业能力建设进行了研究、探讨。例如，在公共管理领域，就有学者认为公共管理的主要能力包括应变力、预见力、决断力、协调力、沟通力、情绪控制力、谈判力、执行力、公文写作力、学习力等。[①] 同时，在人力资源管理、社会学等领域，也有众多围绕就业能力展开的研究，其中一个重要方面就是对核心就业能力（Generic Employability Skills）的探讨。核心就业能力是指个体获得和保持一份有薪水的工作、在工作中进步以及应对工作中出现的变化的能力[②]，也称为核心技能、关键胜任力、可转换胜任力。这项能力不局限于特定行业，而是能适应不同工作情境的职业能力。[③] 核心就业能力是一个人参与工作的基本能力，具有普遍性，适用

---

① 徐凌.公共管理能力与技巧[M].广州：中山大学出版社，2018：1-2.
② CURTIS D C, MCKENZIE P. Employability skills for Australian industry: Literature review and framework development[R]. Melbourne: Australian council for educational research, 2001: 15.
③ 刘小平，杨淑薇，陶琪文.高校毕业生核心职业能力研究[M].北京：社会科学文献出版社，2019：3.

于各类职业,涉及管理、沟通、协调、适应性、品质等众多方面。

参考借鉴相关领域对从业人员职业能力的界定和要求,可以从总体上提出文化馆员职业能力的构成,主要涉及四个方面:

(1)共通性职业能力,如沟通能力、表达能力、写作能力、基本调研方法等;

(2)职业基础知识与素养,如文化馆社会职能与使命、发展历史、相关政策与法律、社会价值、基本理论知识等;

(3)专项业务理论与技能方法,如音乐、舞蹈、戏剧、舞美、灯光等各艺术门类及包括信息技术在内的相关技术要求的专业才能;

(4)行政与管理能力,如志愿者组织、团队管理、组织运营、项目策划、宣传推广等。

三、文化馆职业专业能力

职业能力的核心是专业能力。文化馆职业专业能力与其业务活动密切相关。就工作内容而言,文化馆工作涉及文化艺术的各个门类,有舞蹈、声乐、器乐、文学、美术、书法、摄影、戏剧、曲艺、群文管理、群文理论等,类型多样。[①] 就工作形式而言,涉及群众文化活动组织、场馆管理运维、文化馆内部管理等。在数字化、智慧化发展的背景下,业务人员的信息素养与技能也要满足新要求。总体而言,文化馆职业对于人才的需求十分多样,既涉及文化艺术的各个门类,也涉及策划组织、管理协调、创意创新、数字化技术等众多方面。正因如此,文化馆职业普遍存在专业人才缺乏、人员身兼数职、编制不足等问题,往往通过引入社会人才、服务外包等途径来解决。无论是编制内的人员,还是社会人才、外包服务人员,对其职业能力的要求是相同的,但因其所处岗位不同,对具体的专业能力水平要求有所不同。

在具体工作中,不同业务岗位的从业人员,如专业馆员、管理人员、研究人员等,对其专业能力要求的侧重点也有所不同。特别是不同艺术门类的专业馆员,专业能力构成与要求不会完全一样。目前对文化馆职业专业能力的研究十分薄弱,缺乏适用于本行业的职业专业能力标准,导致文化馆职业能力建设较为薄弱。为此,需要加强对职业专业能力的研究。一方面,结合文化馆职能的变化和各个岗位的具体需求,深入、全面地梳理与界定文化馆员应具备的专业能力;另

---

① 陈娟.基层文化馆人才队伍建设的思考[M]//中国文化馆协会."新时代文化馆理论体系构建"主题征文获奖论文集.上海:上海大学出版社,2019:35.

一方面,建立面向文化馆职业各类岗位、各类人员的职业能力标准,从而为各个岗位从业人员的选拔任用、外包委托提供依据,并为文化馆职业教育和职业评价指明方向。

四、文化馆职业能力与职业资格

如果说职业能力是文化馆从业人员为实现文化馆的使命与价值、保证工作高质量开展而必须具备的能力,那么,职业资格就是考查从业人员是否具有这种能力的一道"门槛",跨越了门槛,即被认为基本具备了从事文化馆职业的能力和水平。

职业资格制度是国内外许多特定职业采取的保证从业人员素质水平的一种基本制度,特别是对于对人们生活有着重要影响、专业性要求高的职业,如医生、律师、教师、会计师等职业,在维护职业社会形象、提高职业服务质量、规范职业行为、评价职业人才等方面都具有重要意义。目前,从世界范围来看,职业资格许可(licensing)与认证(certification)是两种最普遍的职业资格实现方式。

日常生活中我们经常听到医生必须取得行医"执照"才能给病人看病的说法。这个"执照",就是最严格意义上的一种职业资格许可,没有取得行医许可的医疗行为是违法行为。这类许可需要由国家法律来规定,实施许可的主体一定是政府行政主管部门,而不可能是非政府部门或民间组织。

相对于"执照"这种严格的许可而言,"认证"受政府管制的程度就要低得多,不必由法律规定。认证部门可以是政府行政主管部门,也可以是行业协会等社会组织。同时,职业资格认证制度不具有排他性,也就是说,未经过认证的人也可以从事同样的工作,不过不得对外宣称自己获得了认证。由此可见,认证从本质上来看,其实就是授予从业人员使用某种特定称号和头衔的权利。

除了许可和认证这两种基本形式外,在英美等国家,还有一种名为"登记"(registration)的职业资格形式。这是一种政府管制程度最低、最宽松的形式,不设立职业的从业门槛,只要求从业人员到政府相关部门登记备案,政府相当于管理着从业人员花名册,不介入具体的职业管理。

我国文化馆职业尚未建立相应的职业资格制度,但是拥有专业技术职称制度。专业技术职称制度不是进入某一个职业的"门槛",而是表明职业能力的一种方法,它代表着从业人员的专业学识水平及工作实绩,其实施主体为政府人力资源及文化和旅游行政管理部门。

文化馆从业人员的专业技术职称属于群众文化系列,分为研究馆员、副研究馆员、馆员、助理馆员及管理员五类,分别对应着专业技术岗位2—4级、5—7级、8—10级、11—12级。其中,研究馆员与副研究馆员属于高级职称,馆员属于中级职称,助理馆员和管理员属于初级职称。不同级别的职称在任职上需要满足一定的条件,比如思想政治表现、学历和资历、专业理论水平、研究成果、业务技术能力与业绩、参加继续教育情况等。

与文化馆职业同属公共文化服务范畴的图书馆职业、博物馆职业等,在发达国家均有自己的职业资格制度。以图书馆职业资格为例,美国公共图书馆职业资格分为需要本专业硕士学位的资格认证和不需要本专业硕士学位的资格认证两类。所谓本专业硕士学位是指图书馆学硕士学位(MLS)或图书馆学与信息科学硕士学位(MLIS)。需要本专业硕士学位的职业资格认证,主要是在已经获取学位的基础上,考查工作年限,分别赋予一定的级别。更新认证时,则考查继续教育时数,一般要求完成45—100小时的面授课程。不需要本专业硕士学位的职业资格认证,主要针对辅助工作人员,认证条件看其学位、专业学习、工作经验等情况。如果已经获得了学士学位,赋予4级,高中或没有学位则赋予5—7级;在专业学习方面,一般要求专业课程学习达到6—60个小时;工作经验则看其在图书馆工作的时长。更新认证时,一般需要满足45—100小时面授课时的要求。值得注意的是,美国对授予MLS的学校也有认证要求,即必须获得经过美国图书馆协会(ALA)认可的高校授予的MLS或MLIS才能获得图书馆职业认可,这是取得需要本专业硕士学位职业资格认证的一个前提条件。美国公共图书馆职业资格认证基本是由各州自行组织的认证委员会负责。除了上述职业资格认证外,美国还专门对公共图书馆管理者职业资格进行认证,由ALA联合职业协会(ALA Allied Professional Association,ALA-APA)负责,认证标准涉及必备的核心技能(预算与经费、技术管理、组织与个人管理、建筑规划与管理)、选择性技能(当前社会话题、图书馆营销、筹款/获得捐款能力、政策与网络、服务各类型人群)两部分。[①]

在日本,与我国文化馆性质、功能类似的机构是公民馆。根据日本《社会教育法》和《公民馆设置与运营标准》规定,公民馆必须设置主事。公民馆主事是公民馆中的专业职员,其资格要求套用"社会教育主事"。拥有大专以上学历、履修"社会教育主事讲习课程"或大学中的社会教育相关课程,同时需要有一定的社会教育相关机构工作经验,是取得社会教育主事资格的必备条件。法律对履修

---

① 魏春梅,盛小平.美国图书馆职业资格认证标准与实施制度分析[J].图书情报工作,2013(24):17-23.

资格、课程体系、考核与证书等都有明确规定。可见,日本的公民馆主事/社会教育主事制度,既是公民馆的职业资格制度,也是公民馆从业人员的职业晋升制度。①

国外与文化馆职业相关的职业资格制度,可以使我们更加清晰地认识到它对职业健康发展的重要性。在我国,虽然建立起全国统一的文化馆职业资格制度还面临着诸多困难,但各地可以因地制宜,以多种形式建立文化馆职业入职标准和职业水平评价标准,促进从业人员的综合素质与业务水平的提高,维护文化馆职业的社会声誉与影响。

第三节 文化馆职业伦理

一、职业伦理与职业道德

将一般伦理学的原理应用于具体职业,就是职业伦理(professional ethics)。职业伦理是应用伦理学的重要分支,被广泛应用于法律、商业、教育、工程、建筑等几乎所有已经职业化的领域。

目前对"职业伦理"的研究大致可以分为两类。

一是将职业伦理应用于具体的某种职业或领域,结合伦理学的思想理念,探讨该职业的社会价值与职业伦理、专业团体与职业伦理建设、道德困境等众多问题,如法律伦理学、教育伦理学、医学伦理学、生命伦理学、文学伦理学、翻译伦理学等。对职业伦理广泛的关注和研究始于20世纪,随着律师、医生等专业人员在社会中重要性的提升,以及"水门事件"等涉及专业人员职业伦理的事件对社会造成的不良影响,人们开始关注各个领域专业人员应遵守的职业道德问题。

二是不局限于具体的职业,而是专门围绕职业伦理本身及其社会关系进行研究,如对职业伦理与公民道德、社会建设等问题的研究和探讨。学者米切尔·贝里斯(Michael Bayles)的《职业伦理学》首次将各种职业伦理作为一个整体来探讨。②

由于"伦理"与"道德"既相互联系又有所区分的特殊关系,对职业道德与职业伦理的认识也经历了由统而言之到有所区别的过程。

早期,职业伦理被视为一门研究职业道德现象、本质、发展变化规律及其社

---

① 李国新.日本的"公民馆主事"职业资格制度[J].上海文化,2013(4):98-103.
② 米切尔·贝里斯.职业伦理学[M].郑文川,等译.北京:学苑出版社,1989:1.

会作用的科学,涉及职业道德的演进历史、特征和作用、基本原则、主要规范,以及职业道德评价、教育、修养、理想境界等内容。[①] 可见,职业道德与职业伦理在早期未做专门区分。

随着对道德与伦理认识的深入,人们逐渐开始对二者加以区分。职业伦理是"从事各类职业的工作者应具备的行业道德,及其应遵循的基本职业伦理规范",职业者个体的行为美德和职业者的社会化行业伦理,是构成职业伦理的最基本的实质性内容。[②] 也有学者则将职业道德的范畴划定为职业责任、职业态度、职业信誉、职业良心、职业纪律、职业作风、职业技能[③],并未包括之后被广泛关注的职业理想、职业精神等追求性的理念和内容。

目前,我国文化馆领域对职业伦理、职业道德的研究和提炼尚未真正起步。与文化馆职业关系最为密切的图书馆职业,已经建立了比较成熟的职业伦理体系,对职业伦理的研究也比较深入。早期,有图书馆学者认为图书馆职业伦理是将一般伦理学运用于图书馆职业实践而形成的,是关于图书馆职业判断是非善恶等根本问题的准则,职业道德准则体现了图书馆职业秉承的价值观,但比价值观更具体、更具有约束力。[④] 与此同时,随着图书馆职业伦理建设的深入,职业精神、职业价值观、职业理念、职业道德等问题也随之提出,虽然理解各不相同,但其核心内涵还是有所交叉的。例如,有学者认为职业精神是从业人员对职业持有的信念和秉持的价值观,包括职业理想、态度、责任、技能、纪律、良心、信誉等要素[⑤];职业价值观是对事物的好与坏、善与恶进行判断的原则、标准和信念,是从业人员在专业活动场合经过交流、讨论、实践而形成的,被大多数人接受的价值观[⑥];职业理念表达了从业人员对于职业的理解,一般通过业界的愿景、使命、宣言、声明、核心价值表述出来[⑦]。

随着研究和认识的不断深入,目前更倾向于将职业伦理置于比职业道德更高的层次。例如,在行政管理领域,行政伦理概念的外延要大于行政道德的外

---

① 阎昭武,等.职业伦理学[M].北京:航空工业出版社,1993:1.
② 王荣发.现代职业伦理学[M].上海:华东理工大学出版社,1998:1.
③ 何茂勋,何昭红.大学生职业伦理学教程[M].桂林:广西师范大学出版社,2004:39.
④ 于良芝.图书馆学导论[M].北京:科学出版社,2003:167-200.
⑤ 肖希明,沈玲.中国特色图书馆学基础理论体系的历史发展与当代构建[J].中国图书馆学报,2021,47(03):4-22.
⑥ 于良芝.图书馆学导论[M].北京:科学出版社,2003:195.
⑦ 范并思.构建中国图书馆核心价值体系之思考[J].图书与情报,2015(03):50-55,140.

延。① 在现代职业教育领域,职业伦理包括三个层次——人道,即关注职业人个体的幸福;公正,即尊重个体禀赋差异、补偿弱势群体、实现生态正义;理性,包括关怀学习者的生命发展,摒弃功利和从众,开发人的创造性。② 可以看出,职业伦理体现了职业对最高理想的追求,而不只停留在行为道德规范上。

总之,职业伦理不仅包括作为核心内容的职业道德,也包含形成职业道德规范、规则背后的价值取向,以及对超越道德的美德的追求。职业伦理不仅用于规范从业人员个体在区别善恶基础上的行为,也以普遍的价值判断为基础,调节与该职业相关的社会关系和社会秩序。

二、文化馆职业伦理建设规律与路径

1. 文化馆职业伦理建设基本规律

通过对相关行业职业伦理建设发展历程及其内容的考察,发现职业伦理建设基本遵循以下几个规律。

第一,职业伦理不仅包括对从业人员职业道德层面的自律性要求,还包括对职业使命和目标的不懈追求,是职业对社会做出的承诺。

这一表述的来源表现为三个层面。一是政府颁布的法律法规中的约束性要求,对从业人员的职业行为具有强制约束力,也为职业伦理的建设提供了法律基础。二是由行业组织牵头、经过业界广泛探讨达成共识后制定的自律性规范,既有尊重隐私、专业高效、普遍开放、平等服务等对从业人员专业性、服务方式、服务态度的要求,也有维护社会公平正义、体现人文关怀等层面的追求。三是政府和业界制定的各类规划等前瞻性文件以及国际上制定的呼吁倡导性文件,在已有的法律规范之外,根据社会环境和观念的变化提出新的理念、追求,并将其融入职业伦理,以引领事业不断寻求新的突破,追求卓越。

第二,职业伦理的内容都须经过学界和业界的广泛讨论和研究,并随着法律、技术、用户等因素的变化而不断完善。例如,早期我国公共图书馆的职业伦理建设着眼于职业道德,重在探讨业务活动中的道德要求。随着《经济、社会和文化权利国际公约》的生效和信息技术环境的迅速发展,职业伦理研究的内容不断拓展,公平公正、共享开放、人文关怀、维护智识自由、消灭信息孤岛、缩小信息鸿沟等理念逐渐获得广泛认同,并被写入规范文件。

---

① 李传军.行政伦理学[M].北京:北京师范大学出版社,2013:3.
② 宋晶.现代职业教育伦理研究[M].北京:中国社会科学出版社,2017:37.

第三,职业伦理的建设经历了从借鉴国外经验、理念,到借鉴、吸收与立足国情改造升华的过程。公共图书馆和博物馆都具有较强的国际通行性,有国际图书馆协会与机构联合会、国际博物馆协会作为学术和思想交流的平台等。我国公共图书馆和博物馆早期的职业伦理建设,都受到国际趋势的影响和国际协会相关宣言的引领,而后结合国内实际情况,逐步构建出了具有中国特色的职业伦理规范。

文化馆职业虽然在国内外都缺乏现成的服务宣言、伦理规范文本作为参考,但作为全民艺术普及、提升全民艺术素养和审美水平的公共文化服务机构,文化馆职业的服务对象是全体人民,文化馆职业的服务理念与国内外公民权利相关的新理念、新追求息息相关。同时,虽然国外没有文化馆职业伦理,但在美国还是为从事社区文化与艺术工作的专业人员建立了职业伦理规范。在日本,也有虽然尚不成熟但已初步成文的《公民馆主事宣言》。因此,在文化馆职业伦理建设过程中,仍需关注联合国教科文组织等相关机构提出的有关文化发展、文明交流、公众服务、社会教育、艺术发展、公平正义、社会包容等相关理念,并将其融入文化馆职业伦理的内容。

2. 文化馆职业伦理建设路径

职业伦理建设越完善、作用发挥越充分,职业群体自身的组织就越稳定、越合理。然而,现阶段文化馆职业伦理建设几乎处于空白状态,关于从业人员职业道德的研究大多停留在遵纪守法、敬业奉献、以身作则、积极进取、精益求精、大公无私、政治素养等价值判断层面,也有研究者开始关注文化馆的职业价值观[①]、职业精神[②]、职业伦理建设[③],但缺乏对文化馆独有的职业理念和价值追求的深入研究。因此,无论是从目前文化馆职业理念不清晰、职业伦理意识薄弱的现实问题出发,还是从提高队伍素质、提升服务质量的实际需求出发,文化馆职业急需开展职业伦理的研究与建设。

伦理是建立在价值判断基础上的普遍、抽象的原则,旨在协调社会关系和社会秩序;道德则建立在是非对错的基础上,用于协调个体间的交往。所以,文化

[①] 张书娜.如何引导新时代文化馆从业人员树立正确职业价值观[J].中国民族博览,2018(12):79-80;李子艳.浅谈文化馆管理人员的职业理念和专业水平[J].文化产业,2018(20):34-35.

[②] 牟意.文化馆从业人员职业精神建设研究[M]//中国文化馆协会."新时代文化馆理论体系构建"主题征文获奖论文集.上海:上海大学出版社,2018:258.

[③] 任宇华.关于文化馆从业人员职业伦理建设的探讨[M]//魏大威.新时代文化馆:改革 融合 创新——2019中国文化馆年会征文获奖作品集.北京:国家图书馆出版社,2019:207-211.

馆职业伦理的构建首先需要解决三个问题。

第一，研究、探讨并形成文化馆职业整体的价值观。无论是称之为职业理念、职业精神、职业目标、职业价值还是职业理想，文化馆职业价值观所体现的都是对文化馆职业最高境界的向往和追求。其主要功能是协调文化馆与社会系统的关系、发挥理念的引领作用，体现文化馆职业对社会和谐进步的价值、引导事业发展的方向、树立行业整体的追求目标，并让全体从业人员形成职业责任感、自豪感、使命感。就其内容而言，至少应当包括以下内容。

（1）坚持以人民为中心。文化馆的主要功能是满足人民群众基本文化艺术需求、丰富人民群众文化精神生活，因此应当以适应公众需求、引导市民广泛参与、方便群众便捷利用为追求。文化馆的设施和资源建设、服务活动开展都应以此为核心。

（2）体现平等包容与人文关怀。这包含四个层次：①文化馆提供的服务不受年龄、社会地位、受教育水平、宗教信仰等因素的影响，所有人享有平等的利用文化馆权利；②对于由于各种原因无法正常、便利地享有文化馆服务的群体，文化馆应充分考虑其困难和需求，提供人性化、便捷化的服务，从而消除特殊群体使用文化馆服务的困难；③以平等、公正为追求，尽力消弭不同区域经济社会发展不平衡带来的文化馆服务水平的差异，使得全体民众都能享受均等的文化馆服务；④发挥文化馆在城市、社区人文环境建设中的作用，以文化艺术活动为手段，促进城市和社区居民形成包容、互信、互助的关系，最终推动和谐社会的建设。

（3）寻求共享合作。主要包括三个方面：①不同地区、层级的文化馆机构之间寻求资源共建共享，从而充分发挥公共资源的价值；②文化馆职业积极寻求与社会力量的合作共建，以社会化发展的方式推动文化馆治理；③文化馆与公共图书馆、博物馆、学校等各类机构寻求合作，形成合力，履行开展社会教育、提升文化艺术素养的使命。

（4）追求"以文化人"。一个职业的价值追求与其社会使命息息相关，文化馆作为保障公民基本文化权益、满足公民基本文化需求的机构，担负着传承优秀传统文化、促进社会和谐包容等使命。其实现方式则是通过提供文化艺术作品鉴赏与学习服务、开展文化活动和文艺创作等途径，在引导公众践行社会主义核心价值观的同时，提升人的审美力、创造力并丰富精神文化生活，从而促进人的全面发展，发挥"以文化人"的作用。

第二，以文化馆价值观为基础，推出全体从业人员遵守的文化馆职业伦理文本。以价值判断为依据，以善恶对错的区分为基础，形成从业人员共同遵循的道德准则,如专业高效、尊重隐私、敬业自律等,其主要功能是引导从业人员的职业行为,保证文化馆职业的服务质量,树立文化馆良好的社会形象。

在明确了职业理念和价值追求、形成行业共识的基础上,规范行业指导性文件和自律规范便是势之必然。如同图书馆职业以《图书馆服务宣言》向社会做出服务承诺、以《中国图书馆员职业道德准则》作为从业人员的行为规范一样,文化馆职业需要将抽象的价值观念、道德准则加以制度化,具化为明确的要求,向社会宣示文化馆行业的责任、使命、理念、承诺,同时指导职业实践中的具体行为,发挥自我完善、自我约束的作用。

第三,建立文化馆从业人员践行职业伦理的约束与激励机制。伦理包含道德和美德两个层次,职业伦理也不例外。美德需要倡导,道德需要约束。在职业伦理建设中,应在形成价值追求和道德准则、建立指导文件和自律规范的基础上,健全与职业伦理相关的约束与激励机制,鼓励从业人员积极践行使命、约束从业人员不违背职业道德规范。

这一机制的建立,主要应落实到法律规定和行业倡导两个层面。法律规定体现国家意志、由国家制定或认可,并由国家强制力保证实施。在文化馆职业领域,无论国家层面还是地方层面,立法都不完善。国家层面的《公共文化服务保障法》,仅对公共文化设施管理单位及其主管人员作出了部分禁止性规定,对职业伦理涉及较少。如何适当地将职业伦理嵌入法律条文,做出禁止性、约束性、激励性的规定,是基础理论研究和实践中要解决的重要问题。

行业倡导是指不能运用国家强制力保证实施的各类规范,如组织的自律规范、社会共同体的自治规范等,它是弥补法律规定不完善之处的有效手段之一。在文化馆职业伦理建设中,行业指导性文件、自律性规范以及文化馆内部制定的规章制度等都属于此范畴,业界在制定和落实相关规范、规章、文件时,应积极呼吁、倡导并建立科学合理的职业评奖、职业荣誉称号等激励机制,引导从业人员不懈追求向上向善。

第四节 文化馆行业组织

行业组织是指由法人、其他组织或公民在自愿基础上组成的一种民间性非营利性社会团体。[①] 行业组织最早是由古代的行会发展而来,现代意义上的行业

---

① 谢晓尧.论加快我国的行业组织立法[J].法商研究(中南政法学院学报),1996(4):75-79.

组织与古代行会有着本质区别,主要表现为现代意义上的行业组织建立在同业基础上,具有非政府性、非营利性特点,拥有社会中介地位。行业组织是衡量一个行业是否成熟化、专业化、职业化的重要标志之一。

学术研究中对行业组织的广泛关注始于公共行政理论的兴盛。公共行政理论要求公共事务的管理权限分散化、管理主体多元化,需要社会公共组织成为政府决策和权力的重要参与协助力量,分担公共管理的职能。在我国,民政部门登记的社会组织分为五类:社会团体、民办非企业单位、基金会、涉外组织、慈善组织。行业组织作为一种社会团体,属于"中国公民自愿组成,为实现会员共同意愿,按照其章程开展活动的非营利性社会组织"①,包括学会、协会、研究会、联合会、促进会等多种形式②,也可划分为学术性、联合性、行业性、专业性等不同类别。③

行业组织是衡量一个行业发展成熟度的标志。行业组织的建立,意味着该行业已经逐步进入了需要由从业人员对其发展进行一定程度的协商、自治的阶段。目前,我国在教育、法律、经济等众多领域建立了大量的行业组织。与文化馆职业相关的行业组织也较多,如中国文化馆协会、中国群众文化学会、中国书法家协会、中国舞蹈家协会等,但专注于文化馆职业自身且能够引领文化馆职业专业化发展的全国性行业组织,是成立于1985年的中国群众文化学会和成立于2014年的中国文化馆协会。目前,中国文化馆协会已成立了音乐创作、广场舞、曲艺、摄影、期刊与知识服务、基层文化馆(站)建设、青少年美育等13个专业委员会。2022年6月,中国群众文化学会第六届会员代表大会召开,选举产生了新一届理事会。中国群众文化学会在文化强国战略指引下,更加积极地指导各地群众文化研究和实践,以推动群众文化基础理论和创新实践研究、公共文化服务社会化发展、促进民间文化艺术国际合作交流为重点任务。

一、文化馆行业组织的性质与定位

行业组织的性质涉及组织的角色地位、动力机制、合法性、外部关系,影响其组织功能与活动方向。④ 明确性质是对行业组织进行深入研究的基本前提,也是

---

① 民政部.社会团体登记管理条例[EB/OL].(2016-02-06)[2024-04-30].http://www.mca.gov.cn/article/gk/fg/shzzgl/201812/20181200013490.shtml.
② 霍瑞娟.国家文化治理环境下中国图书馆学会发展研究[M]北京:社会科学文献出版社,2018:76.
③ 徐家良.行业协会组织治理[M].上海:上海交通大学出版社,2014:5.
④ 蔡斯敏.现代社会治理下行业组织行动机制研究:以中关村地区行业组织为例[M].长春:吉林大学出版社,2020:42.

确立行业组织在社会中的定位、有效发挥其功能的基础。

对行业组织的研究兴起后,学界已就其性质进行过诸多探讨。有代表性的看法有三种:第一种是,行业组织具有社会自治、社会中介、自律管理和社会权力四大特征;第二种是,行业组织是中介组织,是沟通政府与企业的桥梁和纽带;第三种是,行业组织既是企业和政府之间的中介组织,又是承担着自律、服务、协调职能的独立组织。概括地说,行业组织是兼具互益性、公益性、民间性、中介性、自律性、独立法人性的组织。①

一般而言,行业协会也被视为行业组织,但近年来有学者提出行业协会与一般的行业组织有相同之处,也有不同之点。相同之处表现在非政府性、非营利性、自愿性、自治性等方面,不同之点主要表现在以下方面:一是经济性,即作为互益性组织,为会员提供经济性和利益性的服务;二是同业性,即会员都是从事相同或相近行业的企业或个人;三是会员性,即行业协会以会员为主体,应以服务会员为核心目标;四是互益性,即行业协会以争取、维护、确保会员的共同利益为指向;五是公益性,即行业协会不只维护会员利益,其制定的标准、规范还能够被社会、政府接受,甚至成为公共秩序的一部分。② 也有学者认为,从理论上讲,行业协会属于"第三部门",而学界对"第三部门"基本属性的权威性概括是正规性、民间性、非营利性、自治性、志愿性,这是行业协会发展的"应然"状态。③

对行业组织性质的不同认识,以及"应然"和"实然"间的差异,一定程度上与其形成方式有关。行业组织的形成方式主要包括四类。一是体制内生成的行业协会,即出于政府转变职能的需求而设立,在政府的授权或委托下承担部分行业管理的职能,存在整体转移、合署办公等现象,如中国科学技术协会、中国作家协会等。二是体制外生成的行业协会,即社会主体自发形成,通过自律管理和自我服务,营造公平的竞争和发展环境,如中国流行色协会、中国工艺美术学会等。三是体制内外结合生成的行业协会,即在政府的倡导和培育下,各类社会主体自愿加入,如中国文化馆协会、中国图书馆学会等。四是法律授权生成的行业协会,如证监会、银监会等。④

鉴于我国的行业组织大多与政府体制有着千丝万缕的联系,2015年,中共中央办公厅、国务院办公厅印发《行业协会商会与行政机关脱钩总体方案》,就行业

---

① 徐家良.互益性组织:中国行业协会研究[M].北京:北京师范大学出版社,2010:83-86.
② 徐家良.行业协会组织治理[M].上海:上海交通大学出版社,2014:6-7.
③ 熊花,王刚.治理与信任:基于政府与行业协会维度的研究[M].北京:知识产权出版社,2019:16.
④ 徐家良.行业协会组织治理[M].上海:上海交通大学出版社,2014:134.

协会商会与行政机关脱钩事宜作出部署,要求:机构分离,规范综合监管关系;职能分离,规范行政委托和职责分工关系;资产财务分离,规范财产关系;人员管理分离,规范用人关系;党建和外事等事项分离,规范管理关系。文件印发后,各类行业协会分批次逐步实现与行政机关在职能、人事、财务等方面的分离,一些行业组织的性质定位发生了变化。

文化馆作为公共文化服务机构,其性质、定位有特殊性。相应地,文化馆行业组织的性质也应与市场化、企业性行业组织有所不同。目前,我国文化馆职业的行业组织呈现出"一业两会"的特点,即存在着中国文化馆协会和中国群众文化学会两个全国性行业组织。从理论上说,协会和学会在性质、功能上是有区别的,但我国目前存在的学会与协会,总体上看区分并不明确,一定程度上存在着功能交叉现象,不利于各自聚焦重点工作、形成特色。

历史地看,学会早期更多的是由科技工作者自愿组成的学术共同体,是科技发展与学术交流的必然产物,比如医学会、物理学会等;协会则是由企业家自愿组成的产业性经济团体,是社会经济发展和行业规范的必然产物,如旅游协会、酒店业协会等。从功能上看,学会与协会的根本任务不同。学会的根本任务在于科研与学术交流,促进学科发展,发现、培养和推荐人才,是政府与学术研究人员间的纽带桥梁,主要为会员提供服务,维护会员利益。协会则是介于政府与行业、企业间,生产、经营与消费主体间的社会团体,主要为会员或社会提供服务,维护行业利益,发布行业信息,提供专业咨询与服务,沟通协调,进行行业监督,强化行业自律等。随着科技与社会经济的不断发展,科技活动与经济活动已密不可分,共同的目标导致两者的界限越来越模糊。但在西方国家,历史悠久的同业两会或多会,在功能上的划分还是比较明确的。

中国文化馆协会在其章程中明示其性质为全国性、行业性、非营利性,中国群众文化学会在其章程中的定性为全国性、学术性、非营利性。两相比较,显著的区别在于协会是文化馆职业的行业性社会团体,单位会员是其主要构成,而学会是文化馆职业的学术性社会团体,个人会员占比较大。除此之外,业界对它们的性质和定位尚缺乏更深入、细致的研究。在国家治理现代化的背景下,基于公共文化服务的特殊性以及行业组织在文化馆治理中的独特作用,文化馆行业组织的性质和特征值得深入探讨。唯有厘清其性质,方能明确文化馆行业组织的角色定位、发展动力、与政府等外部机构的关系,从而确立发展方向,更好地实现社会价值。

二、文化馆行业组织的功能与任务

行业组织的功能和任务关系到其体系结构的设置、运行机制的确立、各项业务的开展,最终影响其作用的发挥。表8-4展现的是国内外学者对行业组织功能的认识。

表8-4 国内外学者对行业组织功能的界定

研究者	行业组织的功能
国外学者	管理活动、服务活动、辅助活动
	市场支持性活动、市场补充性活动
	企业服务、行业自律
	资源整合、行业代表
国内学者	服务、协调、沟通
	监督、公证、代表、统计、沟通、研究和狭义的服务
	信息提供、协调行动
	合约性实施、非合约性实施
	协调行动,如影响政府决策、协调同业价格、制定行业规范等
	服务功能,包括信息服务和培训交流
	为企业服务、自律和协调、监督和维权、协助政府部门加强行业管理
	公共服务和沟通服务,表现为通过行业性的公共服务促进整体发展、参与政策制定以制约政府权力、促进政府与企业的交流、实施行业自律并维护秩序

资料来源:赵向莉.我国行业协会的功能问题:从企业信誉缺失角度出发[M].西安:西安交通大学出版社,2017:50-53.

此外,也有学者在梳理法律法规、行业协会章程中有关行业协会职能规定的基础上,认为行业组织的职能由两部分组成:一是政府授权或委托的职能,包括行业发展规划、行业标准、发展政策、质量检验与监督等;二是行业协会的固有职能,包括代表职能、维护职能和服务职能。① 还有学者认为,行业组织是市场领域参与治理的主体,在影响和规划行业发展、协调政府与企业之间的关系、促进国

---

① 徐家良.互益性组织:中国行业协会研究[M].北京:北京师范大学出版社,2010:94-111.

家政策制定、推进社会经济整体协调发展等方面发挥着重要作用。①

相较于企业、市场类行业组织,文化馆职业的行业组织既具备一般性的职能,又具有一定的特殊性。

目前,从章程的规定来看,中国文化馆协会的功能主要体现在五个方面。一是基于行业组织的会员性,具有维护会员权益、协调会员关系的功能,并代表会员为国家相关政策法规的制定提供参考咨询服务。二是基于行业组织的中介性,具有协调的功能,即搭建行业内部研讨交流的平台,建立行业与政府的沟通渠道,促进文化馆行业与相关社会组织、国际业界的交流合作。三是基于行业组织的自治性,通过建立行业规则、标准和服务规范等方式推动行业自律,并开展职业表彰奖励。四是发挥引导作用,推动理论研究、职业教育、文艺培训、新标准和新技术应用等工作的开展,并编辑、出版、发行文化馆行业相关的信息资料和文献。五是受政府部门委托,制定行业规划,开展评估定级、专业资格认定等相关工作。②

在实际工作中,中国文化馆协会自成立以来,积极发挥行业引领、指导、协调作用,开展了大量的工作。

其一,推动理论研究。包括创办学术辑刊《中国文化馆》、举办全国文化馆理论体系构建学术研讨会、以文化馆年会为契机组织征文活动并出版论文集,资助、评审和组织开展有关文化馆事业发展的课题研究等。

其二,推动行业交流,组织行业培训。在协会各分支机构的支撑下,依托国家公共文化云等平台和线下渠道,以年会为契机搭建行业交流平台,组织全国文化(群艺)馆馆长联席会议,组织"文化馆事业发展的思考与讨论"系列活动,与地方行政部门合作推动区域群众文化交流协作,组织各类专题研究班和网络培训,如文旅融合发展师资培训、群众文艺创作人才培训、从业人员理论素养和数字素养提升培训,以及广场舞技能、合唱技能、新年画创作等全民艺术普及技能提升专题培训等。

其三,推动文化馆行业在技术、服务、管理等方面的标准化发展。包括申报《文化馆服务规范》《乡镇综合文化站服务标准》《数字文化馆资源和技术基本要

---

① 蔡斯敏.现代社会治理下行业组织行动机制研究:以中关村地区行业组织为例[M].长春:吉林大学出版社,2020:1.
② 中国文化馆协会.中国文化馆协会章程[EB/OL].(2020-04-17)[2024-04-30].http://www.cpcca.org.cn/commDetails/detail?cipher = eyJuYXZZOYW1lIjoi5Lya5ZY5pyN5YqhIiwidHlwZSI6IjNNzRmMjljMzUwNjRlNzdiM2UyNTEwM3NTJjYjMyIiwidGFncyI6W3sibmF2F2TmFtZSI6IuS8muWRmOacjeWKoSIsImxpbmsiOiIifV19.

求》为国家推荐性标准,主导《文化馆全民艺术普及线上课程建设要求》《文化馆年报编制与公开指南》《文化馆服务数据采集要求》《文化馆业务规范》《公共文化云平台资源共享操作导则》《文化馆数字资源标签和用户标签通用要求》《群众文化指导员能力评价通用要求》《文化驿站建设与服务规范》《文化馆公共信息导向系统设置指南》九项标准成功立项为文化和旅游行业标准,推出了《全民艺术普及慕课建设指南》等技术文件。

其四,承接政府委托项目,开展全国文化馆评估定级、举办全国公共文化产品和服务采购大会、组织实施全国性的文化馆大型活动等。如"春雨工程"——广场舞"点单式"文化志愿行动、全国文化馆"文化暖心"惠民演出季、"中国民间文化艺术之乡"交流展示、"乡村网红"培育计划、全国广场舞展演活动、"百姓大舞台"品牌项目、全国"乡村春晚"展示活动、"全民艺术普及"慕课征集活动等,并注重对文化馆事业的宣传,提升行业影响力。

其五,牵头开展跨领域合作,推动文化馆事业的高质量发展。如与知识型企业开展战略合作推动理论研究,与中演演出院线开展战略合作搭建国际艺术节交互平台,与国家开放大学开展战略合作,推动人才教育培养等。[①]

与中国文化馆协会相比,中国群众文化学会在功能上表现为在组织学术研究、推动公共文化服务社会化发展,积极开展民间文化艺术国际交流等三个方面最具特色。

第一,组织理论研究,突出学术引领。通过开展群众文化理论研究与实践总结,普及群众文化基础理论知识,介绍与推广优秀群众文化成果及经验,组织国内外群众文化学术交流,编辑出版群众文化理论研究、信息交流刊物和专著,打造群众文化艺术品牌与内容创作生态系统,进行群众文化理论培训等,积极引导与鼓励业内广泛开展文化馆职业理论研究。

第二,推动公共文化社会化发展。广泛吸纳社会力量参与公共文化设施建设运营、服务产品供给、项目活动开展和重大活动的绩效评估等,引导社会资本进入文化馆领域,推动文化馆事业繁荣发展。

第三,积极开展民间文化艺术国际交流。作为国际民间艺术节组织理事会(CIOFF)成员,以 CIOFF 中国委员会名义开展文化艺术交流活动,参与 CIOFF 举办的会议和活动,选派优秀的民间艺术团体赴国外演出、展览等,积极开展国际文化艺术交流。

---

① 中国文化馆协会.守正创新,2020 满载硕果[EB/OL].(2021-01-01)[2024-04-30].https://mp.weixin.qq.eom/s/ZHQbCA3IHU6nadHeUoRPTQ.

文化馆职业全国性行业组织的建立、发展始于承接政府职能转移,早期带有较为浓厚的政府色彩①,对功能、任务的认识还不够明晰。由于地方性行业组织体系尚未健全、全国性行业组织建设运行起步未久,研究探索较为薄弱。作为事业发展中的一股重要力量,行业组织应当具备哪些功能、承担哪些任务,如何更好地履行职能、发挥作用等重要议题,需要更多的研究和探索。

小　结

职业化发展是行业成熟的重要标志与必然选择。文化馆职业建设是文化馆从业人员树立正确的职业伦理、规范的职业准则、良好的社会形象、积极的职业声誉以及形成职业共同体的必由之路。文化馆职业以其共同的职业符号、独特的工作内涵、专业性的职业表现、固定的收入保障、开放的社会联系满足职业要求的各种条件,并表现出了一定程度的准专业性特点。文化馆职业能力包括共通性能力、职业基础知识与素养、专项业务理论与技能方法、行政与管理能力四个方面,其中核心能力是文化馆职业专项业务能力,其因业务岗位而异,应建立文化馆职业专业能力及其水平评价标准。文化馆职业对自身职业伦理的研究尚未起步,应从形成职业价值观、编写职业伦理文本、建立约束与激励机制三方面入手,加快文化馆职业伦理建设进程。我国文化馆职业的行业组织呈现出"一业两会"的特点,中国文化馆协会和中国群众文化学会发挥着引领、指导、协调文化馆事业发展的作用,开展了理论研究、行业交流、标准建设、项目实施、国际合作等大量工作。

扩展阅读

1. 何炜,金晨远,李雅薇.组织管理视角下专业主义的研究进展及整合框架[J].中国人力资源开发,2021,38(12):115-136.

2. 李育书.职业道德:兴起、困境及其化解之道[J].伦理学研究,2018(3):118-123.

3. 盛小平,刘泳洁.图书馆职业能力研究[M].武汉:武汉大学出版社,2020.

4. 孙一平.职业社会学[M].北京:中国社会科学出版社,2021.

---

① 赵保颖,李斗.文化馆行业组织建设——中国文化馆协会的探索与实践[G]//李宏,李国新.文化馆蓝皮书:中国文化馆全民艺术普及发展报告(2015—2016).北京:人民日报出版社,2017:61.

5. 赵保颖,李斗.文化馆行业组织建设——中国文化馆协会的探索与实践[G]//李宏,李国新.文化馆蓝皮书:中国文化馆全民艺术普及发展报告(2015—2016).北京:人民日报出版社,2017.

主要概念

职业　　　　　　　　　文化馆职业　　　　　　　职业专业性
文化馆职业准专业性　　文化馆职业能力　　　　　文化馆职业伦理
文化馆职业道德　　　　文化馆职业资格　　　　　文化馆行业组织
中国文化馆协会　　　　中国群众文化学会
国际民间艺术节组织理事会(CIOFF)中国委员会　　《中国文化馆》

思考题

1. 文化馆职业构成包括哪些基本要素？将文化馆工作定义为一种职业有什么意义？
2. 文化馆职业的准专业性表现在哪些方面？
3. 文化馆职业能力的构成是什么？合格的文化馆员应具备哪些职业专业能力？
4. 文化馆职业伦理应包括哪些主要内容？
5. 文化馆行业组织在职业发展中起到什么作用？

第九章　文化馆标准化

任何一个成熟的专业或职业都具有比较系统、相对完善的标准化工作体系。文化馆标准化是文化馆职业化的重要标志之一,是文化馆行业不断走向成熟的必经之路。然而,长期以来我国文化馆标准化工作较为薄弱,造成文化馆工作水平参差不齐,难以形成行业的整体形象与职业工作规范,不利于全国文化馆行业的业务交流,特别是在数字化背景下,文化数据的传输共享面临困难。文化馆标准化是一项系统工程,涉及标准体系构建、标准制定与实施、标准宣传与推广、标准修订与完善等系统化的工作。在信息化、数字化的背景下推动文化馆高质量发展,必须重视文化馆标准化工作。

第一节　文化馆标准

一、标准界定

1. 标准的内涵

我国国家标准《标准化工作指南 第1部分:标准化和相关活动的通用术语》(GB/T 20000.1-2014)界定,标准是"通过标准化活动,按照规定的程序经协商一致制定,为各种活动或其结果提供规则、指南或特性,供共同使用和重复使用的文件""标准宜以科学、技术和经验的综合成果为基础"[1]。这一界定源自国际标

---

[1] 全国标准化原理与方法标准化技术委员会.标准化工作指南 第1部分:标准化和相关活动的通用术语:GB/T 20000.1-2014[S].北京:中国标准出版社,2015:3.

准化组织(ISO)和国际电工委员会(IEC)的《ISO/IEC 指南 2:2004》,根据中国实际进行了适当修改。ISO/IEC 认为,标准是"为了在一定范围内获得最佳秩序,经协商一致确立并由公认机构批准,为活动或结果提供规则、指南和特性,供共同使用和重复使用的文件""标准宜以科学、技术和经验的综合成果为基础,以促进最佳的共同效益为目的"。WTO/TBT 的《世界贸易组织贸易技术壁垒协议》(Agreement on Technical Barriers to Trade of the World Trade Organization)在术语中规定,标准是"为了通用或反复使用的目的,由公认机构批准的规定产品或其相关加工和生产方法的规则、指南或特性的非强制执行的文件。标准可包括或专门规定用于产品、加工或生产方法的术语、符号、包装标志或标签要求"。与 ISO/IEC 不同的是,WTO/TBT 对标准的定义中不包括服务环节,仅对产品及其生产、加工方法进行了限定,这与该组织的职能相一致。

从上述定义可以看出,即便定义机构的职能不同,但它们对标准的构成要素有着比较一致的认识。文化馆领域对标准的认定,同样也要遵循对这些构成要素的要求。

一是制定标准的目的是提高文化馆业务工作的共同效益与效率。文化馆在履行全民艺术普及和优秀传统文化传承职能的过程中产生了大量优秀的案例与做法,通过标准化手段与方法将它们固化下来,有利于全行业学习借鉴,达到提高工作效率与效益的目标。

二是标准为文化馆工作提供规则、指南或特性,规范文化馆业务与管理工作,提供基本的工作原则、方法、步骤、程序、特征或是量化指标。

三是由各级各类文化馆共同使用或可重复使用,这是标准最典型的特征。这就要求文化馆标准绝不是某一个文化馆、某一个地区文化馆的个别化、地域化的标准,不能仅反映局部利益,而是应该全国文化馆都适用,可以被其他文化馆重复操作利用。个别经验标准、局部适用的标准只有升级到全国文化馆都可以利用的共同规范,才能称为标准;只有可以重复使用,才有制定标准的必要。这就要求在制定文化馆标准时,广泛吸引全国范围内的人员、部门等各利益相关方进行认真的讨论。

四是标准的制定需要履行严格的程序、各利益相关方共同协商一致,这是标准被文化馆共同遵守的基础。《标准化工作指南 第 1 部分:标准化和相关活动的通用术语》(GB/T 20000.1-2014)在定义标准时,专门指出"规定的程序指制定标准的机构颁布的标准制定程序"。从国际标准制定的实践来看,各标准的出台实际上都是各利益相关方博弈后的结果,最终形成一个各方都可接受的方案,再经过制定标准的机构组织严格的标准制定、审查过程后,才能成为标准,并被统一赋予编号加以管理。需要注意的是,协商一致仅指普遍同意原则,并不意味着全体、全盘一致同意,只要利益相关方对实质性问题没有反对意见,按照程序考虑了各方观点并协调了所有争议,就可以认为是协商一致。①

五是标准必须经过"公认机构"批准。公认机构可以是专门的标准化组织,比如全国文化馆标准化技术委员会;也可以是其他法定的标准制定机关,比如《中华人民共和国标准化法》规定,"行业标准由国务院有关行政主管部门制定""国家鼓励学会、协会、商会、联合会、产业技术联盟等社会团体协调相关市场主体共同制定满足市场和创新需要的团体标准""企业可以根据需要自行制定企业标准"等。可以看出,公认机构除了各类标准化组织和机构外,不同类型标准的制定机构都可以被视为公认机构。

2. 标准化文件

文化馆领域长期以来标准化工作存在不足,标准体系存在不少空白。同时,文化馆工作中新技术、新服务、新方法不断出现,确实又需要将这些新出现的事物进行规范,这样就与现行标准体系产生了差距,迫切需要新标准的出现。比如,在全民艺术普及工作中,文化馆领域出于协作协调、资源共享的目的组建了各种联盟,就需要专门化、独立的、成员共同遵守的工作协议。随着数字文化馆建设推进,全国文化馆行业要实现资源共享、数据交换、业务协同,同样需要标准、规范、协议等。因此,文化馆在实际工作中,需要的标准已经远远超出了严格的"标准"定义范围。

在标准化领域,使用"标准化文件"这一术语来界定具有不同的使用目的以及在制定过程的不同阶段产生的文件,可以很好地包容文化馆实践工作中产生的不同类型、可以满足不同需求的"标准"。标准化文件就是通过标准化活动制定的文件,是诸如标准,技术规范,可公开获得的规范、技术等文件的统称。②

在文化馆领域,仅从名称上来看,有时标称为"标准"的规范性文件并非严格意义上的标准,如《国家基本公共文化服务指导标准》;相反,有些严格意义上的标准,其名称并不标称为"标准",如《文化馆建筑设计规范》(JGJ/T 41-2014)。

---

① 全国标准化原理与方法标准化技术委员会.标准化工作指南 第1部分:标准化和相关活动的通用术语:GB/T 20000.1-2014[S].北京:中国标准出版社,2015:2.
② 同上.

它们都被称为标准化文件。标准化文件的表现形态是多样的,一般来说,标准化文件除了标准外,还有规范或规程、技术报告、协议、指南等。我国文化馆行政主管部门为了管理需要出台的标准类行政规范性文件,也将其纳入标准化文件的范畴,如《文化馆建设标准》《文化馆建设用地指标》《乡镇综合文化站建设标准》等。

凡是为产品、过程或服务规定了需要满足的要求并且描述了用于判定该要求是否得到满足的证实方法的标准化文件都可称为规范。凡是为活动的过程规定了明确的程序并且描述了判定该程序是否得到履行的追溯/证实方法的标准都可以称为规程。[①] 规范或规程如果履行了严格的标准制定程序,就是规范或规程标准;反之只能是标准化文件中的规范或规程,其制定程序比标准宽松,但其存活周期也就受到了一定的限制,在一定期限内如果未能转化为标准就必须撤销。我国在国家层次上称这类文件为国家标准化指导性技术文件(GB/Z)。

技术报告是标准化机构发布的不同于标准或技术规范的数据的文件。[②] 同规范和规程一样,技术报告也是未经过严格的标准制定程序形成的标准化文件,内容具有资料性特点,是对标准对象有关特性给出的各项技术数据,所以不需要较高的充分协调一致,技术委员会成员简单多数通过即可,供临时使用参考。我国将技术报告也称为国家标准化指导性技术文件(GB/Z)。

协议是公认机构针对快速发展的技术领域与另一机构、组织、论坛等,或者机构成员间为实现业务协作通过签署协议合作发布的文件。为了反映快速变化的情况,这类文件不需要遵守标准制定程序,按照协议议定的特定程序形成并发布。文化馆联盟根据业务活动开展的需要而建立的统一工作规范就属于这个范畴。

指南是由公认机构为标准化活动提供规则、指导、倡导、参考或建议而发布的文件,可以作为文化馆工作的一种技术或管理的工具。相比于标准而言,指南通过的条件非常宽泛,有的标准化组织规定技术委员会成员反对票少于总投票数的四分之一即可。指南是我们经常可以见到的标准化文件,它与标准在某种程度上来说存在着一定的共通之处,但从本质上来看还是不一样的。指南的推荐性色彩更加明显,往往是标准无法涉及,或者暂时无法规范的工作领域会使用

---

① 白殿一、王益谊,等.标准化基础[M].北京:清华大学出版社,2019:22.
② 全国标准化原理与方法标准化技术委员会.标准化工作指南 第9部分:采用其他国际标准化文件:GB/T 20000.9-2014[S].北京:中国标准出版社,2015:2.

指南的形式指导具体工作,因此其指导意义更强烈,所规范的主题范围更加具体、明确,可操作性更强,如《全民艺术普及慕课建设指南》。

综上,文化馆标准是在文化馆领域内经协商一致制定,并为各利益相关方共同遵守,经行业公认机构认定批准,可供文化馆共同使用或重复使用,为文化馆工作提供规则、指南或特性的规范性文件。一般来说,标准化文件包括标准、规范、规程、技术报告、协议、指南、行政规范性文件等。

二、标准类型

标准的内涵非常广泛,从不同的角度可以将标准分为不同的类型。一般来说,标准可按制定主体、标准化对象的基本属性、标准实施约束力、标准信息载体等分为不同的类型。对于文化馆来说,主要可以依据标准约束力、制定主体或标准内容特点来划分标准类型。

(一)按照标准的约束力区分

根据标准的约束力,可以把标准分为强制性标准和推荐性标准两类。

1. 强制性标准

根据《中华人民共和国标准化法》的规定,强制性标准主要是指保障人身健康和生命财产安全、国家安全、生存环境安全以及满足经济社会管理基本需要的技术要求的标准,以及法律、行政法规和国务院规定强制执行的标准。一般来说,强制性标准一定是国家标准或行业标准,它必须由国家法律强制实施,其强制力是法律所赋予的,而不是标准本身固有的威力。也正因此,强制性标准的数量很少。在文化馆领域,没有专门的强制性标准,仅有适用于文化馆的相关国家强制标准,如《图书馆、博物馆、美术馆、展览馆卫生标准》(GB 9669-1996)、《文化娱乐场所卫生标准》(GB 9664-1996)、《无障碍设计规范》(GB 50763-2012)等。

2. 推荐性标准

推荐性标准是指除了强制性标准外的其他所有标准,是倡导性、指导性、自愿性标准,使用单位完全按照自愿原则采用。但因为标准是经验的总结,是优秀实践的指导,可以提高效率、效益,有利于协调、协作与交流,所以一般来说大家在工作中都遵守推荐性标准。我国推荐性标准的代号是 GB/T。文化馆领域的国家标准全部为推荐性标准。

（二）按照标准的制定主体区分

标准制定主体决定着标准的效力范围，标准作用范围反过来也决定着标准的制定主体，要想对不同区域范围产生影响就要选择不同的制定主体。根据制定主体影响范围的不同，可以将标准分为国际标准、国家标准、行业标准、地方标准、团体标准、单位标准等。

1. 国际标准

国际标准是指国际标准化组织（ISO）、国际电工委员会（IEC）和国际电信联盟（ITU）或经其确认并公布的其他国际组织制定的标准。虽然 ISO 中没有专门的与文化馆业务有关的技术委员会，但现有委员会中有些与文化馆工作相关，比如：

ISO/TC 36 Cinematography（电影摄影）

ISO/TC 42 Photography（摄影）

ISO/TC 43 Acoustics（声学）

ISO/TC 46 Information and documentation（信息与文献）

ISO/TC 83 Sports and other recreational facilities and equipment（运动及其他娱乐设施设备）

ISO/TC 171 Document management application（文献管理应用）

ISO/TC 228 Tourism and related services（旅游及相关服务）

ISO/TC 232 Education and learning services（教育与学习服务）

除了这些技术委员会外，术语、安全、环境、统计、管理等技术委员会制定的标准也可以为文化馆所参考。同样，另两个国际标准化组织因其业务领域限制，也不制定与文化馆业务有关的标准，但它们出台的其他标准可供文化馆机构选择、参考、使用。此外，还有一些事实上的国际标准，它们是由一些国际组织、专业组织和跨国公司制定的标准，虽然未经 ISO 认可，但在国际经济技术与文化交流中客观上起到了国际标准的作用，人们称之为"事实上的国际标准"。如微软公司的计算机操作系统软件标准、全民艺术普及慕课视频压缩时通常采用的 H.264/AVC 标准等。一般来说，ISO 等国际化组织制定的标准虽非强制性的，但因全球化的需求，基本都为世界各国遵守。

2. 国家标准

对于需要在全国范围内统一的技术或服务要求，应当制定国家标准。我国国家标准由国务院标准化行政主管部门负责制定与发布。按照国际惯例,标准都实施编号制度。我国国家标准的编号由国家标准代号 GB 或 GB/T、国家标准发布的顺序号和发布的年代号构成。比如与文化馆有关的《文化馆服务标准》(GB/T 32939-2016)等。

3. 行业标准

我国规定对没有国家标准而又需要在全国某个行业范围内统一的技术要求,可以制定行业标准,我国行业标准由国务院有关行政主管部门制定。文化馆领域的行业标准由文化和旅游部负责,在本行业内有效,标识为 WH(文化行业标准)。与文化馆工作相关的行业标准类别还有 JY(教育行业标准)、CY(新闻出版行业标准)、DA(档案行业标准)、GA(公共安全行业标准)、SJ(电子行业标准)、YD(通信行业标准)、JG(建筑工程行业标准)等。

4. 地方标准

地方标准是指地方标准化主管部门批准发布的标准。如北京市市场监督管理局批准发布的北京市地方标准。当文化馆工作急需而暂时缺乏国家标准指导,或者需要将本地文化工作成功经验、程序性经常化工作等制度化,就可以通过本地标准化管理机构制定、批准、发布适用于某一地区的标准。我国很多省、地市均出台了与文化馆工作有关的地方标准,县级及县以下政府标准化主管部门没有出台地方标准的权力。如浙江省《乡镇(街道)综合文化站服务规范》(DB 33/T 2054-2017)与《文化馆服务规范》(DB 33/T 2080-2017)等。

5. 团体标准

团体标准是指依法成立的社会团体为满足市场和创新需要,协调相关主体共同制定的标准。团体标准的制定主体是社会团体或联盟组织,其中社会团体是由中国公民自愿组成,为实现会员共同意愿,按其章程开展活动的非营利性社会组织,可分为学术性社团、行业性社团、专业性社团、联合性社团。联盟组织是由两个以上的自然人、公司、组织或政府组成的专业团体,其目的是参与共同的活动,或为实现共同的目标而共享资源。一般来说,它们都需要在民政部门注册取得合法法人地位。前者如中国文化馆协会,后者在我国文化馆领域也有一些,比如广东省文化馆联盟、成渝区域文化馆联盟、长三角城市文化馆联盟、京津冀数字文化联盟等。团体标准已经成为我国国家新型标准体系的重要组成部分。虽然我国文化馆领域的团体标准数量并不多,但随着全民艺术普及工作的不断深入,相关团体组织也会随着事业发展的新需要而提出团体标准。比如中国文化馆协会制定的《文化馆等级必备条件和评估标准》(2020年)、中关村中恒文化科技创新服务联盟出台的《文化体验馆技术要求 第1部分:沉浸式教室》(T/CTSA 0005-2021)[①]、中国公共关系协会发布的《文化体验装备技术要求 第2部分:通用技术要求》(T/CPRA 5200.1-2021)等。[②] 文化和旅游部全国公共文化发展中心作为部属事业单位,统筹全国全民艺术普及、公共数字文化资源建设等工作,它发布的标准在全国文化馆界影响很大,基本成为行业内部相关工作的事实标准,比如"国家公共文化云"的系列标准,像《国家公共文化云对接标准和规范》《国家公共文化云平台标准规范1:数字资源知识组织分类标准规范》等,也可以在通过一定的程序后被认定为团体标准。

6. 单位标准

单位标准是指对本单位内部需要协调、统一的技术、管理和业务工作要求所制定的标准,仅对本单位有效,是本单位组织各类活动、履行社会职能的依据。实际上,各级各类文化馆(站)根据公共文化服务标准化工作要求,均应建立单位标准,使之成为本馆业务、管理等活动开展的基本遵循,有利于提高服务质量与效率。文化和旅游部《"十四五"公共文化服务体系建设规划》明确提出,"发挥标准引领作用,进一步完善公共图书馆、文化馆(站)和基层综合性文化服务中心等公共文化机构建设、管理、服务和评价标准规范",要求各级各类文化馆(站)结合自身管理、业务等需要建立标准,提高工作效率与服务效能。从实践情况来看,文化馆制定的单位标准虽然不一定冠以"标准"名称,而是以规章制度的形式呈现,但实际上起到了单位内部标准的作用。

在上述标准中,国家标准、地方标准、行业标准都属于政府标准,是由政府相关行政管理部门主导制定的,而团体标准、单位标准则属于市场标准,是由市场中的社会组织自主制定,它可以更快速地对行业发展中出现的新需求、新问题、新事物、新情况做出反应,更加具有及时性、引导性。国家标准有强制性标准和推荐性标准之分,而其他类型的标准则只能是推荐性标准。

---

① T是"团标"的代码,CTSA是中关村中恒文化科技创新服务联盟的英文缩写,一般由团体根据国家团体标准管理办法的规定自行拟定,后面的数字代码分别表示标准顺序号以及发布年代。

② 5200.1中的".1"代表标准顺序号5200对应的标准的第1个子标准。

(三) 按照标准的内容特点区分

从目前已经出台的文化馆标准内容来看,大体可以划分为通用基础标准、服务保障标准、服务提供标准和服务评价标准四种类型。

1. 通用基础标准

通用基础标准是指在文化馆领域中被普遍使用、具有广泛指导意义的规范性文件,是具有基础性、总体性、全局性的标准。通用基础标准是文化馆服务保障、服务提供和服务评价标准的基础,是制定其他类型标准的重要基础性依据,可以理解为"标准化的标准",至少包括与文化馆标准化有关的导则、术语与缩略语、符号与标志、数值与数据、测量标准等。如《信息与文献术语》(GB/T4894-2009)、《公共文化资源分类》(GB/T 36309-2018)、《信息与文献 文化遗产信息交换的参考本体》(GB/T 37965-2019)、《舞台灯光设计常用术语》(WH/T 31-2008)等。

2. 服务保障标准

服务保障标准是指为文化馆提供坚实支撑、规范文化馆发展所涉及的各类保障内容和条件的标准,是服务提供标准实施的保障。文化馆服务保障标准的主要内容有文化馆服务指导标准、文化馆服务设施设备保障标准等、资金保障标准、人员配备保障标准等,还包括其他如环境与能源管理、安全与应急等标准。如《文化馆建筑设计规范》(JGJ/T 41-2014)、《舞台管理导则》(WH/T 77-2016)、《演出安全》(GB/T 36729-2018)、《无障碍设计规范》(GB 50763-2012)等。

3. 服务提供标准

服务提供标准是指文化馆供给环节所涉及各类主体和内容的管理与服务标准,是文化馆标准体系的核心,对服务保障标准有检验作用,可以完善服务保障标准。《服务业组织标准化工作指南 第2部分:标准体系》(GB/T 24421.2—2009)中将服务提供标准体系的内容分为服务规范、服务提供规范、服务质量控制规范、运行管理规范和服务评价与改进标准。据此,文化馆服务提供标准可以以设施设备运行管理标准、服务规范、具体业务标准、服务质量监督管理标准、技术标准等为主要构成要素。如《文化馆服务标准》(GB/T 32939-2016)等。

4. 服务评价标准

服务评价是文化馆管理与服务的一个重要环节,通过评价可以检验工作成效、发现问题、指导发展。服务评价标准指在服务提供过程中,对服务的有效性、适宜性和服务对象满意度进行评价的规范性文件。如文化馆评估定级采用的《文化馆评估公众满意度调查问卷》《数字文化企业信用评价指标》(GB/T 40483-2021)、江苏省地方标准《文化广场创建与评价规范》(DB32/T 2673-2014)等。

三、标准体系

标准体系是一定范围内的标准按照内在联系形成的科学的有机整体,是标准的集合。文化馆标准化对文化馆工作非常重要,具体需要哪些标准、标准之间的关系如何、未来文化馆工作还需要哪些标准,这些关键性问题是开展文化馆标准化工作首先需要明确的。所以说,标准体系是标准化的核心,指引着文化馆工作标准化的发展方向与路径。

(一)文化馆标准体系的结构

标准体系在形式上一般呈现为图表样式,它描述了在文化馆业务工作过程中可以发挥作用的标准集合,包含一个个标准化文件,并且能揭示文件间的逻辑关系。

建立文化馆标准体系结构至少需要明确以下几个核心问题:

(1)文化馆业务工作的主要范围与内容;

(2)标准化工作的通用规则与方法;

(3)文化馆工作相关领域的标准,即文化馆标准可以借鉴、吸收、引用的其他相关行业标准,比如服务业标准、图书馆标准、演出业标准、美术馆标准、博物馆标准、文化艺术资源标准等;

(4)与文化馆工作相关的国际标准。

其中,文化馆业务工作的主要内容最为重要。

图9-1从标准的角度,将文化馆业务活动内容按角色、服务内容、服务模式、标准类型四个维度进行大致归类,文化馆标准也应该针对上述内容进行制定。

在明确了文化馆标准体系涉及的主要方面后,可以根据文化馆工作流程,将文化馆标准体系整体功能的基本要素确定为标准基础性文件、建设类标准、资源类标准、管理类标准、服务类标准等不同子系统(图9-2)。当然,在制定这些标准时,可以参考相关标准,比如文化艺术资源标准、演出业标准、图书馆标准、美术馆标准、博物馆标准等。

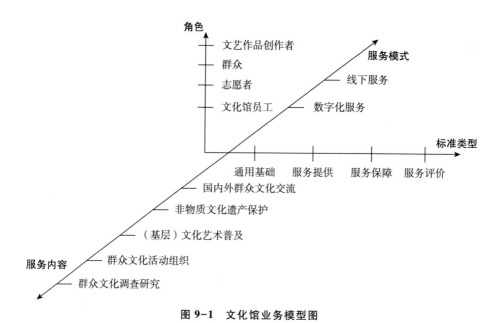

图 9-1　文化馆业务模型图

注：本图参照徐凯程、张艳琦、王双发表于《中国文化馆：第一辑》上的《文化馆服务标准体系建设研究》一文中相关图绘制，笔者对原图有修改、补充。

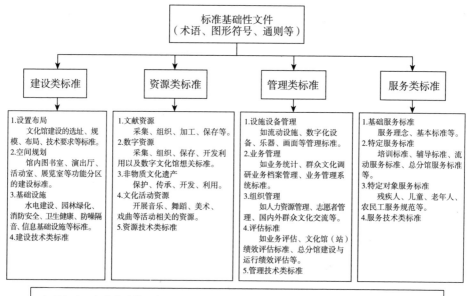

图 9-2　文化馆标准体系

有的标准体系将技术视为一个独立的子体系,但存在以下几个方面的问题:(1)技术具有工具性特点,可以应用于上述各子体系中,不具有独立的特质;(2)技术的构成比较复杂,既包括现代信息技术及其应用,也包括各子体系自己的技术方法,如果笼统地归入"技术标准",会在一定程度上造成同种性质的标准分属不同的标准子体系,比如建筑技术、资源组织技术等;(3)对于广泛应用的现代信息技术来说,文化馆行业只是在应用层次上使用技术,并不是创造出新的信息技术,所以有关技术标准应由创造出它的行业标准来规范。如果希望技术标准与文化馆行业的实际应用情况相结合,也应将其作为技术应用的其中一个方面归入相关标准子体系。

(二)文化馆标准基础性文件

文化馆标准基础性文件是指在文化馆标准化建设中所需要的具有基础性、通用性及总括性等特点的标准规范。它能为文化馆标准化建设工作提供宏观指导,对整个标准体系建设起到基础支撑作用,是文化馆标准化工作不可缺少的技术性规范。

标准基础性文件包括四类:一是标准化导则,二是术语与缩略语标准,三是符号与标志标准,四是量和单位及测量标准。标准化导则规定标准化文件的结构及其起草的总体原则和要求、文件名称、层次、要素的编写及文件的编排格式。术语与缩略语标准规定术语集的基本原则与方法、概念间关系等。符号与标志标准确保公共信息图形符号的规范性、协调性和易理解性,为导向系统的建立与完善提供支撑。量和单位及测量标准是国际标准单位制以及计量单位的使用规则等。标准基础性文件不一定非要制定出文化馆行业专门的标准,有些完全可以,而且必须采用通用的国家标准,如《标准化工作导则》(GB/T 1)、《标准编写规则》(GB/T 20001.1-2001)、《服务业组织标准化工作指南》(GB/T 24421)的系列标准等。在这些标准的基础上,文化馆可根据需要制定本行业内适用的通用标准,如《文化馆标志设计规范》《文化馆术语》《文化馆服务资源分类》等。

(三)建设类标准

设施是文化馆开展服务的基础。设施建设类标准主要解决文化馆"建在哪""怎么建""建多大""建成什么样"等问题,涉及文化馆的建筑设计、设施布局、空间规划、设施设备配置等相关硬性指标。

首先是建筑设计标准。文化馆馆舍建设工程设计的基本规范，内容一般包括应用范围及建筑分等要求、建筑设计指标和主要数据、保证使用的有关规定、主要技术经济指标等。目前国内已出台《文化馆建筑设计规范》（JGJ/T 41-2014）、《镇（乡）村文化中心建筑设计规范》（JGJ 156-2008）。

其次是设施布局标准。涉及文化馆建设的选址、布局、规模等标准。《文化馆建设用地指标》（建标128-2008）和《文化馆建设标准》（建标136-2010）作为标准化文件之一的政府规范性文件，提出文化馆属于公益性文化设施，其建设应纳入当地国民经济和社会发展规划、城市规划或镇规划、城镇建设相关专项规划，纳入政府投资计划。文化馆设施布局应考虑服务半径，同时服务人口也是文化馆布局的重要影响因素。

再次是空间规划标准。由于文化馆服务涉及图书阅览、群文活动、演出配送、艺术培训、展览展示、非遗传承等诸多方面，因而空间规划类标准包括馆内排演用房、报告厅、展览陈列用房、图书阅览室、培训教学用房、音乐美术等工作室等相关建设标准。《文化馆建筑设计规范》（JGJ/T 41-2014）与《文化馆建设标准》（建标136-2010）对文化馆各种功能用房的使用面积进行了规范。

最后是基础设施设备标准。这是指为保障文化馆正常运行而配备的物质工程和相关设施，主要包括水电气暖、园林绿化、消防安全、卫生健康、防噪隔音、信息基础设施等建筑设备。已经出台的有关建筑基础设施设备的国家标准和行业标准，文化馆大多可以直接采用和遵循。《文化馆建设标准》（建标136-2010）和《文化馆建筑设计规范》（JGJ/T 41-2014）对文化馆的给水排水、采暖通风空调、建筑电气等方面的特殊要求作出了具体规定。

（四）资源类标准

资源建设是文化馆开展服务的物质基础和保证，影响着文化馆服务的水平和效率。

文献资源标准涉及各类文献信息资源的采集、分类、组织、加工、保存、修复等流程的相关标准，比如图书、期刊、报纸等文献。关于文献信息资源采集情况的量化指标，要依据文化馆的规模、经费、服务人口等因素决定。关于文献信息资源的组织、保存、保护与修复等情况的标准，则可以参照图书馆领域的资源标准决定。

数字资源标准涉及传统资源的数字化加工，数字资源的保存、开发、利用，以及数字文化馆、数字化平台建设等方面的标准。如正在编制过程中的《数字文化馆资源与技术基本要求》,对数字文化馆数字资源建设、分类及版权,技术平台建设与运行保障,数据采集、分析和应用等内容提出基本要求[①],被国家标准委列入2019年第一批推荐性国家标准计划。文化馆数字资源的分类、加工、保存、开发等标准,可以参照图书馆领域的数字资源标准。

非物质文化遗产标准涉及非遗保护、传承、开发、利用等方面的标准,为文化馆开展非物质文化遗产保护和传承工作提供标准化指导和支撑。《文化馆服务标准》(GB/T 32939-2016)在"术语和定义"中界定了非物质文化遗产的概念。《文化馆建筑设计规范》(JGJ/T 41-2014)规定文化馆应设立文化遗产整理室,具备对非物质文化遗产开展调查、研究的功能,并应具备鉴定、编目的功能。

文艺活动资源标准涉及音乐、舞蹈、美术、戏曲等文娱活动相关资源的标准,为文化馆开展各类艺术培训、教学、推广活动提供资源规范。《文化馆服务标准》(GB/T 32939-2016)指出,有专业特长和社会需求的文化馆应根据需要配备音乐(如钢琴、古筝等)、戏剧、曲艺、舞蹈、美术、书法等艺术教育及相关设备。这类资源的分类、组织、保存,可以参照文化艺术资源标准。

资源技术类标准是与文化馆的各类资源都有关的技术标准,比如文献资源的保存修复、数字资源组织、文化产品策划组织、信息系统开发、非物质文化遗产保护等相关技术标准。除传统资源外,资源技术类标准多应用于信息技术领域,文化馆可基于资源建设的需要,结合已有的信息技术标准,直接采用或是改造为适用的资源技术标准。2023年6月,文化和旅游部公布了"非物质文化遗产数字化保护:数字资源采集和著录"方面的系列行业标准(WH/T 99-2023)。

(五)管理类标准

文化馆管理类标准是指为了实现对文化馆的人员、经费、设施设备、质量评价与绩效评估等进行有效计划、组织、领导、协调、控制而制定的标准。

设施设备管理标准是为保障文化馆内所有设施设备的正常使用与科学管理而制定的标准,比如自助设施管理标准、流动设施管理标准、数字化设备管理标准等。《省级文化馆等级必备条件及评估标准》中对馆内设施设备的要求基本上都是关于数量的指标,对设施设备的管理及运营维护等方面的标准尚欠缺。

业务管理标准是为保障文化馆各业务环节科学管理、业务流程统筹协调、业务工作正常开展而制定的标准,比如业务统计标准、业务档案管理标准等。以业

---

① 罗云川.从数字化走向网络化与智能化,寓普及性于交互性与独特性:"十四五"文化馆数字化建设与服务的若干思考[J].中国文化馆,2021(1):13.

务统计标准为例,可以通过定量的记录与描述数据向社会公众展示文化馆的运行情况,无论是实时统计还是年度统计,都有助于社会公众参与监督和政府机构考核文化馆工作。由于文化馆业务活动涉及范围广泛,目前国内尚未建立起一套全面完善的统计指标体系。

组织管理标准是为保障文化馆内组织结构合理构成进而科学有效运营而制定的标准,比如文化馆人员配备及素质标准、志愿者管理标准、理事会管理规范、总分馆运行管理标准、文化馆(站)社会化运营管理标准、安全管理标准等。目前,《文化馆服务标准》(GB/T 32939-2016)中相关规定尚比较笼统,还未有专门针对文化馆工作人员、志愿服务、总分馆制、社会力量参与等制定的具体的国家或行业管理标准。文化馆行业标准中针对演出安全专门制定了系列标准,如《演出安全 第4部分:舞台音响安全》(WH/T 78.4-2022)以及《演出安全 第7部分:舞台威亚安全》(WH/T 78.7-2021)等。

评估标准是为评估文化馆开展服务工作的质量、水平、效率而制定的标准,比如各类业务评估标准、文化馆(站)绩效评估标准、文化馆社会影响评估指南等。虽然国内目前还未出台正式的评估标准,但随着全国文化馆评估定级工作的开展和推进,文化和旅游部推出了省、副省、地市、县级文化馆等级必备条件评估标准和评估细则。目前评估标准对于文化馆服务效能的评价还不够完善,而且文化馆的评估主体、评估方法还比较单一,未来不仅要完善文化馆的绩效评价体系,还需要加大社会力量参与评价和监督文化馆服务工作的力度,并建立相应的标准要求。

管理技术类标准是指在管理文化馆的人员、经费、设施设备、质量评价等过程中涉及的技术标准,比如设施设备的维修技术标准、业务管理系统的开发和运行技术标准、安全管理技术标准等。此类技术标准可引用和参照相关领域的国家标准和行业标准,并结合文化馆行业自身特点进行细化。

(六)服务类标准

文化馆服务类标准主要针对文化馆的服务对象、服务内容、服务方式、服务绩效、服务宣传、服务评价与改进等方面,为文化馆的服务工作提供规范指导。

基础服务标准主要规范文化馆的服务理念、开放时间及应提供的基本服务内容、形式,各项服务的规范化要求,以及公众的服务监督与反馈等,还应对文化馆开展的基本服务、服务安全、服务质量监控与持续改进提出规范要求,从而为文化馆开展服务提供基础性、通用性、总体性指导。目前只有《文化馆服务标准》

(GB/T 32939—2016)在总则中指出,文化馆服务要贯彻"以人为本"的宗旨,坚持公益性、基本性、均等性、便利性原则,为公众提供就近、便捷、可选择、健康向上的群众文化产品和服务的基本要求。

特定服务标准是针对文化馆开展的特定服务内容而制定的标准,比如文化馆开展艺术培训活动的相关标准、流动服务标准、总分馆服务标准、数字服务标准等。《文化馆服务标准》(GB/T 32939—2016)对流动服务、数字服务、联合服务的内容和频次进行了定量规定,但对于这些特定服务具体开展的条件、形式、范围、质量监控、评价改进及人员素质等方面的定性要求并没有出台专门标准规范,导致难以对提供特定服务进行精细化指导。2022年,文化和旅游部全国公共文化发展中心文化馆发展研究院设立专门课题,开展"文化馆文化艺术培训与辅导服务标准化研究",为建立文化馆服务中的培训和辅导标准规范奠定了基础。

特定对象服务标准是针对文化馆的不同服务对象而制定的标准,比如针对残疾人、儿童、青少年、老年人、进城务工者等特定群体制定的服务规范或相关标准。《文化馆服务标准》(GB/T 32939—2016)指出,文化馆服务对象包括所有公众,但应注意开展少年儿童的文化艺术活动,并努力满足残疾人、老年人、进城务工者、农村和边远地区公众的文化艺术需求。文化馆行业应从促进共同富裕的高度,对不同群体的服务策略及服务方式、服务内容等制定专门、详细的具有指引性的服务标准或指南。目前,为了适应老龄化社会的要求,正在对文化馆开展适老化改造,并编制"文化馆老年文化艺术大学基本要求"。

最后是服务技术类标准。文化馆服务活动具有一定的专业性,需要方法和技术指导。随着互联网、多媒体等数字技术在文化馆中的应用,文化馆服务过程中的技术要求也日益提升,需要对服务过程进行专业化、标准化控制。目前我国关于文化馆服务标准的制定多集中在服务资源条件的规范方面,对服务技术的指导还较少。

(七)相关标准

相关标准指可以为文化馆建设、资源、管理、服务等参考的标准,主要是文化行业类标准,包括文化艺术资源标准、演出业标准、图书馆标准、博物馆标准、美术馆标准等。

在建设标准方面,关于门厅、展览陈列用房、报告厅、排演厅、文化教室、计算机与网络教室、数字体验空间、多媒体视听教室、舞蹈排练室、琴房、美术书法教室、图书阅览室、游艺用房、录音录像室、文艺创作室、研究整理室、计算机机房等建设,可以参考图书馆、美术馆、剧场等建筑设计标准。在资源标准方面,关于文献资源、数字资源可以参照图书馆资源标准。关于音乐、舞蹈、美术、戏曲等文化活动资源可以参考文化艺术资源标准。在管理标准方面,设施设备管理、业务管理、人员管理、绩效评估等方面,也可参考图书馆、博物馆、美术馆等公共文化机构的相关标准。在服务标准方面,文化馆提供的基本服务、数字服务、流动服务、总分馆服务等可以参考图书馆服务标准。关于演出活动、展览展示等服务可以参考演出业标准、美术馆标准等。

第二节 文化馆标准化

标准化是一项系统工程,制定标准是其核心环节,但围绕标准及其实施还需要各类服务及保障。近年来,我国文化馆行业非常重视标准化工作,建立了行业标准化组织,制定了若干项国家标准及行业标准,但相对而言,文化馆行业的标准化程度仍然较低,任重道远。

一、文化馆标准化概念

根据国家标准《标准化工作指南 第1部分:标准化和相关活动的通用术语》(GB/T20000.1-2014)的界定,标准化是指"为了在既定范围内获得最佳秩序,促进共同效益,对现实问题或潜在问题确立共同使用和重复使用的条款以及编制、发布和应用文件的活动""标准化活动确立的条款,可形成标准化文件,包括标准和其他标准化文件"[①]。国家标准中对"标准化"的定义,基本等同采用了《ISO/IEC指南 2:2004》中的定义及注释。这个定义体现了以下几个方面的特征:(1)标准化的目的是获取最佳秩序,即工作有统一的程序,使得处理同样性质的事务采用统一方法,从而达到步调一致性和效果相同。标准化要坚持问题导向,可以是针对现实存在的问题,也可以是针对潜在的问题。(2)制定标准是标准化的核心内容。标准可以共同使用或重复使用,以实现效益与效率的最优化。(3)标准化是一个过程,除了制定标准外,还包括标准的发布、贯彻宣传、修订以及为制定标准的保障、服务等环节。制定标准不是为制定而制定,而是为了使用而制定,所以标准被制定出来后,对标准的使用便是标准化过程的重要阶段。在

---

① 全国标准化原理与方法标准化技术委员会.标准化工作指南 第1部分:标准化和相关活动的通用术语:GB/T 20000.1-2014[S].北京:中国标准出版社,2015:1.

这个阶段,为更好地使用标准,需要提供标准的查询、获取等服务,更需要为实施标准而采取一系列的保障手段与措施。因此,在文化馆标准化领域,强调标准的贯彻与宣传、及时修订与完善尤为重要。

1. 标准与标准化的关系

标准要求利益相关者共同使用,或者处理同类性质事务时可以反复使用,具有可重复性和可复制性;而标准化是一个过程,它包括标准文本的编制、发布直至实施的全过程,这是"标准化"与"标准"的根本区别。标准常常表现为一个实体、一个文本,是个名词;而标准化则表现为一个过程、几个阶段,是个动词。标准的编制只是标准化的一个重要且必备的环节,没有标准就没有标准化。标准化是一个复杂过程,其中涉及的标准编制、发布和实施都包含复杂的内容。标准编制的复杂性自不必说,其发布也并不是由权威机构公告印发即告完成,其中涉及发布机构、发布形式、发布时间、发布渠道等,不同的发布机构代表着标准不同的适用范围和标准化力度。标准实施则包括实施的支撑保障、实施的落实、实施的效果及利用等问题。

文化馆标准化是为了使文化馆的业务活动保持良好的秩序,各项工作协调有序运行,而对文化馆工作以及职业发展中存在的问题制定、发布、实施可以共同遵守、重复使用的标准的过程。也可以认为,文化馆标准化就是在文化馆实践成果的基础上,对重复性的事物与概念,制定、颁布、实施标准的活动过程,以使文化馆的业务工作、技术方法、设施设备、管理服务等达到统一和规范化,获得最佳的工作秩序和社会效益。

2. 文化馆标准化的作用

文化馆标准化的主要作用表现在三个方面:

(1)通过文化馆工作标准化,使繁杂的、可重复进行的文化馆业务走向统一和规范,减少支出,提高工作质量与效率;

(2)通过文化馆管理标准化,可以提高管理水平与服务质量,获得更高的用户满意度;

(3)通过文化馆技术标准化,可以为文化馆全民艺术普及业务工作以及数字化智慧化建设打下良好的基础。

3. 文化馆标准化目标一致性

标准化的本质是统一,即达到一致。文化馆标准化目标一致性主要表现在两个方面:一是将文化馆工作和行业中的各种编码、代号、名称、单位等进行统一;二是通过分级规定、上下限限定等方法为指标的选取与确定设定范围,从而使指标具有一定的灵活性,达到相对的统一。比如《文化馆建设标准》(建标 136-2010)中对大、中、小型文化馆面积根据服务人口的规模设定了取值范围及方法。在文化馆工作中,标准化的统一目标必须遵循等效、适度、适时、先进的原则,因为标准化目标本身就是在一定范围内获得最佳秩序,是一个权变的概念。

二、文化馆标准化机构

标准化机构是公认的从事标准化活动的机构[①],而标准化的运行机制又包括标准化管理与标准编制工作两个层面[②],所以,标准化机构也相应可以分为标准化行政管理机构和标准化技术机构两类。

标准化行政管理机构分为国家、行业、地方三个层次,每个层次都有特定的标准化机构负责标准化工作。我国国家、行业以及地方层次上的标准化机构都是政府行政部门,具体分别为国家市场监督管理总局归口管理的国家标准化管理委员会(简称"国家标准委"),国务院有关行政主管部门以及地方政府相对应的标准化行政主管部门。团体标准因其特殊性,它的标准化机构就是制定标准的团体本身,主要是学会、协会、商会、联合会、产业技术联盟等社会团体。

文化馆的行业标准化管理机构是文化和旅游部,在地方,是设区的地市级以上人民政府标准化行政主管部门。团体层次上主要包括中国文化馆协会、中国群众文化学会及相关的业务、技术、职业联盟等社会团体。上述标准化管理机构主要负责制定与文化馆有关的标准政策、规划,标准(除国标)的批准发布,落实国家标准化法律法规及拟定、执行法律法规在文化馆行业的配套制度文件等。

标准的编制工作由标准化技术机构负责,它在国家标准委的领导下,由本行业专家组成,负责本领域的标准归口管理,从事本行业国家标准、行业标准的起草和技术审查等标准化工作。在全国层面,成立有全国专业标准化技术委员会/直属工作组/技术委员会下设的分委员会;在行业层面,则成立有行业标准化技术委员会;在地方层面,组建地方标准化技术委员会;社会团体也设有专业/技术委员会来负责标准的编制工作。文化和旅游部专门成立的全国文化馆标准化技术委员会(SAC/TC390,简称"文标委")是文化馆行业的标准化技术机构,负责文

[①] 全国标准化原理与方法标准化技术委员会.标准化工作指南 第 1 部分:标准化和相关活动的通用术语:GB/T 20000.1-2014[S].北京:中国标准出版社,2015:4.
[②] 白殿一,王益谊,等.标准化基础[M].北京:清华大学出版社,2019:168.

化馆行业的标准编制工作。

全国文化馆标准化技术委员会作为我国文化馆行业的专业标准化技术组织,开展了大量有关文化馆标准化的工作,为推动文化馆行业标准化活动作出了贡献。文标委成立于2008年10月,其上级主管部门是国家标准化管理委员会,业务指导部门是文化和旅游部。第一届文标委秘书处挂靠于中国艺术科技研究所和原北京市文化局。2018年文标委第二届委员会成立,由来自全国各级文化馆、高等院校、科研机构、行业协会及政府部门的33名专家组成,秘书处挂靠于中国文化馆协会。文标委立足于文化馆行业改革与发展,着力推动标准化工作,在标准制定、修订、标准前期调研、立项研究、制度建设、培训贯标等方面全面发力,不断建立与完善文化馆行业的标准化工作体系。按照文化和旅游部《文化和旅游标准化工作管理办法》规定,文化和旅游部相关职能部门每年公开征集文化和旅游行业标准计划项目建议,经立项评审、征求相关单位意见后,下达行业标准计划。文标委负责组织全国文化馆领域标准立项申报并组织获得立项标准的技术审查、过程管理等工作。与此同时,文标委还要承担国家标准委的国家标准建议、申报、过程管理等工作。截至2022年底,文标委归口管理国家标准3项、行业标准7项,见表9-1。

表9-1　全国文化馆标准化技术委员会归口管理的标准(截至2024年7月底)

标准类型	标准名称	标准状态
国家标准	文化馆服务标准	已发布(GB/T 32939-2016)
	乡镇综合文化站服务标准	已发布(GB/T 32940-2016)
	数字文化馆资源和技术基本要求	报批阶段(20191089-T-357)
行业标准	文化馆年报编制与公开指南	已发布(WH/T 103-2024)
	文化馆全民艺术普及线上课程建设要求	送审阶段(WH 2021-05)
	文化馆服务数据采集要求	征求意见阶段(WH 2021-13)
	公共文化云平台资源共享操作导则	征求意见阶段(WH 2022-03)
	文化馆数字资源标签和用户标签通用要求	征求意见阶段(WH 2022-04)
	文化驿站建设与服务管理规范	起草阶段(WH 2022-05)
	文化馆业务规范	送审阶段(WH 2022-06)
	群众文化指导员能力评价通用要求	起草阶段(WH 2023-07)
	文化馆公共信息导向系统设置指南	起草阶段(WH 2024-09)

三、文化馆标准化体系构成

根据标准理论,标准化体系包括标准体系和推行体系两部分。标准体系是由一定范围内的具有内在联系的标准组成的科学的有机整体;而推行体系则是基本体系生存、发展的根本基础,是一项制约因素多、影响面广、复杂的制度设计,具体包括实施体系、服务体系和保障体系。

(一)标准体系

文化馆标准体系由文化馆行业内部制定并被广泛使用的专业标准构成,各标准之间具有内在的有机联系,并根据这些联系被分为不同类型的群组,共同构成文化馆标准这一有机整体。文化馆标准是文化馆标准体系的主体,是实现文化馆标准化体系整体功能的基本要素,包括基础标准、建设标准、资源标准、管理标准、服务标准、相关标准等不同子系统。

(二)标准实施体系

标准实施体系是指影响标准实施的各种相互联系、相互制约的因素总和。一般来说,标准的实施主要有两种方式:一是法律法规引用、国家监督检查、强制标识、强制认证等强制性措施;二是自愿性措施,包括契约合同、自愿认证、自愿协议、组织自我声明等。文化馆行业标准的实施手段,也基本采用了这两种方式,但是通过强制性措施推行的行业标准非常少,目前仅限于有关保障人身健康和生命财产安全、国家安全、生态环境安全以及满足经济社会管理基本需要的技术要求等方面的国家强制性标准,比如《图书馆、博物馆、美术馆、展览馆卫生标准》(GB 9669-1996)、《文化娱乐场所卫生标准》(GB 9664-1996)、《无障碍设计规范》(GB 50763-2012)等。与其他行业领域一样,文化馆行业标准更多的是推荐性标准或自愿协议、团体标准等,如各类 GB/T 类标准、文化和旅游部全国公共文化发展中心制定的公共文化数字资源标准等。

建立文化馆标准实施体系的目的,是促进文化馆标准所涉及的相关活动实施,实质上形成一个合理、有效的系统,最大限度地发挥文化馆标准的作用和效果。但不可否认的是,因为以推荐性、自愿性标准为主,行业内部也就存在着大量"有标不依""不知有标"的现象。

(三）标准服务体系

标准服务体系指为从标准的制定、修订到实施监督全过程提供的服务。服务主体包括国家标准馆、标准研究机构、认证认可机构、标委会、质检机构及其他有关组织等。服务内容包括标准信息服务（全国标准信息公共服务平台）、咨询评估服务、宣传普及服务、教育培训服务、质检认证服务及其他相关服务等。

建立文化馆标准服务体系的目的，包括为标准化职能主管部门制定方针政策和科学决策提供参考，为文化馆标准的制定、修订做必要的前期准备，为文化馆工作提供标准信息服务，以及促进国内外群众文化活动标准的交流与合作。当前，从全国层面上看，全国文化馆标准化技术委员会（SAC/TC390）除了归口管理文化馆行业的标准制定工作外，还提供文化馆标准政策建议、制定管理、服务、宣传普及、教育培训等相关工作，如2022年举办了"文化馆标准化建设与应用"网络培训班。除此之外，有些省（自治区、直辖市）以及设区的地级市的标准化工作主管部门设立了本地文化馆标准技术委员会，负责相应的标准制定与服务工作。

（四）标准保障体系

标准保障体系为国家标准制定、修订和实施提供必要的技术和资源支撑，包括标准研制系统、人才培养和经费保障三个方面。标准研制系统包括综合性标准化研究机构、专业性标准化研究机构、标委会、标准研制机构等。人才培养包括人才培养途径、人才培养措施等。经费保障包括经费来源、使用原则等。文化馆标准保障体系建设的目的是为我国研制适应文化馆事业发展需要的、高水平的、具有广泛效益的标准提供技术、人力和财力的保障。一般来说，文化馆标准研究和编制、修订工作有两个渠道：一是通过文标委，组织有关文化馆、标准化研究机构和专业教育研究机构开展标准的研究和制修工作；二是由这些机构直接承担标准研制工作，再通过文标委纳入国家标准或行业标准的制修程序。目前，文化馆系统尚没有专门的行业标准化人才培养计划，只是不定期举办标准化知识培训。

第三节　文化馆标准化的未来发展

一、文化馆标准化存在的主要问题

我国文化馆标准化工作起步较晚,各项工作步入正轨的时间不长,从总体上看,文化馆标准化工作还不成熟,标准数量偏少,且体系化程度不高,标准服务、宣贯等工作还有待进一步加强。

(一) 标准化意识淡薄,对标准化的意义认识不足

长期以来,文化馆行业的工作手段比较传统,实施标准化没有成为主管部门以及文化馆职业的自觉行为,标准化政策支持力度不够,标准化工作的执行力度不足。总体来看,文化馆行业标准化水平偏低及标准化工作与实际情况脱节的主要根源,在于文化馆行业的标准化意识普遍淡薄。相当多的文化馆行业机构、从业人员以及监管人员都没有认识到标准对于行业发展的重要性,没有认识到标准化对于提高文化馆行业的社会竞争力、影响力的作用,甚至个别人还存在着标准束缚文化馆工作发展的错误思想,这在很大程度上影响了文化馆行业的标准化工作。近几年来,随着文标委运行机制的不断完善以及行业主管部门对文化馆标准化工作越来越重视,行业的标准化工作逐渐走上正轨。

(二) 标准数量偏少,涉及面窄,未成体系

从全国范围来看,目前文化馆领域只有4项现行国家标准和2项现行行业标准,其中3项国家标准是服务规范(其中1项非文标委归口管理),1项是资源类标准(非文标委归口管理),行业标准内容均为建设类标准(用地指标与建设标准),涉及工作面明显狭窄,文化馆急需的资源、管理、群众文化活动组织、艺术普及、辅导培训、数字化建设、民族民俗文化、非遗保护与传承、志愿服务等方面的标准都处于缺失状态。

虽然文化馆行业的专门化标准数量不多,但由于文化馆业务活动主要涉及全民艺术普及与优秀传统文化传承保护两个方面,覆盖多个文化领域,因此可为文化馆开展具体业务指导的相关行业制定的标准数量较多,涉及范围也比较广泛。比如图书馆行业制定的资源加工与组织方面的标准,博物馆行业制定的展览展示类标准,文艺演出领域制定的灯光、舞台、演出安全等方面的标准,摄影领域的拍摄技术、材料等方面的标准,文化及其服务方面的通用标准,标准化基础文件与标准等。文化馆行业对这些相关标准的吸收、借鉴还有待进一步加强。

(三)标准化水平与事业发展需求不相适应

随着现代公共文化服务体系建设的不断完善,文化馆事业发展迅猛。但与高质量发展的要求相比,文化馆标准化建设明显滞后,难以适应事业快速发展的需求。进入新世纪以来,文化馆行业仅于2016年出台了两个文标委归口管理的国家标准,行业标准尚无一个正式出台。新冠肺炎疫情暴发以来,文化馆开展了大量线上活动,对技术标准的需求尤为旺盛,但目前尚未出台一项与技术有关的文化馆标准。在文化馆评估方面,文化部早在2000年就开始了试点工作,组织开展第一次全国群艺馆、文化馆的评估定级,到2020年已经开展了五次,但至今没有以国家标准或行业标准的形式出台文化馆评估标准。反观公共图书馆行业,在全国公共图书馆评估定级标准的基础上,申请了2项行业标准《公共图书馆评估指标 第1部分:区域公共图书馆事业发展》(WH/T 70.1-2020)和《公共图书馆评估指标 第2部分:省、市、县级公共图书馆》(WH/T 70.2-2020),3项国家标准《公共图书馆业务规范 第1部分:省级公共图书馆》(GB/T 40987.1-2021)、《公共图书馆业务规范 第2部分:市级公共图书馆》(GB/T 40987.2-2021)、《公共图书馆业务规范 第3部分:县级公共图书馆》(GB/T 40987.3-2021)。我国文化馆标准化建设任重道远。

(四)标准的宣传贯彻执行有待进一步加强

标准化是一个完整的过程,并不是标准编制完成就结束工作,更重要的环节还在于标准的后期执行,也就是宣传、贯彻标准。目前各级文化行政主管部门及文化馆对标准化工作的理解还不够深入,对标准领域的基础知识的了解还不够充分,对其意义和作用的理解尚待提升,大多数文化馆对标准立项等有关事务性工作的流程还未清晰地理解。对于已经发布的文化馆标准的宣贯培训,也亟须深入并形成有效的推广机制。中国文化馆协会、中国群众文化学会、文标委应该充分利用会议、论坛、新媒体等多种形式开展标准的宣传、解读、培训等工作,让更多的文化馆工作者了解标准,不断提升文化馆行业标准意识,加强对职业标准的认知,促进标准的推广和实施。要不断总结标准化工作的成功经验、做法,树立标准应用示范,发挥标准在文化馆行业发展以及日常工作中的基础性、引领性作用。

二、文化馆标准化的发展展望

近年来,文化馆事业取得了令人瞩目的成就,为标准化发展提供了良好的机遇。2021年10月,中共中央、国务院印发了《国家标准化发展纲要》;2022年7月,国家市场监督管理总局等16部门联合发布《贯彻实施〈国家标准化发展纲要〉行动计划》,为文化馆标准化工作的发展指明了方向。

(一) 面向问题,改革创新,以标准化为抓手推动文化馆事业发展

近年来,文化馆事业在国家公共文化服务体系建设蓬勃发展的背景下,明确了建设方向,以文化馆总分馆制建设、基层综合文化站效能提升、法人治理结构改革、标准化建设、全民艺术普及推广以及以"文化驿站"为代表的新型公共文化空间建设为重点,大力推进,带动了文化馆事业整体水平不断提升。文化馆标准化工作要围绕这些改革和事业建设的重点任务,不断创新,加快相关标准的研制,完善文化馆标准体系,以标准化手段提升文化馆行业治理体系和治理能力的现代化。以问题为导向,可以明确文化馆标准化发展的重点方向,提升文化馆标准制定的效率,优化标准体系结构,完善标准化工作体系。

(二) 发挥优势,紧扣需要,以数字化为突破口加快标准建设

文标委挂靠于中国文化馆协会,接受文化和旅游部全国公共文化发展中心的指导。近年来,文标委以国家公共文化云以及全民艺术普及资源建设为工作重点,进行了公共数字文化标准应用现状及需求调研,形成了《我国公共数字文化标准规范应用现状及需求分析报告》;对数字图书馆推广工程、全国文化信息资源共享工程等公共数字文化工程及公共数字文化领域国家标准、行业标准和其他项目标准建设情况进行调研,形成了《我国公共数字文化领域已有标准及其体系建设情况调研报告》;研制重点领域亟待出台的适用标准,主要涉及公共数字文化集成服务、公共数字文化资源建设、公共数字文化工程建设管理等重点领域,开展公共数字文化资源核心元数据标准、图片类公共数字文化资源统一对象数据标准、视频类公共数字文化资源统计对象数据标准研制工作,开展移动端视频对象资源元数据标准和公共数字文化工程评估标准等编制工作。对于先期形成的公共图书馆数字资源建设方面的标准,完全可以引用、借鉴,加快文化馆行业在数字资源建设方面的标准建设速度。

(三)大力推动文化馆行业团体标准建设

我国的标准体系主要由国家标准、行业标准、地方标准、团体标准和企业标准构成。在过去,我国非常重视国家标准、行业标准和地方标准的研制、发布与应用。随着市场经济体系的不断完善,市场主体在标准制定、实施中的作用的充分发挥,国家开始大力推动团体标准建设,这对中国文化馆协会、中国群众文化学会以及全国不断增加的各类文化馆联盟来说,是一个非常好的机遇。文标委、中国文化馆协会、中国群众文化学会都挂靠文化和旅游部全国公共文化发展中心,本身就有着良好的合作基础。况且,全国公共文化发展中心作为文化馆行业的"龙头"、中国文化馆协会与中国群众文化学会作为文化馆行业的国家级专业性社会团体组织,对文化馆业务工作起着协调、引领、规范的作用。中国文化馆协会、中国群众文化学会是促进行业发展的社会团体,组织、参与了大量引领文化馆事业发展的工作,积累了丰富的经验,也有着标准化工作的基础。比如四年一次的全国文化馆评估定级,中国文化馆协会组织编制了评估定级标准,完全可以将这些评估定级标准转化为团体标准,指导全国文化馆的日常工作。从另一个方面讲,全国公共文化发展中心、中国文化馆协会、文标委等机构组织,也要积极引领文化馆行业团体标准建设,编制行业团体标准培育计划,完善团体标准的管理机制,推进团体标准应用示范,引导文化馆行业各类社会团体、文化联盟制定原创性、高质量的标准。

(四)强化标准实施应用

标准化的重点在于标准的实施应用。无论制定出多么完善的标准体系,如果不注重标准的应用,标准化也就失去了意义。强化标准实施应用首先要营造文化馆标准化良好的职业与社会环境。各级文化馆要加强标准化理念、知识与方法的宣传,增强职业及社会的标准化意识,推动标准化成为文化馆治理的重要工具。要充分发挥社会团体的作用,全方位、多渠道开展文化馆标准化宣传,讲好标准化故事。其次,要重视文化馆行业标准化人才队伍建设,加强业内标准化知识与理念的普及,让广大文化馆工作人员认识到标准化的重要意义、基本做法,对标准化工作先进单位与从业人员给予表彰。再次,要为文化馆标准化工作做好服务,为文化馆标准化做好咨询及指导,帮助文化馆做好本馆基础标准化工作,并及时总结好的经验向全行业进行推广。最后,要加强标准化的宣传推广,让广大文化馆从业人员知道标准,自觉地在工作中应用标准,提高工作效率,促进文化馆标准化工作高质量发展。

小　结

文化馆标准具有标准的一般特点。标准化文件是对标准、规范、技术报告、协议、指南以及行政规章等多种类型文件的统称。文化馆标准可以分为不同类型。按照标准的约束力区分,有强制性标准、推荐性标准;按照标准的制定主体区分,有国际标准、国家标准、行业标准、地方标准、团体标准、单位标准;按照标准的内容特点区分,有通用基础标准、服务保障标准、服务提供标准、服务评价标准。标准体系是一定范围内的标准按照内在联系形成的科学的有机整体。文化馆标准体系包括基础性文件、建设类标准、资源类标准、管理类标准、服务类标准、相关标准等。标准化的本质是统一。文化馆标准化使可重复进行的文化馆工作和服务走向一致和规范,有利于提高质量与效率、提升管理水平。标准化机构分为标准化行政管理机构和标准化技术机构两类。标准化行政管理机构有国家、行业、地方三个层次,全国文化馆标准化技术委员会是文化馆行业的标准化技术机构。标准化体系包括标准体系、标准实施体系、标准服务体系、标准保障体系。我国文化馆标准化工作的发展,应着力以标准化为抓手推动事业发展,以数字化为突破口加快标准建设;大力推动团体标准建设,强化标准实施应用。

扩展阅读

1. 白殿一,王益谊等.标准化基础[M].北京:清华大学出版社,2019.

2. 柯平,申晓娟,等.文化行业标准化研究[M].北京:国家图书馆出版社,2016.

3. 李小涛.公共文化服务标准体系研究[M].南京:东南大学出版社,2019.

4. 徐凯程,张艳琦,王双.文化馆服务标准体系建设研究[J].中国文化馆,2021(1):87-93.

5. 颜芳,陈艳平.文化馆标准化工作的现状、问题和突破[G]//李宏,魏大威.文化馆蓝皮书:新时代文化馆创新发展(2017—2018).北京:国家图书馆出版社,2019.

主要概念

标准	文化馆标准	标准化文件	强制性标准
推荐性标准	国际标准	国家标准	行业标准
地方标准	团体标准	单位标准	通用基础标准
文化馆标准体系	文化馆标准基础性文件		文化馆标准化
标准化行政管理机构		全国文化馆标准化技术委员会	
文化馆标准化体系			

思考题

1. 在日常工作中，你经常接触到的文化馆标准化文件主要有哪些类型？它们对工作起到了什么作用？
2. 文化馆标准可以分为哪些类型？文化馆标准体系是如何构成的？
3. 文化馆标准与文化馆标准化是什么关系？
4. 文化馆标准化体系包括哪些内容？
5. 当前我国文化馆标准化工作存在哪些主要问题？未来发展需重点解决哪些关键问题？

附录　文化馆发展大事记
（1949—2023 年）

1949 年

新中国成立后,借鉴苏联兴办文化馆的做法,通过新建或改造原有的民众教育馆、社会教育馆等方式,由中央人民政府教育部主导在全国范围内布局"人民文化馆"。

1950 年

东北人民政府颁布《东北区文化网的组织工作纲要试行条例》,广西省人民政府印发《广西省建立人民文化馆文化站暂行办法》,绥远省人民政府印发《绥远省各县市设置人民文化馆的决定》,人民文化馆建设在全国快速推进。

10 月,《怎样办好人民文化馆》(工农教育丛刊编委会编)由生活·读书·新知三联书店出版,这是 1949 年后最早公开出版的汇集文化馆发展政策文件、介绍各地文化馆建设和服务做法的出版物。

1951 年

4 月,中央人民政府文化部印发《1950 年全国文化艺术工作报告与 1951 年计划要点》,提出巩固与充实各地现有文化馆,争取在两年内做到每一个县有一个文化馆。

10 月,《在成长中的人民文化馆》(教育资料丛刊社编)由人民教育出版社出版。

11 月,《怎样作好人民文化馆工作》(孟式均编)由文化供应社出版。

1952 年

5 月 14 日,中央人民政府教育部、文化部联合发出通知,决定各地人民文化馆划归文化部门领导。中央人民政府文化部成为行政主管部门后,经过调查研究,将人民文化馆改称文化馆。

1953 年

12 月 18 日,中央人民政府文化部印发《关于整顿和加强文化馆、站工作的指示》,明确了文化馆、站和农村俱乐部的功能定位,规定了文化馆、站的"四大任务":一是时事政策宣传,二是组织和辅导群众的各种文化学习、配合扫盲工作,三是组织和辅导群众业余艺术活动(包括各种文化娱乐),四是普及与群众日常生活和工、农业生产有关的科学、技术知识和卫生知识。

从 1953 年开始,中央人民政府文化部社会文化事业管理局编印《文化馆工作参考资料》,直至 1956 年 7 月。这是新中国初期文化馆工作最主要参考资料。

1954 年

6 月 7 日,中央人民政府文化部、中华全国总工会印发《关于加强厂矿、工地、企业中文化艺术工作的指示》,要求文化馆应将对职工业余文化艺术活动的业务辅导工作列为自身的经常性重要任务之一。

1955 年

文化部分别在北京市、浙江省试点建立群众艺术馆。

1956 年

2 月 18 日,文化部和中国新民主主义青年团中央委员会联合印发《关于配合农村合作化运动高潮开展农村文化工作的指示》,提出 7 年内在全国范围内建立农村文化网,基本上做到每个县都有县报、文化馆、图书馆、书店、影剧院、职工剧团,并做出以现有的县文化馆图书室为基础筹建县图书馆的部署。

8 月 21 日,文化部印发《关于群众艺术馆的任务和工作的通知》,要求各省、市、自治区普遍设立群众艺术馆,具体任务是:(1)搜集、整理民间艺术遗产和辅导群众业余艺术创作;(2)编辑并推荐适合群众业余艺术活动需要的演唱材料和业务学习资料;(3)协助文化艺术干部学校,采取举办讲座等方式,有计划地培养和提高文化馆、站和文化宫(俱乐部)的艺术干部,通过他们来培养提高群众业余艺术骨干;(4)组织专业艺术工作者,有计划地对群众业余艺术组织进行业务辅导。

8 月,文化部社会文化事业管理局主办的内部刊物《文化馆工作》创刊。

10 月 26 日,中央群众艺术馆在北京成立,为文化部艺术事业管理局所属的事业单位。

12 月 10 日,毛泽东、刘少奇、朱德、彭德怀等党和国家领导人在中南海怀仁堂接见新疆维吾尔自治区文化馆干部参观团全体人员,并合影留念。

1957 年

3月23日至27日,文化部艺术事业管理局在北京召开全国群众艺术馆工作座谈会,研究贯彻落实文化部《关于群众艺术馆的任务和工作的通知》精神。5月27日至6月13日,文化部在北京召开城市文化馆工作座谈会。这是1949年后第一次举行全国性的城市文化馆工作会议。会议交流新中国成立以来文化馆的工作经验,反映各地文化馆工作中的实际困难和问题,探讨文化馆在社会主义革命和建设中的地位和作用。

6月12日,毛泽东、朱德、刘少奇、陈云等国家领导人接见参加全国城市文化馆工作座谈会代表并合影留念。

受"反右派"斗争冲击,1957年底,成立一年左右的中央群众艺术馆被撤销。

1958 年

2月2日,《人民日报》发表题为《耍阔气 摆排场 铺摊子——中央群众艺术馆严重脱离群众》的记者报道。

8月至10月,文化部先后召开省、市、自治区文化局长会议和全国文化行政会议。会议提出群众文化活动要做到"八个人人":人人能读书、人人能写诗、人人看电影、人人能唱歌、人人能绘画、人人能舞蹈、人人能表演、人人能创作。

1963 年

伴随着农村社会主义教育运动的开展,农村俱乐部再度活跃。群众艺术馆对农村俱乐部建设给予了大力支持。

1964 年

11月26日至12月29日,由文化部、国家民族事务委员会主办的全国少数民族群众业余艺术观摩演出会在北京举行。来自全国18个省区、50多个民族的650余位群众业余演员参加观摩演出。12月27日,毛泽东、刘少奇、周恩来等党和国家领导人接见参加观摩演出会的代表。

1966 年

"文化大革命"开始,全国文化馆正常工作秩序被打乱,部分文化馆被撤销。

1979 年

全国各级文化馆举办丰富多彩的群众文艺活动、文化艺术汇演活动,庆祝中华人民共和国成立30周年。

1980 年

1月7日,中宣部印发经全国地、县宣传工作座谈会讨论修改的中宣部、文化部、共青团中央《关于活跃农村文化生活的几点意见》。意见提出当前农村文工作的方针是加强领导、积极发展、因地制宜、稳步前进。要求加强县、社文化馆、站建设,逐步把小城镇建设成农村文化中心。

7月14日,文化部印发《关于加强群众文化工作的几点意见》,这是党的十一届三中全会后第一个全面部署群众文化工作的政策文件。文件提出,争取到1985年,全国有二分之一的公社所在地(小城镇)建设成农村文化中心,县县有文化馆。文件进一步明确群众艺术馆和文化馆的区别,建议省、地级群众艺术事业机构一律改称群众艺术馆为宜。

1981年

7月10日,文化部出台《文化馆工作试行条例》,内容包括性质、方针、服务对象、工作任务、业务范围、工作方法、组织机构、工作人员、会议汇报制度、房屋设备经费、领导等11章32条,首次以部门规章的形式对文化馆工作加以规范。

8月15日,中共中央印发《关于关心人民群众文化生活的指示》,要求各级党委和有关部门重视人民群众的文化生活,把它放在党委工作的重要位置上,认真抓好。该文件还以附件形式转发了经试行后修改的中宣部、文化部、共青团中央《关于活跃农村文化生活的几点意见》(1981年7月15日),认为活跃农村文化生活的意见也适用于城市人民群众的文化生活。

1982年

11月,全国人大五届五次会议审议通过国家第六个五年计划,提出"县县有图书馆和文化馆,乡乡有文化站"的奋斗目标。

12月4日,新修订的《中华人民共和国宪法》首次将发展文化馆事业写入条文,文化馆的建设和发展有了宪法依据。

12月20日至28日,文化部在广西壮族自治区浦北县召开全国文化馆工作座谈会,这是建国以来第一次全国性的文化馆工作专业会议。会议总结交流了十一届三中全会以来我国文化馆事业恢复发展的成就和经验,提出了贯彻党的十二大精神、开创文化馆工作新局面的主要措施。

1983年

9月24日,中共中央批转中宣部、文化部、全国总工会、共青团中央《关于加强城市、厂矿群众文化工作的几点意见》并发出通知。

1984年

3月28日,国务院办公厅转发《关于当前农村文化站问题的请示》。明确文化站是乡(镇)政府领导的群众文化事业机构,业务上接受上级文化部门的指导。要求明确文化站专职人员的编制,逐步做到每站配专职人员一人,由文化事业经费供给。

1985年

5月,文化部印发《关于群众艺术馆当前工作的几点意见》,首次提出群众艺术馆要"搞好馆办活动"。

9月,由文化部群众文化事业管理局主持编写的《文化馆工作概论》出版。这是我国第一部专门探讨文化馆工作的著述。

10月,中国群众文化学会成立。全国部分省市陆续成立了地方群众文化学会。

1987年

10月,吉林省群众文化学会编写的《文化馆学》出版。这是我国第一部以"文化馆学"命名的著述。

1991年

12月26日,文化部举行首届"群星奖"颁奖仪式。"群星奖"是我国群众文化领域政府最高奖。

1992年

5月27日,文化部出台《群众艺术馆、文化馆管理办法》和《文化站管理办法》。《群众艺术馆、文化馆管理办法》规定,省、自治区、直辖市,计划单列市,地(州、盟)、地级市设立群众艺术馆,县、旗、县级市、市辖区设立文化馆。群众艺术馆与文化馆是业务指导关系。进一步明确两馆是国家设立的全民所有制文化事业机构,经费列入当地政府财政预算。两馆实行馆长负责制,在编专业人员实行专业职务聘任制。

1996年

10月,党的十四届六中全会通过《中共中央关于加强社会主义精神文明建设若干重要问题的决议》。首次提出中央和地方财政对宣传文化事业的投入,增加幅度不低于财政收入的增长幅度。对政府兴办的图书馆、博物馆、科技馆、文化馆、革命历史纪念馆等公益性事业单位,应给予经费保证。

1997年

9月22日,上海市人民政府颁布《上海市公共文化馆管理办法》。这是改革开放以来我国第一个有关文化馆工作的地方政府规章。

1998年

中宣部、中央文明办、文化部开始实施"百县千乡宣传文化工程"。采用中央和地方各出资50%的办法,在500个国定贫困县中建设1000多个乡镇宣传文化站和 100 个以上的县级"宣传文化中心"。

2001 年

11 月 9 日,国家计委、文化部印发《关于"十五"期间加强基层公共文化设施建设的通知》,提出"十五"期间中央财政将增加县级文化馆图书馆建设专项资金,力争到"十五"末期,全国范围内基本实现县县有文化馆、图书馆的目标。

11 月 15 日,国家计委和文化部在重庆联合召开全国基层公共文化设施建设工作会议。会议确定,从 2002 年到 2005 年,国家计委每年安排中央预算内基建投资 1 亿元,帮助贫困地区实现县县有文化馆、图书馆的建设目标。

2002 年

1 月 30 日,国务院办公厅转发文化部、国家计委、财政部《关于进一步加强基层文化建设的指导意见》,提出城市要在搞好群艺馆、文化馆、图书馆建设的同时,加强社区和居民小区配套文化设施建设,发展文化广场等公共文化活动场所。

2003 年

6 月 18 日,国务院第 12 次常务会议通过《公共文化体育设施条例》,自 2003 年 8 月 1 日起施行,这是我国第一个规范公共文化体育设施规划、建设、管理和运行的行政法规。

6 月 27 日至 28 日,全国文化体制改革试点工作会议在北京召开。会议确定在 9 个地区和 35 个宣传文化单位进行试点。以推动文化事业和文化产业繁荣发展为目标的文化体制改革拉开序幕。

2004 年

6 月,文化部公布首次全国文化馆(群众艺术馆)评估定级结果。这次评估工作始于 2003 年,是新中国成立以来第一次对群众艺术馆、文化馆进行评估定级,自此,评估定级工作成为政府指导、监管文化馆工作的制度性措施。

2005 年

10 月,党的十六届五中全会召开,会议通过的《中共中央关于制定国民经济和社会发展第十一个五年规划的建议》,首次提出"逐步形成覆盖全社会的比较完备的公共文化服务体系"发展战略。

11 月 7 日,中共中央办公厅、国务院办公厅印发《关于进一步加强农村文化建设的意见》,计划经过五年努力,令县、乡、村文化基础设施相对完备,公共文化服务切实加强。到 2010 年,实现县有文化馆、图书馆,乡镇有综合文化站,行政村有文化活动室的目标任务,要求县文化馆要具备综合性功能。

12月23日,中共中央、国务院印发《关于深化文化体制改革的若干意见》,明确了坚持文化事业和文化产业协调发展的原则,确认了文化馆等为群众提供公共文化服务的单位是公益性文化事业单位,提出了公益性文化事业单位体制改革的目标任务是增加投入、转换机制、增强活力、改善服务,实现和保障广大人民群众的基本文化权益。要求加大公益性文化事业投入,调整资源配置,逐步构建公共文化服务体系。

12月31日,中共中央、国务院印发《关于推进社会主义新农村建设的若干意见》,要求各级财政要增加对农村文化发展的投入,加强县文化馆、图书馆和乡镇文化站、村文化室等公共文化设施建设,构建农村公共文化服务体系。

2006年

9月,《国家"十一五"时期文化发展规划纲要》发布。这是我国第一个文化发展中长期规划。规划专章部署公共文化服务,提出完善公共文化服务网络,大中城市加强图书馆、文化馆、博物馆建设,在巩固县县有文化馆、图书馆的基础上,基本实现乡镇有综合文化站,行政村有文化活动室。首次提出实施"国民艺术教育推进工程"。

2007年

6月16日,中共中央政治局召开会议,研究加强公共文化服务体系建设。会议指出,加强公共文化服务体系建设的目标任务是,按照结构合理、发展平衡、网络健全、运行有效、惠及全民的原则,以政府为主导、以公益性文化单位为骨干、鼓励全社会积极参与,努力建设公共文化产品生产供给、设施网络、资金人才技术保障、组织支撑和运行评估为基本框架的覆盖全社会的公共文化服务体系,切实保障人民群众看电视、听广播、读书看报、进行公共文化鉴赏、参加大众文化活动等基本文化权益。

8月21日,中共中央办公厅、国务院办公厅印发《关于加强公共文化服务体系建设的若干意见》,这是落实中央政治局会议精神、加强公共文化服务体系建设的纲领性文件。

12月,由中国群众文化学会、中国文化报社和常熟市人民政府主办的首届中国文化馆馆长年会暨"百馆论坛"在江苏省常熟市举行。文化馆领域的"百馆论坛"诞生。

2008年

5月,谈祖应所著的《中国文化馆学概论》出版。

7月8日,住房和城乡建设部、国土资源部、文化部批准并发布由文化部主编的《文化馆建设用地指标》（建标128-2008），自2008年10月1日起施行。该指标是编制和审批文化馆项目建议书或可行性研究报告、确定建设用地规模的依据，是编制初步设计文件、核定和审批建设项目用地面积的依据，也是编制城乡规划确定文化馆发展用地的依据。

10月，全国文化馆标准化技术委员会成立。第一届委员会由来自全国各级文化馆、高等院校、科研机构及政府部门等的33名专家组成。

11月6日至7日，文化部在苏州召开全国文化馆工作会议，研讨如何让文化馆在公共文化服务体系建设中发挥更大作用。会议期间，还举行了国家一级文化馆的颁牌仪式。根据2007年全国第二次文化馆评估，共评定出一级文化馆377个。

2009年

9月15日，文化部颁布《乡镇综合文化站管理办法》，自2009年10月1日起施行。办法规定，县文化馆、图书馆等相关文化单位负责对文化站开展对口业务指导和辅导。

2010年

8月30日，住房和城乡建设部、国家发展和改革委员会批准并发布由文化部主编的《文化馆建设标准》（建标136-2010），自2010年12月1日起施行。本建设标准是文化馆建设项目科学决策和合理确定项目建设水平的全国统一标准，是审批核准文化馆建设项目的依据，是有关部门审查文化馆建设项目初步设计和监督检查工程项目建设全过程的尺度。

9月1日，文化部印发《关于开展全国基层文化队伍培训工作的意见》，提出用五年时间，对现有24.27万县乡专职文化队伍和366.85万左右的业余文化队伍进行系统培训，编辑出版基层公共文化服务系列教材，培养一支稳定的高素质的师资队伍。

12月31日，文化部、财政部印发《关于开展国家公共文化服务体系示范区（项目）创建工作的通知》，部署在全国创建一批网络健全、结构合理、发展均衡、运行有效的公共文化服务体系示范区，培育一批具有创新性、带动性、导向性、科学性的公共文化服务体系项目，为我国公共文化服务体系建设探索路径、积累经验、提供示范。

12月，到"十一五"（2006—2010年）末，我国基本实现乡乡有综合文化站的目标。

2011 年

1月26日，文化部、财政部印发《关于推进全国美术馆公共图书馆文化馆（站）免费开放工作的意见》，明确了"三馆一站"免费开放的指导思想、基本内容、实施步骤、具体举措、保障机制等，免费开放作为保障公民基本文化权益的重要举措，长期纳入财政预算并以专项经费给予支持。

10月18日，党的十七届六中全会通过《中共中央关于深化文化体制改革推动社会主义文化大发展大繁荣若干重大问题的决定》。决定提出努力建设社会主义文化强国的奋斗目标。强调加强公共文化服务是实现人民基本文化权益的主要途径。决定提出保证公共财政对文化建设投入的增长幅度高于财政经常性收入增长幅度，提高文化支出占财政支出比例。

2012 年

1月，由文化部社会文化司组编，于群、冯守仁主编的《文化馆（站）业务培训指导纲要》出版。

10月，彭泽明所著的《中国文化馆（站）发展之路》出版。

11月，文化部全国文化信息资源建设管理中心更名为文化部全国公共文化发展中心（2019年更名为文化和旅游部全国公共文化发展中心）。目前其职能包括组织开展全国性群众文化活动、推动全民艺术普及工作、协调推进文化馆行业建设、组织推进全国文化馆（站）数字化建设等，成为统筹推动全国文化馆发展的"龙头"。

2013 年

11月12日，党的十八届三中全会通过《中共中央关于全面深化改革若干重大问题的决定》，提出构建现代公共文化服务体系的战略任务。

2014 年

2月27日，第一届全国省、自治区、直辖市和较大城市文化（群艺）馆馆长联席会议在广州召开。自此开始，该联席会议每年举行一届。

7月23日，文化部办公厅印发《关于开展公共文化服务标准化等试点工作的通知》，部署开展公共文化服务标准化、基层综合性文化服务中心建设、公共文化机构法人治理结构三项改革试点工作。

9月1日，住房和城乡建设部发布《文化馆建筑设计规范》（JGJ/T 41-2014），自2015年3月1日起施行。

9月11日，中国文化馆协会成立。中国文化馆协会是由文化馆（站）、群众艺术馆、文化活动中心、与文化馆（站）相关的企事业单位、社会组织及个人组成的全国性、行业性、非营利性社会组织,协会秘书处挂靠文化部全国公共文化发展中心。

9月26日,文化部办公厅公布公共文化三项改革试点地区、单位名单。山东省济南市群众艺术馆、广西自治区桂林市临桂县文化馆被纳入国家公共文化机构法人治理结构试点单位。

12月19日至21日,首届中国文化馆年会在浙江省宁波市举办,主题是"引领风尚　美好生活"。文化馆年会制度自此建立。

2015年

1月,中共中央办公厅、国务院办公厅印发《关于加快构建现代公共文化服务体系的意见》,提出到2020年,基本建成覆盖城乡、便捷高效、保基本、促公平的现代公共文化服务体系的目标。部署以县级文化馆、图书馆为中心推进总分馆制建设。首次提出"积极开展全民艺术普及活动"。《国家基本公共文化服务指导标准(2015—2020年)》作为附件同时发布。

7月,"数字文化馆"建设项目启动。从2015年至2020年,中央财政累计投入1.7亿元,支持6批次121个文化馆开展数字文化馆建设。

10月20日,国务院办公厅印发《关于推进基层综合性文化服务中心建设的指导意见》,提出到2020年,全国范围的乡镇(街道)和村(社区)普遍建成集宣传文化、党员教育、科学普及、普法教育、体育健身等功能于一体的基层综合性公共文化设施和场所,形成一套符合实际、运行良好的管理体制和运行机制,建立一支扎根基层、专兼职结合、综合素质高的基层文化队伍。

10月30日至11月2日,2015年中国文化馆年会在重庆市举行,主题是"全民艺术普及:文化馆的责任与使命"。

2016年

8月,浙江省宁波市启动"一人一艺"全民艺术普及工程。围绕艺术知识普及、艺术欣赏普及、艺术技能普及和艺术活动普及四大主题和中小学生普及、特殊群体普及两个专项,构建全民艺术普及"4+2"内容体系,在全国产生了广泛影响。2020年12月,文化和旅游部全国公共文化发展中心在宁波市建立"全民艺术普及推广示范中心"。

8月29日,国家标准化管理委员会批准并发布《文化馆服务标准》(GB/T 32939-2016)和《乡镇综合文化站服务标准》(GB/T 32940-2016),自2017年3月1日起施行。

8月31日至9月2日,2016年中国文化馆年会在宁夏回族自治区银川市举行,主题是"文化馆——创新发展,服务基层"。

12月26日,文化部、新闻出版广电总局、体育总局、国家发展改革委、财政部联合印发《关于推进县级文化馆图书馆总分馆制建设的指导意见》,提出到2020年,全国具备条件的地区因地制宜建立起上下联通、服务优质、有效覆盖的县级文化馆、图书馆总分馆制。

2017年

2月,上海市浦东新区举办首届公共文化产品服务采购大会,打造公共文化产品和服务供需对接新平台,产生了较大影响。

3月1日,《中华人民共和国公共文化服务保障法》正式施行。文化馆(站)成为法定公共文化设施,"全民艺术普及"成为法定公共文化服务内容。

11月,中国文化馆历史上首部蓝皮书——《中国文化馆全民艺术普及发展报告(2015—2016)》正式出版。自此,文化馆蓝皮书每两年编纂出版一卷。

11月29日,由文化部公共文化司指导、文化部全国公共文化发展中心具体建设的国家公共文化云正式开通。

11月29日至12月1日,2017年中国文化馆年会在安徽省马鞍山市举行,主题是"繁荣群众文艺 畅享文化中国梦"。

2018年

1月26日,全国文化馆标准化技术委员会第二届委员会成立。秘书处承担单位为中国文化馆协会。

7月20日,首届全国文化馆理论体系构建研讨会在浙江省绍兴市召开。

9月27日至28日,2018年中国文化馆年会在四川省成都市举行,主题是"增强基层文化馆(站)活力,提升公共文化服务效能"。

2019年

7月10日至11日,2019年中国文化馆年会在山东省烟台市举行,主题是"新时代文化馆:改革 融合 创新"。

11月21日,中国文化馆协会换届大会暨第二届会员代表大会在北京召开。选举产生了新一届理事会、常务理事会。

11月,文化馆蓝皮书《新时代文化馆创新发展(2017—2018)》出版。

2020年

3月18日至4月17日,中国文化馆协会推出"文化馆事业发展的思考与讨论"系列网上讲座交流活动,11位专家线上讲座并与网友线上交流,单场直播最高27万人在线参与。汇集本次网上交流活动讲稿、互动实况的《文化馆发展十一讲》,于 2020 年 11 月由国家图书馆出版社出版。

6 月 23 日,国务院办公厅印发《公共文化领域中央与地方财政事权和支出责任划分改革方案》。方案确认包括文化馆(站)在内的公共文化设施按国家规定免费开放、提供基本公共文化服务为中央和地方共同财政事权,调整了中央和地方财政分档分担比例。公共文化领域的文化艺术创作、文化遗产保护传承、文化交流、能力建设等方面,实行谁组织实施谁承担财政事权的原则。

6 月,文化和旅游部全国公共文化发展中心组织实施"文化馆事业高质量发展研究计划"。经过公开申报、专家评审,2020 年度立项资助重点项目 8 项、青年项目 15 项。

9 月 16 日,我国文化馆发展史上第一个专门性研究机构——文化和旅游部全国公共文化发展中心组建的文化馆发展研究院宣告成立。

12 月 3 日,文化和旅游部全国公共文化发展中心成立乡村公共文化服务研究院。

12 月 6 日至 7 日,首届全国公共文化和旅游产品云上采购大会交流展示活动在广东省东莞市举行。

2021 年

3 月 8 日,文化和旅游部、国家发展改革委、财政部印发《关于推动公共文化服务高质量发展的意见》。意见提出做大做强全民艺术普及品牌,使各级文化馆成为城乡居民的终身美育学校的发展目标。

3 月至 6 月,文化和旅游部全国公共文化发展中心、中国文化馆协会主办,文化馆发展研究院提供学术支持,国家公共文化云、中国知网两个平台同期播出"文化馆事业发展的思考与讨论(第二季)",11 位专家主讲,16 位专家点评和互动,直播观看和回放观看达到 220 多万人次。汇集本次网上交流活动讲稿、交流互动实况的《文化馆发展十一讲(第二季)》,于 2022 年 11 月由国家图书馆出版社出版。

4 月 16 日,文化和旅游部全国公共文化发展中心成立基层公共数字文化服务研究院。

6 月 10 日,文化和旅游部印发《"十四五"公共文化服务体系建设规划》。提出了"十四五"时期我国公共文化服务体系建设的发展目标,部署了重点任务。"大家唱"群众歌咏活动、"村晚"项目、广场舞活动、"百姓大舞台"网络群众文化品牌活动、公共文化云等项目,均被列入规划的"专栏项目"。

11 月,由文化和旅游部全国公共文化发展中心、中国文化馆协会主办的《中国文化馆》辑刊正式刊行。这是我国文化馆领域第一份高水平、权威性、学术性的专业辑刊。

2022 年

3月，文化和旅游部全国公共文化发展中心印发《公共文化云建设项目"十四五"建设指南》。

4月至11月，文化和旅游部全国公共文化发展中心、中国文化馆协会主办，文化馆发展研究院、全国文化馆标准化技术委员会、中国文化馆协会期刊与知识服务委员会承办的大型网上讲座交流活动"文化馆事业发展的思考与讨论（第三季）"进行。

5月，由文化和旅游部全国公共文化发展中心、中国群众文化学会、中国建筑装饰协会等单位主办的2022年乡村公共文化空间设计展示活动启动。经过线上报名、专家初评、网络投票、专家终评等环节，最终评出最美乡村公共文化空间（创新案例类）Top30、最美乡村公共文化空间（空间设计类）Top30、网络人气项目Top10、最佳设计/运营机构Top10和优秀组织单位。

6月10日，中国群众文化学会第六届会员代表大会暨六届一次理事会在北京线下会场和线上平台同步举行。大会选举产生了第六届理事会理事、常务理事、副会长、会长。文化和旅游部党组成员、副部长张旭出席并讲话。

7月，文化馆蓝皮书《文化馆改革与服务创新发展报告（2019—2020）》出版。

9月，《中国文化馆（第2辑）》刊行。

2023 年

1月6日，全国"乡村网红"培育计划启动仪式在哈尔滨举行。该计划聚拢全国优质资源，通过乡村网红全网联动，以直播、短视频等融媒体方式加以广泛传播。

2月12日，由文化和旅游部、农业农村部、国家乡村振兴局联合举办的2023"大地欢歌"全国乡村文化活动年在湖北省武汉市启动。文化和旅游部在启动仪式上发布了12项贯穿全年的乡村文化重点活动，各级文化馆承担大量的组织、实施工作。

3月14日，文化和旅游部印发《关于组织开展2023年公共图书馆、文化馆服务宣传周活动的通知》。全国首个文化馆服务宣传周以"新时代文化馆：开放·融合·创新"为主题。5月24日，宣传周启动仪式暨第十届全国地市级文化馆"百馆联动"开幕式在甘肃省张掖市举行。宣传周期间，全国各地各级文化馆开展了丰富多彩的宣传推广活动。

后　记

本书的编写始于2018年初,定稿于2023年底,前后历时约六年。最初阶段拟定大纲,征求了中国文化馆协会理论研究委员会部分委员的意见和建议。编写过程七易其稿。全书的编写工作由李国新主持,各章节初稿撰写分工如下:

第一章、第二章、第五章:李国新

第三章:李秀敏、张广钦、李国新

第四章:李秀敏、李国新

第六章:王全吉

第七章:李国新、王全吉

第八章:张广钦、李秀敏

第九章:张广钦

附录:李国新、李秀敏

李国新对全书做了修改、统稿和审定。

编　者

2023年12月

教师反馈及教辅申请表

北京大学出版社本着"教材优先、学术为本"的出版宗旨,竭诚为广大高等院校师生服务。

本书配有教学课件,获取方法:

第一步,扫描右侧二维码,或直接微信搜索公众号"北大出版社社科图书",进行关注;

第二步,点击菜单栏"教辅资源"—"在线申请",填写相关信息后点击提交。

如果您不使用微信,请填写完整以下表格后拍照发到 ss@pup.cn。我们会在 1—2 个工作日内将相关资料发送到您的邮箱。

书名		书号	978-7-301-	作者	
您的姓名				职称、职务	
学校及院系					
您所讲授的课程名称					
授课学生类型(可多选)	□ 本科一、二年级　　□ 本科三、四年级 □ 高职、高专　　　　□ 研究生 □ 其他_____				
每学期学生人数	_____人			学时	
手机号码(必填)				QQ	
电子邮箱(必填)					
您对本书的建议:					

我们的联系方式:

北京大学出版社社会科学编辑室

通信地址:北京市海淀区成府路 205 号,100871

电子邮箱:ss@pup.cn

电话:010-62753121 / 62765016

微信公众号:北大出版社社科图书(ss_book)

新浪微博:@未名社科-北大图书

网址:http://www.pup.cn